유전자 지배 사회

유전자 지배 사회

정치·경제·문화를 움직이는 이기적 유전자,
그에 반항하는 인간

최정균 지음

동아시아

진화론으로 인간을 이야기하는 책은 많다. 하지만 이 책은 모든 민감한 문제를 정면으로 다룰 뿐 아니라 거침없이 돌직구를 날린다는 점에서 특별하다. 사랑과 혐오를 유전자로 설명하는 것은 놀라운 것이 아니지만, 자본주의 경제학을 번식 경쟁으로 해석하고 정치적 진보와 보수를 신경전달물질과 연결 짓는 것은 대단히 흥미로웠다. 저자는 진화론으로 기독교의 성서까지 설명하려는 무리수를 두면서도 전혀 망설이지 않는다. 이 책의 진짜 미덕은 수많은 최신 연구 결과가 두루 인용된다는 것이다. 진화론이 인간에 대해 알려준 것의 최신 버전이라 할 만하다. 재미와 깊이, 독창적인 아이디어, 논란이 될 내용을 모두 갖춘 멋진 책이다. 한마디로 진짜가 나타났다.

—김상욱, 경희대학교 물리학과 교수·『떨림과 울림』 저자

유전자 수준에서 진화를 탐구하는 '우리 학계의 가장 주목할 만한 젊은 학자' 최정균이 진화적 관점에서 인간의 문명을 들여다보는 흥미로운 책을 출간했다. 일부일처제로 시작해, 호모 사피엔스가 어떻게 지금과 같은 독특한 제도와 규범들을 만들어 왔는지를, 정치, 경제, 사회, 종교를 넘나들며 사려 깊으면서도 종횡무진 성찰한다. 이 책의 매력은 유전자라는 키워드로 생물인류학적인 다양한 주제들을 탐험하면서 독자들에게 지적인 즐거움을 만끽하게 해준다는 데 있다. 혹여 저자의 주장에 동의하지 않는 대목이 나오더라도, 이 책을 통해 진화로 써 내려간 문명 연대기를 맘껏 즐기시길 바란다.

—정재승, KAIST 뇌인지과학과 교수・『열두 발자국』 저자

들어가며

2022년 노벨 생리의학상은 멸종한 네안데르탈인의 DNA를 복원하여 해독하는 데 성공하고 현생 인류인 호모 사피엔스와의 비교분석을 통해 우리 인간의 진화사를 연구한, 막스플랑크연구소의 스반테 페보Svante Pääbo 박사에게 돌아갔다. 해당 의학 기술이나 지식이 인류에게 실질적인 도움을 주는지에 대한 평가가 중요하게 작용하는 생리의학상 분야에서 뜻밖에도 진화에 관한 연구에 상이 주어진 것이다. 더군다나 엄청난 사회적 파급효과를 일으키며 유력한 노벨상 후보로 거론된 코로나19 백신 개발을 제쳤다는 점에서 더 큰 놀라움을 안겼다. 현대의 모든 의학과 생물학이 진화론을 토대로 발전해 왔음에도, 진화론 자체에 대한 연구에 노벨상이 주어진 것은 1859년에 찰스 다윈Charles Darwin이 『종의 기원On the Origin of Species』을 발표해 인류의 사상계에 큰 획을 그은 지 163년 만의 일이다.

『종의 기원』은 인간을 신의 특별한 피조물이자 만물의 영장이라는 지위에서 다른 모든 동물과 동등한 자연 세계의 일원으로 끌어내렸다. 종교계의 거센 저항에도 불구하고 이는 다윈이 우려했던 것보다 빠르고 광범위하게 사회에 받아들여졌는데, 여기에는 허버트 스펜서Herbert

Spencer가 제창한 사회진화론의 영향이 컸다. 산업혁명 이후 자본주의가 급속하게 발달하고 영국의 제국주의 팽창이 전성기를 구가하던 시대적 상황에서, 다윈의 진화론은 빈부의 격차, 가난한 자들의 도태, 소위 '미개한' 나라들에 대한 침탈을 자연의 섭리로 둔갑시키는 과학적 기초로 쓰일 수 있었다. 사실 다윈에게 지대한 영향을 미친 책들 가운데 하나도 바로 세계 최초의 경제학 교수였던 토머스 맬서스Thomas Malthus의 『인구론An Essay on the Principle of Population』이다. 맬서스는 식량의 공급이 인구의 증가를 따라잡지 못하므로 언제나 빈곤한 사람이 생길 수밖에 없다고 주장했는데, 이는 가난한 자들의 도태가 빈민 구제와 같은 사회적 제도로 해결할 수 없고 해결해서도 안 되는 자연법칙이라는 논리로 발전했다. 영국이 낳은 최고의 소설가 중 하나인 찰스 디킨스는 『올리버 트위스트Oliver Twist』와 『크리스마스 캐럴A Christmas Carol』 같은 소설을 통해 이를 비판했지만, 근로자들의 임금 착취에 대한 면죄부를 얻은 자본가들은 『인구론』을 두 손 들고 환영했다. 인간이 신의 특별한 피조물이 아닐지 모르며 원숭이와 조상을 공유하는 동물의 일종일 뿐이라는 존재론적, 철학적, 신학적 문제보다도, 가난한 자와 노동자를 착취하고 식민지를 침탈함으로써 얻는 경제적 이득이 이들에게는 훨씬 중요한 문제였던 것이다. 반면 다윈이 1871년에 출간한 『인간의 유래와 성선택The Descent of Man and Selection in Relation to Sex』은 과학적으로 재조명되기까지 수십 년의 시간이 걸렸다. 암컷들이 수컷들의 구애 행위를 보고 짝을 선택한다는 개념이 남성 중심의 사회에서 쉽게 받아들여지지 못했던 것이다.

다윈의 이론에서 진화가 일어나기 위한 핵심 요소는 다름 아닌 유전이다. 하지만 이 유전에 대한 제대로 된 이론을 그레고어 멘델Gregor Mendel이 만들어 낸 것은 1865년이었으며, 이것이 '멘델의 유전법칙'이라는 이름으로 확립된 것이 1900년이었다. 그리고 이 유전물질의 정체가 DNA라는 것이 처음 밝혀진 것은 1944년이었으며, 이것이 보다 확실하게 학계에 받아들여진 것은 1952년의 일이었다. 1953년에 제임스 왓슨James Watson과 프랜시스 크릭Francis Crick은 로절린드 프랭클린Rosalind Franklin의 데이터를 이용해 DNA 이중나선의 구조를 밝혀냈고, 1955년에 프레더릭 생어Frederick Sanger는 단백질의 아미노산 배열을 규명하는 방법을 개발해 인슐린의 서열을 밝혀냈으며, 1977년에는 드디어 단백질을 암호화하는 궁극적인 유전물질인 DNA 자체의 서열을 읽어내는 방법을 개발했다. 이 세 가지 업적에는 모두 노벨상이 주어져 생어는 두 차례 수상을 하게 되었다. 특히 생어의 DNA 서열분석 방법은 생명정보의 암호를 푸는 열쇠로서, 그야말로 분자생물학과 유전학의 전성기를 열어젖혔다.

　다윈의 진화론은 이렇게 새로이 태동한 유전학과 분자생물학의 지식과 결합되어 '신다윈주의neo-Darwinism'라고 불리는 본격적인 현대 진화 이론으로 발전하게 되었다. 즉, 다윈이 겉으로 드러나는 형질들을 통해 관찰했던 변이들이 바로 유전자를 이루는 DNA에서 유래된 것이라는 점이 밝혀졌고, 수많은 유전자들의 진화 과정에서의 역할 또한 속속들이 발견되었다. 리처드 도킨스Richard Dawkins의 『이기적 유전자The Selfish Gene』가 세상에 나온 1976년은 바로 이러한 현대 진화 이론이 한창 전개되던 시점이다. 『이기적 유전자』는 『종의 기원』 이후로 다시 한번 인간이라는 존재를 바라보는 관점에 커다란 변화를 불러온 이 시대의 고전이다. 『종의 기원』이 인간의 존엄성에 상처를 남기기는 했지만, 유전자의 작용에 대한 지식이 전혀 없던 시절에는 그 진화적 기원이 어떠하더라도 인간은 최소한 자기 결정권을 가지고 다른 동물과 달리 고상한 문명을 구축하며 살아가는 특별한 종으로 남아 있을 수 있었다. 더구나 사회진화론은 진화적 원시성을 사회적 약자들과 식민지의 '미개한' 종족들에 떠넘기고, 그들에 대한 상대적 우월성을 유지할 수 있는 근거를 마련해 주기도 했다. 그러나 '이기적 유전자'라는 새로운 용어로 대변되는 신다원주의의 유전자 중심 세계관의 등장과 함께, 인간은 다른 모든 생명체와 마찬가지로 오직 유전자들의 번식을 위해 그들의 조종을 받는 번식 기계로 전락하고 말았다.

그런데 이러한 혁신적인 관점이 등장하고 지금까지 50년이 가까운 시간이 흘렀지만, 그것이 인간 사회에 미친 영향과 파급력은 그 사상적인 심오함에 크게 못 미치는 것 같다. 즉, 마치 '보이지 않는 지휘자'와 같이 인간 사회를 움직이는 이기적 유전자의 여러 활동이 정치, 경제, 문화 등의 영역에서 어떠한 양상으로 나타나는가에 대한 탐구가 별로 없었다는 것이다. 그러한 탐구로 얻어지는 새로운 철학적 통찰이나 실질적으로 사회에 적용될 수 있는 정책적 고찰도 마찬가지다. 도덕적으로 대단히 왜곡되기는 했지만 다윈의 이론이 사회진화론을 통해 인간 사회에 영향을 미쳤던 시대와는 대조적으로, 현대사회에서 유전자 중심의 진화론은 생물학의 영역에 고립되어 있다. 어쩌면 극단적인 사회진화론의 발현이었던 나치의 우생학으로 인해 진화를 비롯한 여러 생물학 이론들, 특히 유전학적 결정론을 사회에 적용하는 것에 대한 반발이 작용하고 있는지도 모르겠다. 하지만 단지 그뿐만은 아닌 듯하다. 여기서는 그 세 가지 원인을 짚어보고자 한다.

첫 번째 문제는 유전자의 조종이 너무나 교묘해서 인간의 인지능력에 감지되지 않는다는 것이다. 생존과 번식을 위해 발달한 우리의 인지능력은 늘 바깥 환경을 향해 있으며, 우리 몸속 유전자들의 행동은 우리의 인식 세계로부터 철저히 감추어져 있다. 다시 말해, 우리는 우리 유전자들의 생존하고 번식하고자 하는 '욕구'를 전혀 느끼지 못한다. 인간의 행위를 추동하는 것은 유전자가 가진 궁극적인 목표가 아니라 당장 눈앞에 있는 감정적인 만족이다. 즉, 분자 수준에서 작동하는 유전자의 욕구는 개체 수준에서 경험되는 감정적 욕구로 위장된다. 예컨대 자식을 가짐으로써 달성되는 유전자의 번식 욕구는 성욕으로, 그리고 사랑이라는 감정으로 발현된다. 많은 현대인들이 아이를 원치 않으면서도 결혼을 한다거나 성적 쾌락이나 만남을 추구하는 것은 유전자의 욕구와 인간의 생리적, 감정적 만족 사이에 괴리가 있음을 보여준다. 또한 성적 매력을 과시하고 사회적 서열을 높이고자 하는 여러 진화적 행위들도 과거에는 없던 문화라는 형태로 포장되어 나타난다. 남자들이 근육을 키우고 여자들이 치장을 할 때, 음악이나 미술과 같은 예술 활동을 할 때, 자기와 다른 성향의 이성에게 끌릴 때, 자녀 교육을 위해 관심과 투자를 쏟아부을 때, 그리고 직업에서의 성공, 지위 향상, 과시적인 소비를 좇을 때 행위자인 인간은 그 근원에 있는 번식을 향한 진화적인 욕구를 정확히 인지하지 못한다. 예를 들어, 비싼 차를 몰면서 자신의 사회적 지위를 과시하려고 한다거나 (노골적인 일부 젊은 남성들을 제외하면) 그것을 통해 짝짓기 기회를 엿보려고 의도하지는 않는다. 그저 문화적인 만족을 누릴 뿐이다. 또한 다른 인종이나 소수자에 대한 편견과 차별 역시 거의 무의식적으로 작동하며, 이들을 기피하고자 하는 유전자의 '두려움'은 혐오라는 감정으로 발현되어 우리가 통상 가지는 두려움과는 전혀 다르게 느껴진다. 인간이 가정과 사회를 이루고 다양한 경제와 정치 행위를 할 때 그 속에 도사리고 있는 이기적 유전자들의 '의도'를 감지하고 윤리적으로 대응하지 못하게 하는 가장 큰 원인이 바로 여기에 있다. 사회나 도덕적 문제만이 아니라, 우리 몸을 점차 늙게 하고 병들게 하며 암에 걸리게 하고 결국 죽게 만드는 유전자들의 작용도 우리의 감각에는 미지의 세계와 같이 아득한 것이다.

하지만 감지되지 않는다고 그것이 존재하지 않는 것은 아니다. 『이기적 유전자』의 출간 이후로 분자생물학과 유전학은 급속한 발전을 거듭하며, 이론으로만 존재했던 유전자들의 정체가 속속들이 드러났다. 예를 들어, (리처드 도킨스가 제안한) 자신의 혈연을 알아볼 수 있게끔 만드는 '녹색 수염 유전자'라든지, (조지 윌리엄스George Williams가 제안한) 젊을 때는 번식을 촉진시키다가 생식 가능한 나이가 지나면 반대로 노화를 촉진시키는 유전자들에는 어떤 것들이 있는지가 하나하나 밝혀졌다. 연구의 대상도 미생물이나 동식물에서 인간으로 그 초점이 빠르게 이동해 왔다. 다른 생물들과 달리 인간을 대상으로는 실험하기가 어렵지만, 인간은 질병과 같은 건강상의 문제나 자신의 특성에 대해 스스로 파악하고 표현할 수 있다. 따라서 유전자 분석 기술만 뒷받침된다면 수많은 사람들을 분석해 통계적 연관분석을 하는 것이 가능하다. 다행히 『이기적 유전자』가 출간되고 1년 뒤부터 생어가 발표한 DNA 서열분석 기술은 발전에 발전을 거듭했는데, 반도체 집적회로의 성능이 18~24개월마다 2배씩 증가한다는 무어의 법칙을 압도할 정도였다. 1990년경에 시작되어 2003년에 완료된 인간게놈프로젝트는 30억 달러, 약 3조 원의 비용으로 30억 개의 글자로 이루어진 인간 유전체 서열의 분석을 완료했다. 지금은 한 사람의 유전체 전체를 분석하는 비용이 100만 원에도 미치지 못하며 결과도 일주일이면 얻을 수 있다. 유전체 전체가 아닌 주요 요약본의 검사 비용은 그보다도 훨씬 저렴하다. 이러한 기술의 진보 덕분에 수천 가지의 형질 각각에 대해 적게는 수백 명, 많게는 100만 명이 넘는 사람들의 유전체에 대한 연관분석이 엄청난 규모와 속도로 전개되었다. 이 책에서 살펴보는 것만으로도 학업성취도, 정치적 성향, 동성애, 흡연, 음주 등 인지 및 행동과 관련된 것들을 비롯해 비만, 암, 자가면역질환, 치매의 발생 가능성 등이 있다. 이런 최첨단 연구들로 인해 인간 유전자들의 작용은 그 어느 때보다 세세하게 밝혀졌고, 지금도 새로운 발견들이 논문이나 데이터베이스의 형태로 계속해서 발표되고 있다.

두 번째로, 우리 안에 있는 이타성에 대한 집착을 생각해 볼 수 있다. 이제는 생물학에 문외한인 일반인들도 '이기적 유전자'라는 말에 어떻게 의식도 없는 유전자가 이기적일 수 있느냐는 수준의 질문은 하지 않는다. 오히려 생물학 전공자들조차 흔히 던지는 질문은 특히 인간의 문화에서 빈번하게 관찰되는 이타적 행위까지 어떻게 유전자만으로 설명할 수 있느냐는 것이다. 이는 유전자 환원주의와 결정론에 대한 과학적 차원의 반박인데, 이에 관한 논쟁은 『이기적 유전자』(1976)와 에드워드 윌슨Edward Wilson의 『사회생물학Sociobiology』(1975)이 출간되었을 때부터 지금까지 끈덕지게 지속되고 있다. 그런데 사람들이 이토록 이타성에 미련을 버리지 못하는 데는 이유가 있다. 기본적으로 우리는 스스로의 이기심에는 무감한 반면 이타심에는 민감하다. 이기적인 동기가 잘 인식되지 않는 것은 앞서 설명한 바와 같이 이기적 유전자들의 작동이 무의식적으로 이루어지기 때문이다. 반면 우리가 이타심을 발휘할 때는 분명 우리의 의식적인 노력이 동반된다.

의식적 노력과 결단 없이 쉽게 이루어지는 행위는 그것이 설령 이타적으로 보일지라도 실은 유전자가 지닌 이기심의 발로일 가능성이 농후하다. 이에 대한 생물학적 근거는 진화론, 유전학, 게임이론 등에 기반해 이미 잘 확립되어 있다. 소위 '사회성 동물'이라고 불리는 벌이나 개미의 헌신적인 행동은 단지 혈연에 대해 이루어지는 이기적 유전자의 소행일 뿐이다. 사회성 동물인 이들에게 그 사회란 사실 친족 공동체 혹은 가족에 불과한 것이다. 식물들은 잎과 줄기나 뿌리의 성장 방향을 조정해 주변 식물들도 햇빛이나 토양분을 받을 수 있도록 배려하며, 꽃을 더 크게 많이 피워 꽃가루 매개 곤충들을 끌어들임으로써 주변의 개체들도 이득을 얻도록 하는데, 이러한 일들은 오직 주변에 유전적으로 가까운 개체들이 있을 때만 일어난다. 비혈연관계의 이웃에게 자신이 얻은 피를 나누어 주는 흡혈박쥐의 행동 역시 철저히 계산적인 것으로서 쌍방 간에 도움을 주고받는 호혜적 이타주의에 해당하는데, 여기서 쓰인 '이타주의'라는 표현조차 엄밀히는 잘못된 것이다. 또 다른 표면상의 이타적 행동에는 사회적 평판을 얻기 위한 값비싼 신호costly signal가 있다. 예를 들어, 수렵채집 사회에서 남자들이 큰 동물을 사냥해 이웃들에게 아무런 대가 없이 나누어 주는 것처럼 보이는 행위는 사실 번식상의 이득과 연관된다. 현대사회에서 많은 이들에게 칭송받는 기부라는 행위도 그 근간에는 이러한 과시 욕구가 작동할 가능성이 높다.

어쨌든 우리가 가진 순수한 의미에서의 이타적 동기의 발로에는 의식이 관여하므로 이는 무의식적으로 만들어지는 이기적 동기와 달리 우리의 뇌리에 남는다. 그리고 마음 이론theory of mind을 통해 우리는 타인들의 이타적으로 보이는 행위에 대해 분명히 이타적인 동기가 있을 것이라고 추정하게 된다. 일단 좋게 보이는 행동에 대해 순수한 동기가 있었을 것이라고 믿어주는 것인데, 이는 그만큼 본인의 마음속에 있는 이타성에 대한 믿음이 굳건하기에 가능한 일이기도 하다. 또한 마음 이론에 근거해 우리는 동물, 무생물, 심지어 자연현상까지도 의인화하는 습성이 있다. 침팬지 한 마리 한 마리에 사람의 이름을 지어 붙인 제인 구달Jane Goodall이나, DDT의 사용이 "우리를 향해 들려주는" 새들의 아름다운 노랫소리를 사라지게 할 것이라고 예언한 레이첼 카슨Rachel Carson, 사회성 동물들에게서 이타심을 찾겠다는 미련으로 말년에는 자신이 주창한 사회생물학마저 파기해 버린 에드워드 윌슨 등에게서, 선한 동기였으나 자연의 본성에 대해 너무나 낭만적인 환상을 가졌던 학자들의 안타까운 모습을 볼 수 있다.

이러한 관점이 낭만주의적 환상 정도로 끝난다면 다행이다. 매우 심각한 문제는 이것이 자연적, 생물학적 개체로서 우리 인간이 지닌 본연의 이기성에 대한 냉철한 성찰을 방해한다는 점이다. 이기적 유전자만으로 인간의 문화와 그 안에서 인간이 체득하고 드러내는 이타적인 모습을 설명할 수 없는 것은 사실이고, 그러므로 모든 것이 유전자로 환원될 수 없다는 것도 명백한 사실이다. 하지만 그렇다고 이기적인 유전자로 인해 발생하는 이기적인 행위까지 부정하거나 간과할 수는 없다. 안타깝게도 부지불식간에 이루어지는 우리 인간의 수많은 행위들이 실상은 유전자에 의해 지배된다. 우리 사회가 아직은 확연한 범죄라고 규정하지 못하지만 사회의 공동체적 가치를 침해하고 수많은 사람을 고통으로 몰아넣는 이러한 행위들을 유전자 수준에서 살펴보는 것이 이 책의 가장 중요한 목표 중 하나다.

세 번째로, 『이기적 유전자』의 사상이 인문학적으로 발전되지 못한 데는 그것이 주로 유신론과의 싸움에 집중되어 왔다는 점도 한몫한 것으로 보인다. 리처드 도킨스가 『이기적 유전자』 이후에 저술한 『눈먼 시계공The Blind Watchmaker』, 『만들어진 신The God Delusion』, 『왜 종교는 과학이 되려고 하는가Intelligent Thought』, 『신, 만들어진 위험Outgrowing God』 등에서 그러한 노력을 볼 수 있다. 그러한 영향 때문인지 유신론의 사회적 영향력은 급속히 약해져 왔다. 자연과학의 설명으로 우주의 기원부터 인간의 진화까지 모두 설명이 되는 세상에서 창조주에 대한 맹목적인 신앙은 매력도 없고 효용 가치도 없게 되었다. 게다가 실천적인 측면에서도 빠르게 발전해 가는 세상에 발맞추지 못하고 종교계 스스로 고립되어 온 것이 사실이다. 죽음 이후 개인의 구원만을 지상의 목표로 삼는 유아적 수준의 교리에 기반해서는, 이 세상에 던질 수 있는 화두도 별로 없으며 사회가 당면한 여러 문제에 대해서 사상이나 이념으로 기여할 수 있는 부분도 거의 없는 것이 당연하다. 한때 엄청난 부흥으로 전 세계의 이목을 집중시켰던 한국의 개신교는 도덕적 타락으로 수많은 지탄을 받아오다가 이제는 아예 관심의 대상조차 되지 못한다. 성직자나 교인들의 도덕적 타락도 따지고 보면 이념과 사상의 부재에 기인한 것이라고 볼 수 있다. 어쨌든 이제 유신론 진영의 상황을 보면 창조론이나 지적설계론 따위를 내세워 세상에 나설 여지는 없고, 진화와 창조주를 동시에 인정하는 유신진화론 정도가 그나마 간신히 연명하고 있다. 그렇다면 이제는 종교와의 싸움에서 자유로워진 유전자 중심의 진화론에 대한 인문학적인 성찰을 보다 본격적으로 추구해야 할 시점이 되었다고 볼 수 있다. 그리고 인간의 종교성 역시 진화적 본능의 산물이기 때문에, 이기적인 유전자들이 어떻게 인간 세상을 움직이고 있는지를 논의할 때 종교 역시 그러한 관점에서 해부해 볼 가치가 있다.

인간 번식의 기본 단위인 가정을 다루는 1장은 이 책 전체의 도입과 같은 내용으로서, 진화론과 진화심리학에 익숙한 독자들에게는 어렵지 않게 읽힐 것이다. 2장에서는 여러 사회과학과 인류학의 연구 내용들을 진화론과 생물학의 관점에서 해석할 것이다. 3장은 자연과학 분야의 독자들에게는 다소 생소할 수 있으나 기초 수준에서의 경제학을 진화생물학과 접목하고자 시도할 것인데, 특히 주류 경제학의 문제점과 자본주의 사회에서 횡행하는 가치 착취라는 현상을 진화론의 집단 선택과 생태학의 개념들을 통해 분석할 것이다. 4장에서는 인간의 정치 행동을 유전학과 뇌신경과학으로 해부할 것인데, 특히 사회과학으로는 정확히 규정되지 않는 보수와 진보의 이데올로기를 생물학적으로 정의해 보고 그것이 가지는 진화론적 함의를 논의하고자 한다. 5장에서는 상당한 수준의 분자생물학 및 유전학 이론과 최신 연구 결과들을 동원해 진화의 결과로 인간이 겪는 생물학적, 의학적 운명에 대해 살펴볼 것이며, 특히 이기적인 유전자 너머에 있는 보다 근본적인 문

들어가며

제가 바로 자연이라는 세계에 있다는 점에 주목할 것이다.

종교에 관한 이야기는 6장에서 펼쳐질 것인데, 이미 실패한 기성종교를 과학과 어설프게 화해시키려는 노력 따위는 하지 않을 것이다. 과학과 종교의 화해와 상생은 기존에도 많이 시도되었지만 양쪽 진영 어디서도 특별한 호응을 얻지 못했다. 오히려 이 책에서는 이미 반쯤 그 생명을 잃은 기존의 기독교를 완전한 죽음으로 몰고 갈 것이다. 앞서 지적했듯이 진화적 본성의 하나로서 발현된 인간의 종교성은 성서의 진정한 의미를 왜곡해 그것을 세상과 고립된 괴물과 같은 교리로 둔갑시켰다. 종교적 장식으로 치장된 이러한 기독교의 껍데기를 벗겨내고 보면, 구약성서에 담긴 히브리 세계관과 신약성서에 기록된 예수의 말과 행적은 지금의 관점으로 보아도 매우 급진적이며 현대사회에도 충격을 줄 만한 생생한 메시지들로 가득하다. 특히 1장에서 5장까지 이야기한 이기적 유전자가 지배하는 인간 세상에 대해, 성서는 철저히 일관되게 반진화와 반자연 사상을 외치고 있다. 따라서 6장은 앞 장들의 모든 내용을 바로 이러한 관점으로 통합하는 계기로 사용할 것이다. 보수적인 종교인들의 경전으로 왜곡되어 온 성서의 정신이 이제는 제도권 종교의 죽음과 함께 과학과 진보를 지지하는 이들의 사상으로 새롭게 태어나기를 희망하면서 말이다.

> 새 포도주를 낡은 가죽 부대에 넣는 자가 없나니 만일 그렇게 하면 새 포도주가 부대를 터뜨려 포도주와 부대를 버리게 되리라 오직 새 포도주는 새 부대에 넣느니라 하시니라 (「마가복음」 2:22)

17

이 책의 많은 내용이 자연과학과 사회과학 분야의 많은 연구 논문들에 기초하고 있다. 논문을 인용할 때 특별히 《네이처Nature》나 《사이언스Science》나 《셀Cell》과 같은 학술지의 이름을 굳이 별도로 언급한 것은 과학에 관심 있는 거의 모든 독자가 이 학술지들을 알고 있고 그 권위와 공신력을 인정하고 있기 때문이다. 하지만 이것들 말고도 이 책에 인용된 모든 논문은 해당 분야 전문가들의 엄격한 동료평가를 거쳐서 게재된 것들이다. 개개의 논문에 실린 모든 내용이 절대적으로 옳다는 것은 아니지만, 이는 충분한 과학적 근거들이 있음을 말해주는 것이다.

마지막으로, 아직까지도 진화론이 반박될 가능성이 남아 있는 하나의 가설일 뿐이라고 생각하거나 과학이라는 학문 체계에 대한 의구심을 가지고 있거나 이해가 부족한 독자들을 위해 노파심으로 몇 마디만 사족으로 덧붙이고자 한다.

연구자로서 논문을 쓴다는 것은 매우 고달픈 일이다. 수년간의 시간을 들여 실험하고 분석하고 검증하는 작업을 마쳐야 학술지에 제출해 볼 만한 연구 논문이 한 편 만들어진다. 제출하고 나면 먼저 편집자 수준에서 심사를 거쳐 소수의 논문만이 동료평가를 받는다. 동료평가에서는 익명의 과학자들이 편집자의 요청을 받아 논문을 심사한 후 갖가지 날카로운 비판을 보낸다. 논문의 저자는 그 비판들을 해결하기 위해 새로운 실험과 분석을 수행하고, 논문을 수정해 다시 동료평가를 받는다. 모든 동료평가자가 동의해야 편집자는 그 논문을 게재할 수 있는데, 이런 심사 과정만도 길게는 수년이 걸리며 이 단계에서 또 한번 소수의 논문만이 살아남게 된다. 하지만 학술지에 논문이 실리는

들어가며

것은 시작에 불과하다. 다른 과학자들이 논문을 읽고 동일한 실험이나 분석을 반복하고 자신의 연구에 적용해 보기도 하는데, 진정한 평가는 바로 여기서 이루어진다. 성공적인 연구는 여러 학자들에 의해 반복적으로 검증되고 확장되는 반면, 많은 논문은 검증에 실패하거나 그 밖의 이유로 별로 인용되지 못하고 사장되고 만다. 매우 드물지만 최악의 경우 데이터가 잘못되었거나 조작되었다는 것이 연구자 자신이나 다른 과학자들에 의해 드러나 논문이 철회되기도 한다.

이렇듯 과학은 인간으로서의 과학자를 신뢰하지 않는, 엄밀한 검증을 바탕으로 이루어지는 학술 체계다. 고전물리학을 뒤집고 상대성이론을 제시한 알베르트 아인슈타인Albert Einstein조차 양자역학에 있어서는 닐스 보어Niels Bohr와 베르너 하이젠베르크Werner Heisenberg에게 자리를 내주고 말았다. 과학이라는 체계 안에서는 아무리 위대한 과학자라도 절대적으로 신봉되지 않는다. 그런데 과학에서 일어나는 이러한 변화가 오히려 현재의 이론도 완벽하지 않다는 것을 방증하는 것이 아니냐고 주장하고 싶을지도 모르겠다. 아인슈타인이 고전물리학을 전복시킨 것처럼 우리가 지금 믿고 있는 것도 언젠가는 오류로 밝혀지지 않겠느냐고 반문하는 것이다. 그러나 아인슈타인이 제시한 것은 뉴턴이 상정한 절대적인 시간과 공간 대신 상대적인 시간과 공간의 개념을 통해 뉴턴의 법칙을 설명하는 더 포괄적인 이론으로서, 이는 고전물리학을 폐기한 것이 아니라 오히려 한 단계 더 발전시킨 것이다. 양자역학 역시 아인슈타인의 상대성이론을 폐기시킨 것이 아니라 다만 다른 물리 세계를 설명하는 것이며, 두 세계의 통합이 아직 이루어지지 않은 것뿐이다.

진화론 역시 마찬가지다. 특정한 가설이나 이론이 반박되거나 철회되더라도 그것들은 진화론이라는 거대한 나무의 말단에서 일어나는 일일 뿐, 땅속에 단단히 박힌 뿌리와 줄기, 즉 생명의 진화라는 대원리에는 변함이 없다. 나무의 특정 위치에 있는 연구 결과들은 그 아래에 있는 이론들을 토대로 이루어진 것이므로, 나무의 아래로 내려가면 내려갈수록 그 위에 쌓여 있는 연구들로 이미 검증을 거쳤다는 것을 의미한다. 장바티스트 라마르크Jean-Baptiste Lamarck의 용불용설 같은 경우에는 진화론 나무의 밑동 근처에서 기각되었고, 지금 우리는 유전학과 분자생물학의 기반 위에 쌓아 올린 수많은 연구 결과를 확보하고 있다. 이 거대한 나무를 무너뜨리려면 가지 꼭대기에서부터 내려오며 모든 연구 내용을 하나씩 반박해야 하는데, 이런 일이 일어날 가능성은 단 하나, 찰스 다윈 이후로 연구자나 동료평가자 혹은 학술지 편집자로서 활동한, 살아 있거나 이미 죽은 모든 과학자가 시공간을 거슬러 담합했을 때뿐이다.

'20세기의 다윈'으로 불린 위대한 진화생물학자 에른스트 마이어Ernst Mayr는 20년간 하버드대학교 교수를 지내며 현대 진화론의 성립에 크게 기여했다. 그의 책 『진화란 무엇인가What Evolution Is』에서 그는 '진화론'이라는 용어를 계속 사용해야 할지 의문을 제기했다.[1] 그의 말을 인용해 보자. "진화가 늘 일어났으며 지금도 일어나고 있다는 것은 너무나 확고하게 자리 잡은 사실이어서 이러한 주장을 '이론'으로 부르는 것 자체가 비합리적인 것이 되었다. 확실히 공통 유래 이론이나 생명의 기원, 점진주의, 종 분화, 자연선택 등과 같은 특정 진화 이론들이 있을 수는 있지만, 이와 같은 주제들에 대해 상충하는 이론들이 과학

들어가며

적 논쟁을 벌인다고 해서 진화 그 자체가 확고한 사실이라는 데 영향을 미칠 수는 없다. 생명이 출현한 이래로 진화는 계속되어 왔다."

무려 2,500년 전에 아리스토텔레스가 지구가 둥글다는 것을 깨달았던 것은 월식 때 달에 비친 지구의 그림자가 둥글다는 것, 먼 바다에서 항구로 들어오는 배가 돛대 윗부분부터 서서히 그 모습을 드러낸다는 것, 북쪽으로 갈수록 북극성의 고도가 높아진다는 점 등을 보고 논리적으로 추론한 것이다. 그리고 2,000여 년이 지나서야 마젤란 일행의 세계 일주를 통해 인류는 처음으로 그 사실을 '경험'하게 되었고, 구소련의 우주비행사 유리 가가린이 대기권 밖을 비행하면서 그 사실을 '확인'하게 되었다. 우리 중 많은 이들은 마젤란 일행이나 가가린처럼 그것을 직접 경험하거나 확인하지는 못하지만, 수많은 과학 데이터를 통해 지구가 둥글다는 것을 '알고' 있다. 전혀 느껴지지 않음에도 지구가 엄청난 속도로 자전과 공전을 한다는 것이나, 심지어 경험이라는 차원을 아예 넘어서는 경우, 예를 들어 우주가 138억 년 전 빅뱅으로 탄생했다는 것도 마찬가지다. 그러나 지금 이 현대사회에도 지구가 평평하다는 믿음을 고수하는 이들이 있다. 2020년 2월 22일, 미국의 사제 로켓 개발자이자 비행사인 마이크 휴스는 지구가 평평하다는 것을 증명하겠다고 로켓을 타고 하늘로 치솟았다가 결국 추락사하고 말았다. 생명의 진화를 도저히 받아들일 수 없다는 사람들의 본능을 논리로 만족시킬 방법은 없다. 이 책에서도 그러한 노력은 하지 않을 예정이다.

CONTENTS

1장
|
가정
사랑이라는 자기 기만

유전자가 부추기는 자식 사랑

모든 것을 물질의 작용으로 환원해 버리는 과학이 지배하는 현대사회에서 사랑만큼은 여전히 신성한 영역으로 남아 있다. 그런데 번식이라는 목적으로 진화가 고안해 낸 사랑은 사실 상대방을 위한 것이 아니라 자기 자신의 만족을 위해 작동하는 신경 기관의 메커니즘이다. 예를 들어, 신경과학자들은 어미 쥐가 새끼를 핥아줄 때마다 어미 쥐의 뇌에서 도파민 분비가 유도된다는 것을 관찰했다. 도파민은 뇌의 보상체계에서 작동하는, 쾌감과 행복감을 느끼게 하는 신경전달물질이다. 즉, 어미의 뇌는 자식을 돌보면서 스스로 만족감을 느끼도록 진화해 왔다는 것이다. 새끼를 갖기 위해서는 짝을 만나야 하므로 사랑이라는 감정은 짝짓기를 유도하는 힘으로도 작용한다. 사랑을 가장한 유전자의 책략이 적나라하게 드러나는 순간은 바로 남녀가 사랑에 빠졌을 때다. 사랑에 빠진 인간의 뇌 회로에 작동하는 신경전달물질은 마치 마약처럼 작동하며, 중독과 같은 이러한 자기 만족은 성관계라는 궁극적인 쾌락에서 그 절정을 맞게 된다. '사랑 호르몬'이라고도 불리는 옥시토신은 특히 엄마와 아기의 유대 관계가 깊어질수록 더 많이 분비되며 연인 사이에 스킨십을 할 때도 분비되어 애정을 고무시킨다. 이런 의미에서 사랑은 유전자의 번식이라는, 자연으로부터 부여받은 지상 과제를 수행하게끔 만드는 자기 만족 기제다.

1859년, 찰스 다윈은『종의 기원』에서 주어진 환경에 적합한 개체가 살아남는다는 자연선택 이론을 제시했다.[2] 그러나 유전학에 대한 지식이 없던 당시에는 그 이론만으로 부모가 자식을 돌보는 행위를 정확히 설명하기가 어려웠다. 1964년에 발표된 윌리엄 해밀턴William Hamilton의 포괄 적합도inclusive fitness 이론은 이 문제를 유전학과 수학으로 풀어낸 것이었다.[3,4] '포괄 적합도'란 개체 자신의 적합도뿐 아니라 그 개체가 유전자를 공유하는 혈연들의 적합도를 그 유전학적 근친도만큼의 비율로 포함해 합한 것을 말한다. 즉, 자기 자신을 1이라고 할 때 자식이나 형제들의 경우 각각 2분의 1로 계산한 적합도의 총합이 포괄 적합도이며, 모든 개체는 이렇게 계산되는 양을 최대화하는 방향으로 행동한다는 것이 이 이론의 요지다. 전설적인 진화생물학자 존 홀데인John Haldane이 "형제 1명을 위해서는 죽을 수 없지만 2명 이상을 위해서라면 죽을 수도 있고, 사촌이면 8명 이상이어야 한다"라고 말한 것을 월

리엄 해밀턴이 수학적으로 이론화한 것이다. 존 메이너드 스미스John Maynard Smith는 같은 해 《네이처》에 기고한 논문에서 이 개념을 '혈연선택'이라고 불렀으며,[5] 또 한 명의 저명한 진화생물학자 조지 윌리엄스는 그의 저서 『적응과 자연선택Adaptation and Natural Selection』을 통해서 이 개념을 널리 퍼뜨리는 데 공헌했다.[6]

포괄 적합도와 혈연선택 이론은 자연에서 여러 차례 연구로 입증되었는데, 그중 하나가 캐나다 유콘주에 서식하는 붉은다람쥐 야생 개체군에 대한 것이다.[7] 2010년 《네이처 커뮤니케이션스Nature Communications》에 발표된 이 연구에서는 무려 19년 동안 6,793마리의 새끼 다람쥐를 관찰했다. 특히 이들의 입양 행동을 조사했는데, 고아가 된 다람쥐가 입양되는 것은 항상 대리모 다람쥐와 유전적 근연 관계에 있는 경우였으며 근연 관계가 없는 경우는 양자로 들여지지 않았다. 또한 입양이 일어나기 위한 고아 다람쥐와 대리모의 유전적 근친도는 대리모가 이미 키우고 있는 한배 새끼들의 수에 따라 달라졌다. 즉, 한배 새끼를 1마리 늘렸을 때 전체 새끼의 생존 가능성 감소분을 입양 비용으로 계산하고, 양자로 들어온 고아의 생존 가능성 증가분을 입양의 이익으로 계산할 때, 그 손익계산에 따른 입양 결정이 결국 윌리엄 해밀턴의 포괄 적합도 공식에 따라 이루어진다는 것이 이 대규모 생태 연구를 통해 밝혀졌다.

그런데 이러한 혈연선택이 실제로 일어나려면 자신과 근친도가 높은 개체를 알아볼 수 있는 메커니즘이 있어야 한다. 리처드 도킨스는 『이기적 유전자』에서 이것을 녹색 수염을 만드는 유전자에 비유했다.[8] 즉, 녹색 수염과 같이 다른 개체들과 구별되는 독특한 '표현형phenotype'을 만들어 내는 유전자끼리는 서로가 근연 관계에 있다는 것을 알아볼 것이라는 가설이다. 이 사고실험은 실제로 자연에서 관찰을 통해 입증되었는데, 《네이처》에 보고된 붉은불개미에 대한 연구에 따르면 이들에게 '녹색 수염'은 바로 몸에서 나오는 냄새일 것으로 추정되었다.[9] 붉은불개미 일개미들은 'Gp-9'이라는 유전자가 자신들과 같은 여왕개미는 살려두고 자신들과 다른 여왕개미는 구별해 죽인다. 그런데 이때 일개미들을 다른 유전형을 지닌 여왕개미의 몸에 비벼 냄새를 묻힌 다음 다시 원래 무리에 넣어주면, 이들은 동료들에게 공격당해 죽을 가능성이 높아진다. 이후 《사이언스》 논문에서는 이 유전자가 같은 종의 동물들끼리 의사소통하는 데 사용되는 화학물질인 페로몬에 결합하는 단백질이라는 것을 보였다.[10]

인간 사회에서도 마찬가지다.[11] 각종 설문조사, 관찰연구, 행동실험 등을 통한 통계적인 분석 결과를 보면, 서로 간에 도움을 주고받는 정도, 음식을 공유하는 정도, 다른 자녀를 보육해 주는 비율, 재산의 상속 등 인간 행동의 여러 측면에서 혈연선택의 경향은 인종과 문화를 가리지 않고 드러난다.[12-19] 한 가지 예로 남아프리카의 가계 1만 1,211개에 대한 대규모 연구 결과를 보면, 의식주 및 보건의료 등의 측면에서 보육자가 아동에게 투자하는 정도가 그들 간의 유전학적 근친도에 수치적으로 비례한다는 것이 드러났다.[20] 이는 결과적으로 피보육 아동의 학교 성적과 건강 상태에 통계학적으로 유의미한 영향을 미치는 것으로 나타났다. 물론 인간은 인지적으로 자신의 혈연을 알 수 있다. 하지만 뒤에서 소개하겠지만 사람 사이에도 페로몬을 통한 혈연 인식이 가능하며 다른 동물들과 마찬가지로 이는 근친교배를 피하는 메커니즘으로 작동한다.

유전자가 부추기는 부모-자식 갈등

이로써 다윈의 이론만으로는 설명할 수 없었던 부모의 자식 돌보는 행위를 설명할 수 있게 되었다. 그런데 해밀턴의 이론을 조금 더 주의해 살펴보면, 엄밀하게는 부모와 자식 간에도 갈등이 생길 수밖에 없다. 인간의 유성생식은 유전학적으로 다른 남녀가 만나 이루어지므로, 부모와 자식 간의 근친도는 0.5에 불과하다. 즉, 부모 중 한 명과 자식은 유전자의 50퍼센트를 공유하지만 나머지 50퍼센트는 부모 중 다른 한 명에게서 유전된 것이므로, 부모의 관점에서 최적의 공급량은 자식이 원하는 최적의 양에는 항상 미치지 못한다. 부모는 여러 자식에게 효율적으로 투자해 효용을 극대화하기를 원하는 반면, 자식들은 자신에게 최대한의 투자가 돌아오기를 바란다. 이러한 부모와 자식 간의 진화적 갈등을 유전학적인 맥락에서 체계화한 것이 바로 저명한 진화생물학자 중 한 명인 로버트 트리버스Robert Trivers다.[21]

이러한 부모-자식 갈등은 자식이 태어나기도 전부터 표출된다. 태아는 산모로부터 최대한의 영양분을 받으려고 하고, 산모는 이미 태어나 있는 아이나 다음번 임신으로 태어날 아이의 잠재적 가치를 고려해 태아에게 공급되는 자원을 조정하려고 한다. 우리 몸의 에너지원인 포도당이 혈액에 많아지면, 췌장에서는 인슐린을 분비함으로써 혈당을 세포로 유입시켜 에너지를 만들거나 영양분의 형태로 저장하게 한다. 임신 중에는 당연히 태아도 포도당을 필요로 하는데, 이때 태아는 조금이라도 더 많은 포도당을 빼앗아 오기 위해 어머니의 인슐린 작용을 방해하는 물질을 분비한다. 흥미롭게도, 인슐린과 닮은 형태의 'IGF2'라고 불리는 이 단백질은 '유전체 각인genomic imprinting'이라는 기작에 의해 오직 아버지로부터 물려받은 염색체에서만 만들어진다.[22] 다시 말해, 아버지의 유전자가 태아에게 영양분을 더 달라고 어머니에게 신호를 보낸다는 뜻이다. 아버지 입장에서는 자신의 유전자들을 가지고 있는 태아가 산모로부터 많은 영양분을 빼앗아 건강하게 살아남기를 바라는 것이다. 산모는 이에 대항해 인슐린을 더 많이 분비해 자신의 세포들로 포도당을 유입시키려고 하고, 태아는 IGF2와 같은 물질을 더 분비해 어머니의 인슐린을 방해하려는 줄다리기가 이어진다. 이 과정에서 생기는 것이 바로 임신성 당뇨다.

배 속에 있는 자식과의 갈등은 훨씬 더 끔찍한 결과를 낳기도 한다. 영국의 동물학자 힐다 브루스Hilda Bruce는 새끼를 밴 암컷이 새로운 수컷과 함께 살게 될 경우 자발적으로 유산하는 현상을 실험동물에게서 발견해 일찍이 《네이처》에 보고한 바 있다.[23] 이 브루스 효과Bruce effect는 최근 야생 원숭이들 가운데서도 관찰되어 《사이언스》에 보고되었다.[24] 겔라다개코원숭이라는 원숭이들의 한 집단을 새로운 알파 수컷이 장악하자 놀랍게도 그 수컷이 집권한 바로 그날 암컷들이 일제히 유산한 것이다. 유산하지 않은 2마리 가운데 하나는 재빨리 배란의 징후를 보여 임신 상태임에도 새 수컷과 짝짓기를 했고, 그런 기만 행위를 하지 않은 다른 암컷의 새끼는 결과적으로 그 수컷에게 죽임을 당하고 말았다. 이는 암컷들이 내리는 비정한 손익계산의 결과라고 볼 수 있다. 태어나면 어차피 새로운 수컷에게 죽임당할 가능성이 높은 새끼를 낳기 위해 자신의 자원을 낭비하는 것보다는, 배 속의 새끼를

빨리 포기하고 새로운 수컷과의 번식 기회를 갖는 편이 유리하기 때문이다. 인간과 매우 가까운 친척인 원숭이에게서 이런 일이 일어난다는 것은 우리에게도 암시하는 바가 매우 크다.

살생으로까지 이어지는 부모와 자식의 갈등은 자식이 태어난 후에도 계속되는데, 인간 사회에서도 예외는 아니다. 인류의 역사를 통해 어린이는 살해당할 위험이 가장 높은 집단이었는데, 어린아이를 죽이는 가해자의 대부분은 다름 아닌 부모였다. 원시적인 수렵채집 혹은 산업화 이전의 농경 사회에서는 특히 여자아이의 살해가 주기적으로 행해졌다.[25] 이는 사냥을 하거나 농사일을 할 수 있으며 외부의 적에 대한 방어 능력을 지닌 사내아이가 선호되었기 때문인데, 산업화 이전 사회의 인구통계가 이러한 경향을 뚜렷하게 보여준다.[26] 태어나는 아기들의 성비는 거의 1:1에 가깝지만, 유년기부터는 남자아이들이 훨씬 많아진다. 수렵채집 사회를 포함해 112개 사회에 속하는 561개의 인구집단을 조사한 결과 유년기의 평균 성비는 1.27:1로 나타났으며, 에스키모와 같이 혹독한 환경에 사는 집단들 중에서는 1.5:1, 심지어는 2:1과 같은 극단적인 사례도 발견되었다. 구석기시대 수렵채집인들 가운데 남자의 유골이 더 많이 발견되었다는 사실은 이러한 관습이 아주 오래전부터 행해졌을 가능성을 말해준다.[27]

자식 살해filicide는 산업화된 사회를 포함해 전 세계 모든 문화권에 걸쳐 발생한다. 부부 진화심리학자 마틴 데일리Martin Daly와 마고 윌슨Margo Wilson은 불후의 명저로 꼽히는 그들의 저서 『살인Homicide』에서, 문명사회에서의 자식 살해 역시 번식 가능성에 대한 철저한 진화적 계산에 따라 이루어진다는 것을 보여준다.[28] 예를 들어, 어머니의 연령이 낮을수록 살해율이 높다는 것은 어린 여성일수록 앞으로 임신할 가능성이 높기 때문이고, 아이의 나이가 많을수록 살해당할 가능성이 낮은 것은 성장한 자식일수록 번식 가치가 더 높게 계산되기 때문이다. 아이의 나이가 많을수록 아이의 자기 방어 능력이 증가하기 때문이라고 설명할 수는 없는 것이, 가족이나 친척이 아닌 사람에 의한 살해율은 정반대의 양상으로서 특히 10대 중반 이후로 급속히 증가하기 때문이다. 그뿐만 아니라, 경제적 상황과 같은 주변 여건이 좋지 않거나 아기가 기형이나 장애 등 결함이 있을 때 아이가 살해당할 가능성이 높아진다는 것도 밝혀졌다. 이는 모두 새로운 알파 수컷의 등장이라는 불리한 상황에서 배 속의 새끼를 유산시켜 버리는 것과 마찬가지 이치다.

18세기 영국의 많은 어머니들은 일부러 천연두에 걸린 사람의 옷으로 아이를 두르거나 실수를 가장해 템스강에 아이를 빠뜨리고는 했다. 아이를 직접 죽이기에는 마음이 약한 부모들은 유모를 고용해 이런 일을 맡기고는 했는데, 특히 일부 유모들은 이런 일을 잘 처리해 주는 덕분에 부모들에게 아주 인기가 높았다고 한다. 비슷한 시기 프랑스에서는 병원 입구에 달아둔 베이비박스에 한 해에만 10만 명이 넘는 아기들이 담겨 이 중 80퍼센트가 1년 내에 사망했다는 기록이 있다. 대한민국 경찰청 통계에 따르면, 2010년부터 2020년까지 10년간 영아 유기는 1,379건, 영아 살해는 110건으로 나타났다.

자식들 역시 살해당할 위험을 피하기 위한 전략을 가지고 있다. 야생의 동물들은 어미의 자궁에서 나온 후 거의 곧바로 홀로 활동이 가능한 반면, 인간 아기는 목도 가누지 못할 만큼 매우 미성숙한 상태로 태어나 장기간 부모의 보살핌을 필요로 한다. 상대적으로 과도하게 큰 머리 때문인데, 직립보행으로 좁아진 어머니의 산도를 안전하게 통과하기 위해서는 가급적 머리통이 작은 상태에서 태어나야 하기 때문이다. 그런데 이상한 것은 대부분의 포유류나 영장류와 달리 사람 아기는 굉장히 많은 피하지방을 가지고 태어난다는 점이다. 몸집을 줄여야 하는 상황에서 과도한 지방을 축적한 상태로 태어나는 이유는 자기를 홍보하기 위함이라는 가설로 설명되는데, 통통하게 살이 오른 모습을 통해 자신이 건강하며 살아남을 확률이 높다는 것을 과시함으로써 부모의 선택을 받고 살해당할 위험을 피하는 전략이라는 것이다. 그런 면에서 통통한 아기들을 보면 귀엽다고 느끼는 것 역시 건강한 아이를 선별하기 위해 진화해 온 뇌의 생물학적 반응이다. 동물행동학의 창시자 중 한 사람으로서, 각인효과imprinting를 입증한 것으로 유명한 콘라트 로렌츠Konrad Lorenz는 큰 머리와 튀어나온 이마, 큰 눈, 토실토실한 뺨, 짧은 팔다리, 서툰 몸놀림 등 아기들만의 전형적인 신체적 특징을 '아기 스키마baby schema'라고 불렀으며,[29] 미국의 인류학자 세라 블래퍼 허디Sarah Blaffer Hrdy는 이렇게 귀엽다고 여겨지는 아기들의 시각적, 후각적, 청각적 신호가 마치 '감각적 덫sensory trap'처럼 부모의 보살핌을 유도한다고 설명했다.[30]

일단 여러 명의 아이를 낳은 후 각 아이의 성공 가능성에 따라 일부는 포기하고 일부는 선택해 양육하는 것은, 아마도 혹독한 환경에서 살았던 인류의 선조가 포괄 적합도를 최대화하기 위해 택할 수 있는 최선의 투자 전략이었을 것이다. 이렇게 진화적인 계산에 따라 자식에게 선별적으로 투자하는 것은 생존을 크게 걱정하지 않아도 되는 현대사회에서도 나타난다. 로버트 트리버스와 댄 윌러드Dan Willard가《사이언스》에 발표한 트리버스-윌러드 가설에 따르면, 부모는 형편이 좋을 때 아들을 선호하고 형편이 좋지 못할 때는 딸을 선호하는 경향이 있다.[31] 이유는 분명하다. 짝짓기에 있어서 남자의 능력이 보다 중요한 세상에서, 부유한 아들은 다른 남자들과의 경쟁에서 승리할 가능성이 높지만 가난한 경우에는 아들보다 차라리 딸이 결혼해서 자손을 가질 확률이 높기 때문이다.

이 가설을 상속 문제에 적용해 보면, 부유한 가정에서는 아들에게 더 많은 돈을 물려주는 반면 가난한 가정에서는 딸에게 더 많은 유산을 물려줄 것으로 예측된다. 이는 실제 데이터로 입증되었다. 캐나다 사람들이 남긴 1,000개의 유언장을 분석한 결과, 경제적으로 부유한 가정에서는 아들이 딸보다 2배나 많은 유산을 받은 반면 가난한 가정에서는 반대의 양상이 나타난 것이다.[32] 그뿐만 아니라 중국에서의 온라인 구매 실태를 조사해 본 결과, 부유한 부모는 아들의 선물에 더 많은 돈을 쓴 반면 그렇지 못한 부모는 오히려 딸에게 더 많은 돈을 쓴 것으로 드러났다.[33]

놀라운 것은 이러한 선별적인 투자가 의식적이라기보다는 생리학적인 수준에서 일어난다는 점이다. 예컨대 아프리카 케냐에서 이루어진 한 연구에 의하면, 부유한 가정의 엄마 모유의 유지방 함량은 아들일 때 데시리터당 평균 2.8그램으로 딸인 경우의 1.74그램에 비해 유의하게 높게 나타난데 반해, 형편이 어려운 가정에서는 아들인 경우 데시리터당 2.3그램으로 딸인 경우의 2.6그램보다 오히려 낮게 나타났다.[34] 이뿐만이 아니다. 미국에서 4,800만 건의 출생과 31만 건의 유아 사망에 대한 대규모 조사를 실시한 결과, 고등학교를 졸업하지 못한 여성이 대학 교육을 받은 여성에 비해, 그리고 흑인 여성이 백인 여성에 비해 아들을 낳을 확률이 낮았으며, 어린 미혼모에게서 태어난 경우 남아 사망률이 여아 사망률에 비해 더 높게 나타났다.[35] 트리버스-윌러드의 가설대로 불리한 환경의 어머니일수록 아들보다 딸을 선호하는데, 이 것이 태아 혹은 영유아 시절의 영양 공급 등 생리적인 차원에서 딸의 경우에는 투자를 늘리고 아들의 경우에는 줄이는 방향으로 나타난 것이다.

반대가 끌리는 이유

이러한 선별적 투자 전략이 효과적으로 작동하기 위해서는 자식들이 성별뿐만 아니라 유전적으로도 다양해야만 한다. 거의 비슷한 아이들이 태어날 경우 선택에 큰 의미가 없기 때문이다. 바로 이 지점에서 유성생식이 필요한 이유가 설명된다. 우리 몸을 구성하는 체세포들은 아버지와 어머니로부터 온 유전자를 한 쌍씩 가지고 있지만, 정자나 난자와 같은 생식세포를 만들 때는 둘 중 하나만을 선택해야 수정이 이루어졌을 때 한 쌍이라는 정상적인 개수를 유지할 수 있다. 그런데 바로 이 과정에서 유전자 재조합이 일어난다. 예를 들어, 어떤 개체가 A1, A2라는 한 쌍의 유전자와 B1, B2라는 한 쌍의 유전자를 가지고 있다고 하자. A1과 A2는 같은 기능을 하지만 특성이 다른 두 버전이며 B1과 B2 역시 마찬가지로서, 유전학에서는 이들을 '변이'라고 표현한다. 이 개체가 생식세포를 만들 때마다 A1과 A2 중 하나가 무작위로 선택되고 마찬가지로 B1과 B2 중 하나가 선택되므로, 예컨대 첫째 자손은 A1, B1, 둘째는 A1, B2, 셋째는 A2, B1, 넷째는 A2, B2 등 서로 다른 조합이 가능해진다. 이것이 엄청난 진화적 이점인 이유는 이를 통해 여러 상황 속에서 하나의 후손이라도 살아남을 가능성이 높아지기 때문이다. 예를 들어, B가 면역 유전자이며 B1과 B2는 각각 다른 종류의 병원균에 대한 저항성을 주는 변이라고 할 때, 특정 병원균이 유행하는 환경에서 B1을 가진 아이가 병에 걸려 시름시름 앓는다면 부모는 빠르게 그 아이를 포기하고 B2를 물려받은 아이를 선택할 수 있다. A 유전자의 입장에서 보더라도 B1과 B2 모두와 짝을 지어두는 것이 스스로의 번식 가능성을 높이는 길이다.

이렇게 후손의 다양성을 늘리는 유성생식 전략은 짝을 선택할 때도 작동한다. 앞서 설명한 A1, A2와 B1, B2를 가지고 있는 개체의 입장에서는 똑같은 변이를 지닌 상대보다는 각 유전자의 다른 버전을 지닌 상대가 더 매력적인 선택이 된다. 앞서 B라는 유전자가 병원균에 대한 면역력을 제공하는 유전자라고 했으므로, 가급적 많은 종류의 병원균에 대비해 다양한 후손을 낳고 싶다면, 똑같이 B1, B2를 지닌 상대보다는 B3, B4를 지닌 상대와 결합하는 것이 더 유리하다. 다시 한번 A의 입장에서 보더라도 각각 다른 종류의 병원균에 대해 저항성이 높은 B1, B2, B3, B4와 모두 짝을 지어두는 것이 유리하다. 실제로 B에 해당하는 대표적인 유전자가 있는데, 생물학자들은 그것을 'MHC^{major histocompatibility complex}'라고 부른다. MHC는 우리 몸에 침투한 병원균이 가지고 있는 다양한 항원들과 결합해 그것들을 면역세포들에게 제시함으로써, 면역반응을 유도하는 중요한 역할을 한다. 그런데 사람은 저마다 다른 MHC 변이를 가지고 있다. 그 변이의 형태에 따라 보다 잘 결합할 수 있는 항원의 종류, 즉 더 잘 대응할 수 있는 병원균의 종류가 다른 것이다.

눈으로 확인할 수도 없는 MHC라는 유전자의 변이에 따라 짝짓기 상대나 배우자를 선택한다는 것이 쉽게 믿기지 않겠지만, 이 현상은 일찍이 쥐에서 관찰되어 《네이처》에 보고된 바 있다.[36] 이는 MHC가 유전학적으로나 단백질의 수준에서나 (붉은불개미 연구에서 언급한) 페로몬과 연결되어 있기 때문으로 보인다. 쥐의 페로몬은 특히 소변에 많이 포함된 것으로 알려져 있는데, 실제로 소변 냄새에 대한 선호도가 유전학적 근친도에 따라 달라진다는 것이 《네이처》의 한 논문에서 밝혀졌다.[37] 소변은 아니지만, 현대인들도 체취를 통해 MHC 변이에 대한 선호도를 달리한다는 것이 반복적으로 관찰되었다. 클라우스 베데킨트Claus Wedekind의 유명한 실험에서는 남성 참가자들이 이틀 동안 입고 있던 티셔츠의 냄새를 여성 참가자들이 맡은 다음 그에 대한 선호도를 측정해 보니, 여성 참가자들이 자신과 다른 MHC 변이를 가진 참가자의 냄새를 더 선호했다. 또한 이 경우 실제 과거 혹은 현재 파트너의 냄새와도 유사하다고 느끼는 것으로 나타났다.[38] 실제로 이미 결혼한 남녀들의 MHC 변이를 조사해 보면, 자신과 다른 MHC 변이를 가진 커플이 많다는 사실도 미국 인간유전학회의 학술지에 발표된 바 있다.[39]

혈연선택에 대한 설명에서 언급했듯이, 페로몬은 자신과의 유전학적 유사성을 판별하는 데도 사용된다. 짝짓기 대상으로 자신과 차이가 나는 상대를 선택함과 동시에, 유전학적으로 근친인 상대는 그 대상에서 배제하는 방향으로 작동하는 것이다.[40] 이런 성향은 실험용 쥐에서도 드러난다.[37] 근친교배는 후손의 다양성을 감소시킬 뿐 아니라 위험한 유전 질환의 발생 빈도를 높이기 때문에 이에 대한 회피 메커니즘이 진화했을 것으로 추정된다. 일찍이 인류학자 에드워드 웨스터마크 Edward Westermarck가 『인간 결혼의 역사The History of Human Marriage』에서 근친결혼이 문화적 혹은 제도적 이유로 금지된 것이 아니라 가족끼리는 단지 성적으로 끌리지 않는 것이라고 주장했던 것이 현대 과학으로 뒷받침되는 것이다.[41] 한편 《네이처 유전학Nature Genetics》에 발표된 또 다른 티셔츠 실험에서 한 가지 놀라운 점이 발견되었는데, 상대의 MHC로부터 근친도를 판별할 때 자신이 가진 MHC 가운데 어머니가 아닌 아버지로부터 물려받은 변이를 기준으로 알아낸다는 것이다.[42] 어머니의 경우에는 자신과 살고 있는 어머니가 일반적으로 자신을 실제로 낳아준 생물학적 어머니일 테니, 어머니의 그 익숙한 체취가 감지되면 상대가 근친임을 알아낼 수 있다. 그러나 어머니와 달리 아버지의 경우에는 함께 살고 있는 아버지가 자신의 유전학적 아버지일 가능성이 적다. 유전학적으로 더 우수한 수컷의 아기를 낳아 양육에 더 헌신적인 수컷으로 하여금 키우도록 하는 것은 사람을 비롯한 많은 동물 암컷들이 가지고 있는 번식 전략 가운데 하나다.[43,44] 따라서 아버지의 경우에는 함께 살고 있는 아버지의 체취에 대한 후각적 기준 대신 유전학적 아버지로부터 물려받은 MHC 유전자를 기준으로 상대가 근친관계인지를 판별하는 것이다. 아주 냉정하고 교묘한 진화적 계산이다.

연애 상대나 배우자를 선택하는 과정에서 반대 성향에 이끌리는 심리 역시 유전적 다양성을 극대화하기 위한 선호 메커니즘의 하나일 수 있다. 물론 비슷한 점이 매력이 된다는 상충되는 조사 결과들도 많은데, 이와 같이 비슷한 사람끼리 짝을 맺는다는 '동류교배assortative mating'의 흥미로운 점은 대개 외모와 같은 물리적 조건에 대해서 일어난다는 점이다.[45] 예를 들면 키나 체질량지수BMI 같은 것들이다.[46,47] 실제로 유전학적으로 동류교배를 조사한 《네이처 인간행동Nature Human Behaviour》 연구를 보면 키와 체질량지수 그리고 학업성취도와 같은 형질들에서 이러한 짝짓기 양상이 나타남을 알 수 있다.[48] 이는 개개인의 기호에 따라 달라지는 것이 아니라 모든 사람이 선호하는, 즉 훌륭한 유전학적 자질을 나타내는 형질들의 경우 결국 비슷한 사람끼리 결합하게 되므로 이것이 동류교배처럼 보인다는 이론과 일치한다.[49,50] 또한 유전자보다는 문화적 영향하에 있는 가치관이나 취향과 같은 부분에서도 서로 비슷한 점을 찾으려는 경향이 나타날 것이다.

이에 비해 유전자와의 연결고리가 강하면서도 어느 쪽이 확실히 좋다고 할 수 없는 타고난 성향에 있어서는 차이점이 매력을 유발할 수 있다. 예를 들어 사색적이고 내성적인 남자와 밝고 외향적인 여성은 서로에게 끌리며, 순종적인 성향의 사람과 지배적인 성향의 사람 간에도 마찬가지다. 실제 조사 결과들이 이를 뒷받침하는데, 흥미로운 가설 중 하나는 자신의 심리적 불안에 대한 방어기제와 상반되는 방어기제를 가진 사람을 필요로 한다는 것이다.[51,52] 그 심리학적 기제가 무엇이든, 다른 성향에게 이끌리는 것은 유전학적인 차이를 극대화하기 위한 유전자의 유도 전략일 수 있다. 실제로 인간의 유전체 전체를 조사해 배우자 선택에 영향을 미치는 유전자를 찾아보면 MHC뿐만 아니라 많은 수의 다른 유전자들에게서 '이류교배disassortative mating', 즉 자신과 다른 변이를 찾으려는 경향이 발견된다.[53]

하지만 사랑이라는 화학적 충동과 유전학적 차이점이라는 매력에 이끌려 결혼하고 나면, 언제 그랬냐는 듯이 뜨거웠던 감정은 사라지고 서로 간의 차이가 부각되기 시작한다. 가뜩이나 서로 다르게 진화한 남녀가 개인적인 차이까지 맞닥뜨리면 극복하기 힘든 갈등이 불거지는 것은 당연하다. 이런 생물학적 배경을 알고 나면 이혼 사유로 가장 많이 제기되는 원인이 성격 차이라는 것도 놀랍지 않다. 그러나 자연선택의 관심 대상은 유전자의 성공적인 번식이지 개체의 행복한 삶이 아니다. 따라서 진화의 세계에서 오직 생물학적으로 건강하고 다양한 후손을 남길 수만 있다면 부부의 삶과 행복이 유전자의 입장에서는 전혀 중요하지 않다.

결혼이라는 기만적 거래

이렇듯 유전자는 감정을 요동치게 하는 신경전달물질이나 페로몬과 같은 화학물질을 통해 우리로 하여금 짝짓기를 하도록 충동할 뿐 아니라, 심지어 유전적 조성에 따라 상대를 선별적으로 선택하게끔 유도한다. 다시 말해, 진화적 관점에서 결혼이란 자기 유전자의 50퍼센트를 후손에게 남기고 최대한 잘 살아남게 하기 위해 가장 효율적인 상대와 맺는, 욕망에 이끌린 거래다. 마틴 데일리와 마고 윌슨은 "현존하든 사라졌든 지금까지 알려진 모든 인간 사회에서 남성과 여성은 공식적인 번식 동맹을 맺었으며, 결혼이라 불리는 이 이익 공동체에서 부부는 유성생식에 가담하고 육아를 함께함으로써 이를 실현한다"라고 했다.[28] 재혼에 대한 연구 결과들이 이를 뒷받침하는데, 데려온 자식이 있는 경우는 그렇지 않은 경우에 비해 결혼 생활이 성공적이지 못하며, 첫 번째 결혼에서와 달리 자녀 문제가 가장 큰 갈등 요인으로 지목된다. 재혼한 여성은 새로운 남편이 전남편의 자식에게 더 많은 자원을 투자하기를 원하지만, 이것이 새 남편의 진화적 이해관계와는 완전히 배치되기 때문이다.

재혼이라는 특수한 상황이 아니더라도, 인간과 동물의 짝짓기에서 나타나는 보편적인 비극은 유전자적 관점에서 한쪽에게 이익이 되는 전략이 다른 한쪽의 이익과는 부합하지 않는다는 사실에서 비롯된다. 태어난 자식이 생존하는 데 부모 중 어느 한쪽의 기여가 필수적이라면, 아비와 어미 중 누가 먼저 양육의 책임을 저버리고 더 많은 자손을 만들고자 다른 상대를 찾아 나설지를 두고 갈등이 시작되는 것이다. 인간을 비롯한 많은 종의 경우에는 수컷이 아예 떠나버리거나 최소한의 투자로 여러 살림을 꾸린다. 『총, 균, 쇠Guns, Germs, and Steel』의 저자로 유명한 생물지리학자 재러드 다이아몬드Jared Diamond는 『섹스의 진화Why is Sex Fun?』에서 그 이유를 세 가지로 요약한다.[43] 첫째는 새끼가 태어날 때까지 수정란에 투자하는 정도가 암컷이 월등히 높다는 점이며, 둘째는 암컷이 임신 및 수유 기간에 다른 수컷과 교미를 하더라도 임신이 되지 않으므로 새로운 짝을 통해 얻게 되는 이득이 없다는 점이고, 셋째는 암컷의 몸속에 있는 새끼가 자신의 것인지 수컷으로서는 암컷과 동등한 수준의 확신을 가질 수 없다는 점이다. 그러면서 재러드 다이아몬드는 도덕적 분노를 불러일으킬 수 있는 인간 대신 널리 연구된 알락딱새를 예로 들어 어떻게 수컷들이 교활한 방식으로 암컷들을 속여가며 일부다처를 실현하는지를 설명한다.[54,55]

그러나 출산과 양육의 '책임'을 떠안은 만큼 암컷은 '권리'라는 무기로 대항할 수 있다. 자연 세계에서 암컷에게 주어진 권리는 바로 짝짓기 선택권이다. 나중에 설명하겠지만, 수컷은 때때로 생존의 위험을 무릅쓰면서까지 경쟁적으로 암컷에게 절박한 구애를 한다. 이때 어느 수컷을 선택할 것인지는 암컷의 몫이다. 번식에 대한 권한을 가진 암컷이 수동적인 경우는 거의 없고, 암컷의 선호도가 결정적인 의미를 가지고 있기에, 사실상 번식 활동은 암컷에 의해 좌우된다고 볼 수 있다. 예일대학교 조류학과 교수 리처드 프럼Richard Prum은 그의 책 『아름다움의 진화The Evolution of Beauty』에서 수컷 새들의 세계에 넘쳐나는 아름다움이 바로 미적 감각을 활용하는 암컷의 짝짓기 선택권에 의해 진화된 것이라고 결론짓는다.[56]

물론 늘 아름다움만 있는 것은 아니다. 42센티미터의 거대한 페니스를 자랑하는 수컷 오리들은 이미 짝이 있는 다른 암컷과 강제 교미를 감행하고 때로는 윤간도 시도한다. 그러나 그런 오리조차도 어떻게든 암컷의 선택권을 높이는 쪽으로 진화해 왔다. 암컷 오리의 질 구조는 반시계 방향으로 꼬여 있는 수컷 오리의 페니스와 반대로 시계 방향으로 꼬여 있다. 수컷이 강제로 삽입하더라도 수정이 될 만큼 깊이 진입하기는 어렵다. 따라서 암컷이 편한 자세를 허용하지 않으면 수컷의 정자는 난자 가까이 도달하기 힘들다. 실제로 다수의 오리 종을 대상으로 실시한 친자 확인 검사 결과, 강제 교미를 통해 탄생한 새끼는 2~5퍼센트에 불과했다. 암컷 오리가 갖는 전체 교미 가운데 40퍼센트가 강제로 이루어진다는 점을 고려하면 원치 않는 임신을 할 확률은 매우 낮은 것이다.

더 나아가, 암컷은 유전학적으로 더 우수한 수컷의 아기를 낳아 양육에 보다 헌신적인 수컷을 속이고 그 수컷이 키우도록 하는 전략을 취하기도 한다. 인간도 예외가 아니다. 어머니에 비해 아버지에게는 함께 살고 있는 자식들이 자신의 친자식이라는 보장이 없다. 2010년에 이루어진 미국의 여론조사 결과에 따르면, 오늘날에도 약 15퍼센트의 아내가 혼외정사를 한다. 모든 사회에서 확실하게 믿을 수 있는 유일한 사실은 자식과 산모의 관계였다. 따라서 외할머니는 자신의 유전자가 손주에게도 있다고 확신할 수 있는 반면, 외할아버지의 경우에는 자신의 딸에 대한 확신도 없는 상황에서 손주에게 자기 유전자가 있다고 곧이곧대로 믿을 수는 없다. 하지만 가장 안 좋은 상황에 있는 것은 친할아버지다. 자신의 아들뿐 아니라 그 아들이 데리고 있는 손주들도 어떤 어머니 아래에서 태어났는지 알 수 없기 때문이다. 이에 따른 진화적인 본능은 현대인들에게서도 고스란히 나타난다. 평균적으로 친조부모에 비해 외조부모가 손주들에게 더 많은 돈을 쓰는데, 특히 외할머니가 가장 많은 돈을 사용하는 것으로 나타난다.[57] 또한 이모와 외삼촌 등 어머니의 형제가 고모나 삼촌 등 아버지의 형제보다 조카에게 더 많은 돈을 쓴다.[58]

또한 미국인들의 유언장을 분석한 한 연구 결과를 보면, 아내보다 남편이 먼저 사망하는 경우 남편은 대부분의 재산을 아내에게 물려주는 반면, 남편보다 아내가 먼저 사망하는 경우에는 아내가 남편의 상속인 자격을 박탈하고 곧바로 자식들에게 재산을 물려주는 경우가 많았다.[59] 생물학적 이유는 분명하다. 둘 중 하나가 사망할 즈음의 나이가 되면 대다수의 여성은 가임 연령을 지나 더 이상 아이를 낳을 수 없는 경우가 많으므로, 남편은 자신의 자식을 돌볼 아내를 위해 자금을 남기는 것이 의미가 있다. 반면 남편은 그 나이가 되어도 다른 여성과 새로 가정을 꾸릴 가능성이 높으므로 아내로서는 자신의 재산을 남편과 누군지도 모르는 여자, 그리고 새로 생길 수 있는 자식들에게 남겨주고 싶지 않은 것이다.

진화심리학의 대가 데이비드 버스David Buss는 『욕망의 진화The Evolution Of Desire』에서 다음과 같이 말한다.[44] "인간의 짝짓기에 대해 내가 발견한 사실 가운데 대다수는 윤리적이라고 볼 수 없다. 예컨대 성적인 목표를 무자비하게 추구하는 과정에서 남녀는 경쟁자를 깎아내리거나, 이성을 기만하거나, 심지어 자기 자신의 배우자를 파멸시키기도 한다. 이러한 발견들은 나를 불편하게 했다. 인간의 짝짓기에서 경쟁적이고, 갈등을 유발하고, 속임수에 능한 측면은 차라리 없는 게 더 나았을 것이다."

이러한 과학적 사실들이 이 땅의 모든 남편과 아내가 언제든지 서로를 기만하기 위해 틈틈이 기회를 노리고 있다거나 평생 서로의 불륜을 의심하면서 살아갈 것이라고 말하는 것은 아니다. 아버지를 비롯한 친가의 가족들이 그 자녀, 손주 혹은 조카가 어머니의 외도로 태어난 남의 자식일지 모른다고 항상 의심하고, 그런 이유로 그 아이들에게 일부러 애정을 덜 쏟는다는 것도 아니다. 그저 배우자를 순수하게 믿고 속임수를 행하지 않으며 주어진 새끼들의 양육에 최선을 다했던 수컷들이나 암컷들이 다른 유전자들의 번식에 희생당하며 스스로의 유전자를 번식시키는 데 실패했을 뿐이다. 오늘날의 우리 안에는 그러한 진화 과정에서 성공적으로 살아남은 기만적인 유전자들이 남아 있기 때문에 우리 자신도 모르게 그러한 행동들이 발휘되는 것이다. 하지만 버스가 지적했듯이, 이러한 발견이 불쾌하다고 그 사실을 외면할 수는 없다. 인간 짝짓기의 불순한 측면으로 인해 생기는 가혹한 결과들을 치유하고자 한다면 먼저 그들과 맞닥뜨리는 수밖에 없다.

뒤틀린 교육열과 능력주의

어쨌거나 유성생식은 다수의 다양한 자손을 낳아 번식 가능성을 높이기에 적합한 짝짓기 방식으로 사용되어 왔다. 그러나 과학과 문명의 발달로 아이들의 생존 가능성이 극적으로 높아지고 극소수의 아이만 낳는 지금과 같은 상황에서 유성생식은 득보다는 실이 많은, 여러 종류의 갈등과 불행을 초래하는 나쁜 번식 방법이 되고 말았다. 게다가 포괄 적합도를 최대화하고자 하는 부모들의 양육 본능은 경쟁에서 뒤처지는 것이 곧 죽음을 의미했던 원시시대와 똑같은 상태로 남아 있다. 이것은 현대사회에서 많은 부모들이 한두 명의 자녀에게 무제한적인 투자를 하도록 만든다. 결국 부모의 양육 본능이란 유전자가 자신의 번식 성공을 위해 부모라는 아바타를 조종하는 강력한 동력인 것이다. 부모는 '사랑'이라는 이름으로 자기 자식이 다른 집 아이들보다 뒤처지지 않도록 자식 교육에 시간과 돈을 투자하고, 이것은 다시 다른 부모들의 경쟁 심리를 자극하면서 결국에는 모두가 지지 않기 위해 점점 더 많은 자원을 투자하도록 부추긴다. 이는 마치 세계의 여러 나라가 군사적 우위를 점하기 위해 끝없이 군사력을 확장하는 군비경쟁과도 같은데, 실제로 자연 세계에서도 다양한 형태의 군비경쟁이 진화의 주된 원동력으로 작용하고 있다. 다시 말해, 오늘날 문명화된 인간 집단에서 성행하는 유전자들은 부모의 사랑이라는 얼굴을 한 채로 자신들의 전달체인 자녀들에게 교육이라는 군비경쟁의 채찍질을 휘두르고 있는 것이다.

여기서 등장한 것이 자녀의 주변을 헬리콥터처럼 맴돌며 과잉보호하는 '헬리콥터 부모helicopter parent'들이다. 자녀의 일에 일일이 참견하다 못해 학교나 교사에게도 간섭을 하는데, 이것이 심각한 교권 침해로까지 이어진다. 2023년 한국에서는 세 달간 연이어 3명의 초등학교 교사가 학부모로부터 모욕과 괴롭힘을 당하다가 스스로 목숨을 끊은 참담한 비극이 발생했다. 이 사건들을 계기로 공개된 그동안의 만행을 보면, "아이에게 매일 모닝콜을 해달라", "집에 와서 보충 지도를 해달라"라는 등 말도 안 되는 요구부터 "내 세금 먹는 벌레"라는 등의 폭언과 욕설, "무릎 꿇고 빌어라", "가족을 살해하겠다"라는 협박까지, 현대 사회에서 유전자의 노예들이 어떤 모습을 하고 있는지가 여실히 드러난다.

지난 2019년 미국에서는 대규모 부정 입학 사건이 드러나 미국 전역에 큰 충격을 안겼다. 기업체 CEO, 유명 연예인, 변호사 등이 시험 감독관을 매수해 대리 시험을 치게 하거나 대학 스포츠 코치를 매수해 체육 특기생으로 입학시키는 등의 방법으로, 하버드대학교나 예일대학교를 비롯한 여러 명문 대학에 자녀들을 입학시켰다가 발각된 것이다. 8년간 오고 간 검은돈의 규모만 무려 2,500만 달러에 달하는 것으로 파악되었다. 싱가포르에서는 초등학교에서부터 아이의 미래가 결정된다고 본다. 따라서 초등학생을 대상으로 하는 사교육이 가장 활발하며, 3학년만 되면 학교와 학부모 모두가 입시 체제로 들어간다. 초등학교 졸업자격시험의 결과에 따라 어느 중학교로 진학할 수 있는지가 결정되고, 그것이 거의 대학까지 결정짓기 때문이다. 세계 최대의 학원가는 학원 교육으로 유명한 한국에 있지 않다. 인도에 있는, 세계 최대의 입시학원 도시 코타가 바로 그곳이다. 15만 개에 달하는 전국의 고등학교에서 내로라하는 수재들이 몰려들어 인도 최고의 명문인 인도공과대학교에 들어가기 위해 치열한 경쟁을 벌인다. 1년치 학원비와 기숙사 비용이 한 가족의 1년 소득과 맞먹기에 학원을 보내기 위해 대출을 받는 일도 비일비재하다.

유전학 연구에서 학업성취도는 대학 졸업 여부와 교육받은 총 햇수로 측정되는데, 학업성취도에 미치는 유전인자가 무엇인지에 대한 연구는 유수의 국제 학술지들인《네이처》,《네이처 유전학》,《사이언스》 등에 여러 편의 논문으로 발표되었고, 최근에는 무려 300만 명을 대상으로 유전자 조사까지 이루어질 정도로 학계에서도 많은 관심을 받고 있다.[60-63] 이렇게 인간을 비롯한 개체의 어떤 특성에 대한 유전인자를 발굴하는 연구를 '전장유전체 연관분석genome-wide association study'이라고 하는데, 이는 이 책에서 계속해서 언급될 것이다. 학업성취도에 대한 전장유전체 연관분석 연구에 활발히 참여했던 텍사스대학교 오스틴캠퍼스의 캐스린 하든Kathryn Harden 교수는 한 인간의 인생을 좌우할 수 있는 학업성취도가 유전자의 강력한 영향력하에 있다는 사실을 빗대어 '유전자 로또genetic lottery'라는 표현을 사용한다.[64] 다시 말하면, 인지능력 평가를 위주로 개발된 현재의 학업성취도 지표가 결국 유전자의 경쟁을 위한 도구로 환원되고, 우리 모두가 자신도 모르는 사이에 유전자의 경쟁에 휩쓸려 불행한 세상을 만들고 있다는 것이다.

이러한 사회적 문제는 영국의 사회학자 마이클 영Michael Young이 만들어 낸 '능력주의meritocracy'라는 용어를 빌려 최근 많은 논의가 이루어지고 있으며, 한국에서도 잘 알려진 하버드대학교의 마이클 샌델Michael

Sandel 교수 역시 『공정하다는 착각The Tyranny of Merit』이라는 저서에서 이 문제를 심도 있게 다룬다.[65,66] 유전자 로또에 당첨되어, 그리고 여러 가지 유리한 사회적 환경 덕분에 고등교육을 받고 좋은 직장에서 높은 보수를 받는 것은 단지 운이 좋았던 것뿐인데 이것을 '재능'과 '노력'이라는 단어로 정당화하는 것이 과연 공정한 것인지 생각해 볼 문제다. 또한 예일대학교의 대니얼 마코비츠Daniel Markovits 교수는 『엘리트 세습 The Meritocracy Trap』에서 한국을 비롯한 능력주의 사회에서 엘리트들이 스스로 '인적 자본'이 되어 자기 자신을 착취해 가며 불행한 삶을 살고 있다는 점을 지적한다.[67] 능력주의와 자기 착취에 대해서는 3장에서 조금 더 깊이 논의하고자 한다.

지금의 한국과 같이 한두 명의 자녀에 대한 무제한적인 투자가 능력주의를 극도로 심화시킨 사회에서는 이러한 군비경쟁 자체를 아예 포기하는 이들이 나타나게 된다. 즉, 오늘날 많은 가임기 부부들이나 결혼 적령기의 남녀들은 일종의 '사회적 브루스 효과'를 겪고 있다고 볼 수 있다. 과잉된 교육열로 인한 교육비 부담, 과도한 경쟁과 점점 커지는 빈부의 격차, 내 집 마련의 어려움을 비롯한 사회의 구조적 문제들이, 마치 암컷 원숭이들을 공포로 몰아넣는 새로운 알파 수컷이나 우리 인간 선조들의 생존을 항상 위협한 가혹한 자연환경과 마찬가지로, 자녀를 가지는 것이나 가정을 만드는 것 자체를 아예 포기하게 만드는 것이다. 다만, 태어난 아이들을 죽이는 대신 애초에 생기지 않게 하는 데 차이가 있을 뿐이다. 여러 조사에 따르면 오늘날에도 여전히 많은 젊은 남녀들이 결혼하고 아이를 갖기 원하지만, 그중 많은 이들에게 가정을 꾸린다는 것, 특히 아이를 키운다는 것은 하나의 사치로 여겨진다. 지금 우리는 잠재적 생명들의 무덤으로 가득한 죽음의 사회에서 살고 있는 것이다.

결론적으로 부부 갈등과 자식 문제 등 대다수의 현대인들이 가정 생활과 관련해 겪고 있는 근본적인 불행, 그리고 그로부터 비롯되어 사회로까지 확장된 경쟁의 문제는, 유전자가 스스로를 번식시키기 위해 고안한 사랑이라는 진화적 메커니즘에 우리가 놀아나는 과정에서 벌어진다. 그런데 유전자에게 필요한 것에는 번식뿐만 아니라 생존도 포함된다. 일단은 생존을 해야 번식도 가능하기 때문이다. 또한 유전자는 사랑이라는 감정만 사용하는 것이 아니다. 사랑의 반대쪽에 놓여 있는 혐오라는 감정 역시 진화가 발명해 낸 산물인데, 이는 유전자의 생존을 위해 작동한다. 사랑이 가족을 비롯한 혈연으로 이루어진 관계를 향해, 어디까지나 유전자의 번식을 위해 '조건적으로' 발휘된다면, 혐오는 가정과 혈연관계 밖에 있는 사회 속 타인들을 향해, 오직 유전자의 생존만을 목표로 '무조건적으로' 행사된다. 이제 교묘한 기만이 아닌 무차별적 폭력이라는 진화의 또 다른 전략을 살펴볼 차례다.

1장 가정: 사랑이라는 자기 기만

유전자의 관점에서 보면 사랑은 고귀하지도 신성하지도 않다. 남녀 간의 사랑도, 심지어 부모의 자식 사랑도, 모두 포괄 적합도 최대화의 원리에 따라 유전자를 효과적으로 번식시키기 위한 진화적 전략일 뿐이다. 동물의 세계에서 관찰되는 자발적 유산이나, 인간 사회에서 흔히 벌어졌고 지금도 벌어지고 있는 부모의 자식 살해는 투자 가치가 높은 자식만을 남기고자 하는 부모들의 가차 없는 선택의 결과다. 원시적인 수렵채집 사회나 농경 사회에서는 남아에 비해 쓸모가 덜한 여아가 주로 살해의 희생양이었다. 현대사회에서는 경제적 형편에 따라 아들이나 딸에 대한 선호가 무의식적으로 혹은 생리학적으로 발현된다. 또한 우리가 흔히 '섹스'라고 부르는 유성 생식은 자손의 유전적 다양성을 확보하기 위해 진화된 짝짓기 전략으로서, 호르몬의 불장난과 유전학적 차이의 매력에 이끌려 맺어지는 이 관계의 대부분은 결국 불행한 결혼 생활로 종결된다. 이렇게 가족 혹은 혈연관계 안에서 일어나는 냉정한 진화적 계산이나 기만 등은 모두 우리가 부지불식간에 유전자의 명령에 따르는 과정에서 벌어진다. 현대사회, 특히 한국과 같은 경쟁 사회에서 갖가지 불행을 초래하는 과잉된 교육열이나 능력주의 문화 역시 결국은 '사랑'이라는 이름으로 포장된 유전자의 번식 욕구에 기인한다.

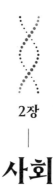

2장

—

사회
혐오로 가장된 두려움

낙인, 감염된 상처

20세기의 가장 영향력 있는 사회학자 중 하나로 평가받는 어빙 고프먼 Erving Goffman은, 지배 질서에 따르는 것을 미덕으로 여기는 사회에서 살아가는 사람이라면 반드시 삶의 어느 시점에서 낙인의 고통을 경험하게 된다고 했다.[68] 그가 글을 쓰던 1963년 미국의 상황을 놓고 보면 "젊고 결혼해서 자녀가 있고, 도시에 사는 북부 출신으로서 백인 이성애자에 개신교도이며, 대학 교육을 받고 정규직에 종사하는 훌륭한 신체 조건을 갖춘 남성"만이 낙인의 영향에서 자유롭다는 것이다. 주로 정신질환에 대한 낙인을 다루는 『정상은 없다Nobody's Normal』에서 조지워

싱턴대학교의 로이 리처드 그린커Roy Richard Grinker 교수는 "피부색, 종교, 빈곤, 성별, 질환, 정신장애, 기형, 강간 피해, 혼외 출산, 심지어 이혼에 이르기까지 사실상 무엇이든 불명예스러운 정체성으로 이어질 수 있다"라고 말한다.[69]

한 가지 주목할 점은 과거부터 현재까지 여러 종류의 사회적 낙인이 전염병의 발생 및 확산과 관련 있었다는 것이다. 척수성 근위축증이라는 장애를 안고 있는, 오슬로대학교의 언어학 교수 얀 그루에Jan Grue는 그의 저서 『우리의 사이와 차이I Live a Life Like Yours』에서 이렇게 말했다.[70] "고프먼은 낙인을 손상된 정체성이라고 했다. 변색되거나 파괴된 정체성, 손상되거나 썩어버린 정체성, 그 손상은 감염된 상처와 같아서 다른 부위로 번지며 부패와 부식을 초래한다." 그루에가 낙인을 '감염된 상처'라고 표현한 것은 놀랍도록 적절하다. 사회가 이 감염된 상처를 혐오하는 것은, 그것이 번지며 초래할 부패와 부식을 두려워하기 때문이라는 점에서 그렇다. 물론 우리의 두려움과 달리, 이 감염은 밖으로 퍼지지 않는다. 다만 그들의 정체성을 파괴하며 속으로 썩어들어 갈 뿐이다.

특히 현대사회에서 전 세계적으로 급증하고 있는 것이 비만에 대한 낙인인데, 이는 비만인 여성에 대해 더욱 두드러지게 나타나고 있다.[71,72] 급기야 2020년 3월 4일, '세계 비만의 날'을 맞아 《네이처 의학 Nature Medicine》 저널에는 비만에 대한 낙인을 멈추어야 한다는 전 세계 전문가들의 공동 합의문이 실리기까지 했다.[73] 사회적 압박이 비만을 감소시키는 방향으로 작용하는 것이 아니라 오히려 정신적으로 문제를 악화시킴으로써 심각한 보건의료 문제가 되고 있다는 것이다. 비만

2장 사회

한 사람들에 대해 갖는 편견이 정당하지 않다는 것은, 개인 간 체질량지수의 차이 중 무려 40~70퍼센트가 유전학적으로 설명된다는 점에서 알 수 있다.[74-76] 1장에서 학업성취도와 관련해 언급했던 전장유전체 연관분석을 수행한《네이처》연구에 의하면, 체질량지수는 지방이나 인슐린 대사뿐만 아니라 식욕과 포만감 등을 주관하는 뇌신경회로를 조절하는 많은 유전자 변이들의 영향을 받는다.[77] 실제로, 널리 사용되는 비만 약인 세마글루타이드는 위에서 음식물이 배출되는 속도를 지연시키며 뇌 시상하부의 식욕중추에 작용해 식욕 억제와 포만감 증가를 일으킴으로써 체중 감소에 도움을 준다. 또한 의학 분야에서 세계 최고의 학술지로 일컬어지는《뉴잉글랜드 의학 저널New England Journal of Medicine》에 발표된 연구에서는, 가장 잘 알려진 비만 유전자 변이 하나를 고치는 것만으로도 갈색지방의 열생성 반응을 무려 7배나 증가시킬 수 있었다.[78] 이와 같이 비만은 철저히 생리학적인 현상이기 때문에, 문화적 압력과 개인의 절제력만으로 해결될 수 없다는 것이 전문가들의 합의된 결론이다.[73]

비만에 대한 혐오의 기저에 전염병에 대한 두려움과 관련된 심리적 기제가 작용한다는 연구 결과들이 있다.[79] 예를 들어, 비만한 사람에 대한 반감은 신체적 접촉이 있을 때 더 강해지는데 이는 마치 전염 가능성에 대한 반응과 유사하게 나타난다.[80] 또한 평상시 병원체의 전염에 대한 염려를 가지고 있는 사람들일수록, 혹은 병원균이나 전염병과 연관된 시각 자극들을 통해 경각심을 불러일으키는 상황에서 비만한 사람들에 대한 부정적인 태도는 강화된다.[81] 비만이 왜 감염 위험성과 연관되는지에 대해서는 분명하지 않다. 비만인 사람들이 게으르고 자기 관리가 부족하다는 편견이 위생에 대한 인식과 연관될 수 있다. 어떤 학자들은 '정상 범주'에서 벗어나는 사람들에 대한 포괄적인 기피 반응이 비만에도 적용되는 것으로 보고 있다.[81] 심한 흉터와 같이 기형적인 얼굴에 대한 비인격적인 거부 반응은 혐오를 매개하는 편도체amygdala라는 뇌 부위가 주도하는데,[82] 비만에 대해서도 이와 유사한 반응이 생길 수 있다는 것이다. 일반적으로 정상이라고 간주되는 체격이 남성에 비해 여성이 훨씬 작기에 여성 비만인은 더욱 비정상적으로 인식될 수 있고, 이것이 여성에 대한 비만 낙인이 더 강하게 작용하는 이유일 수도 있다.

하지만 두려움과 관련된 심리적 기제가 가장 명확하게 이해되는 것은 바로 이방인에 대한 것이다. 1900년대 초반 미국, 유럽에서 이주해 온 가난한 이민자 메리 맬런Mary Mallon은 상류층 가정들에 고용되어 요리사로 일하던 여성이었는데, 장티푸스가 유행하던 시기에 본인은 증상도 없는 상황에서 주변 사람들이 감염되었다는 정황 증거만으로 당국으로부터 추적과 격리를 당하게 되고, 음식을 통해 죽음을 퍼뜨리는 마녀 요리사로 묘사된 자극적인 그림과 함께 '장티푸스 메리'라는 모욕적인 별명으로 신문 1면에 실렸다. 결국 메리는 노스브라더섬의 수용소에 격리되어 23년을 보내다가 그곳에서 생을 마치게 되었다.[83] 책임 소재의 문제를 떠나, 그녀가 이민자가 아니었다면 다른 보균자들과 달리 홀로 낙인찍히고 강제로 격리되는 일은 없었을 것이다. 그때보다 의학적 지식이 훨씬 널리 퍼진 최근에도 코로나19가 확산되는 가운데 아시아인 혐오 현상이 발생했다. 감염자도 아닐뿐더러, 질병의 진원지로 지목된 중국이나 주변 지역도 아닌 현지에서 오래 거주한 사람들조차 아시아인으로 보인다는 이유만으로 차별과 기피의 대상이 되었다.

혐오의 진화적 기원

모든 생명체가 가지고 있는 절체절명의 화두는 생존과 번식이다. 특히 생존을 유지해야 번식도 가능하기에 생명체들은 우선 살아남기 위해 고군분투해 왔는데, 문명의 보호를 받지 못한 인간의 조상들도 예외가 아니었다. 생존에 가장 필수적인 능력 중 하나는 위험한 대상을 재빠르게 알아채고 그에 대처하는 것이다. 이 과정에서는 복잡하고 정교한 이성적 판단이 아닌 단순한 감정적 대응이 훨씬 유리하다. 위험한 것을 안전하다고 잘못 판단해 생을 마감하는 것보다는, 안전한 것을 위험한 것으로 판단하고 과잉 대응해 살아남는 것이 낫기 때문이다. 즉, 특히 생존이 걸린 문제에서는 잘못된 대응으로 곤란한 상황이 생기더라도 일단 안전한 것이 최우선이다. 진화심리학자들은 여기서 생겨난 정서적 기제가 혐오라고 본다.

예를 들어, 우리가 뱀이나 쥐, 거미, 말벌, 바퀴벌레 등을 보면서 느끼는 강력한 기피의 감정 역시 여기서 비롯된 것인데, 의학적 도움이 없던 과거에는 이들이 독이나 병원균을 통해 직간접적으로 생존에 심각한 영향을 미쳤기 때문이다. 인류의 조상들이 살던 시대에는 뱀과 비슷해 보이는 무언가가 발견되면 재빠르게 도망치게 만드는 유전자가, 가까이 다가가 탐색하고 확인하게 만드는 유전자보다 훨씬 많이 살아남았을 것이다. 물론 과학과 문명이 발달한 사회에서는 관찰하고 분석하는 자세가 특정한 성취를 이루는 데 필요한 자질일 수도 있지만, 이 자질이 생존과 번식에 미치는 영향은 직접적이지 않았을뿐더러 그것이 자연선택으로 선택될 만한 시간적 여유도 충분하지 않았다. 자연선택이란 생존과 번식에 직접적으로 유리한 유전학적 자질이 여러 세대에 걸쳐 점차적으로 다른 변이들을 제치고 퍼져가는 과정이다. 따라서 현대인들 역시 자신의 생명에 별다른 지장을 미치지 못한다는 것을 머리로는 알면서도, 커다란 벌레를 보면 자기도 모르게 소리를 지르거나 심장박동이 빨라지는 것이다.

생명체뿐 아니라, 다른 사람의 침이나 대소변과 같은 분비물이나 배설물 역시 본능적인 기피의 대상이다. 코로나19 확산 이후로 기침이나 재채기를 할 때 생성되는 호흡기 비말이 감염의 통로라는 것이 상식이 되었지만, 누가 침을 뱉는 모습을 보거나 누군가가 먹다 남긴 음식을 보고 생기는 거부감은 이런 과학적 지식과 상관없이 발생한다. 대변에 대한 거부감은 특히나 강력하다. 한국 속담에 '똥이 무서워서 피하나 더러워서 피하지'라는 말이 있다. 하지만 똥은 음식이 소화되고 난 찌꺼기로서 그 자체로 딱히 더러울 이유는 없다.

2차 세계대전 당시 북아프리카를 침략한 독일군은 큰 문제 하나를 맞닥뜨렸는데, 바로 이질이었다. 항생제도 없던 시절이라 마땅한 대응책도 없었다. 그러던 중 현지인들은 이질에 걸리면 김이 모락모락 나는 낙타의 똥을 먹는다는 사실이 관찰되었는데, 독일에서 파견된 의료진이 이를 조사해 보니 그 안에서 고초균*Bacillus subtilis*이 발견되었다. 고초균에는 다른 세균을 억제하는 성질이 있으므로 이질균도 마찬가지로 억제되었을 것이다.[84] 사람의 똥도 실제 약으로 사용된다. 클로스트리디오이데스 디피실리*Clostridioides difficile* 장염이란, 장기간 항생제를 복용하는 환자의 장내 정상 세균총이 망가짐에 따라 디피실리균이 증식하면서 생기는 증상이다. 설사와 복통, 메스꺼움을 동반하는 염증이 발생하고, 심할 경우 천공이 생기거나 패혈증이 생기며 사망에 이를 수 있다. 디피실리균은 항생제에 대한 내성을 갖고 있어서 아직까지 치료제가 없는 데 반해, 대변 이식의 전체 성공률은 90퍼센트로 보고될 정도로 치료 효과가 크고 안전하다.[85·86] 건강한 사람의 장내 세균 생태계가 살아 있는 상태로 옮겨져 이식받은 사람의 장 건강도 개선하기 때문이다. 항암 치료 분야에서도 대변 이식이 시도되고 있다. 면역항암제는 다양한 암종에서 우수한 치료 효과를 보여 표준 치료법으로 자리 잡고 있지만 많은 환자에게서 내성이 발생하는 한계도 있다. 이를 극복하기 위해 장내 미생물이 인체 면역계에 미치는 영향을 활용하기도 한다. 즉, 면역항암제에 좋은 치료 효과를 보인 환자의 대변을 면역항암제 내성 환자에게 이식하는 것이다.[87]

이와 같이 병원의 통제하에 잘만 사용하면 약으로도 쓰일 수 있는 대변이지만, 야생 상태에 오래 방치되어 있으면 침이나 소변과 같은 다른 배설물에 비해 병원균이나 기생충이 번식하기에 훨씬 유리하기 때문에 이에 대해 더욱 강한 혐오 기작이 발달했을 것이다. 이런 기피 메커니즘이 병원균에 의한 오염에서 비롯되는 각종 질병으로부터 개체를 보호하는 데 유리했기에 자연선택되어 온 것이다. 한마디로 똥이 실제로 더러운 것이 아니라, 유전자가 자신이 두려워하는 것을 사람으로 하여금 더럽다고 느끼게 만드는 것뿐이다.

문제는 이러한 기피성의 혐오가 사람을 대상으로 확장된다는 것이다. 낯선 사람들과 수없이 마주치는 오늘날의 익명 사회와 달리, 인류 역사의 거의 대부분 동안 인간은 자신이 속해 있는 소규모의 혈연, 지역 집단 밖에 있는 모든 이방인을 미지의 경계 대상으로 간주해야 했을 것이다. 알지 못하는 상대가 병을 옮길 가능성이 확실하지 않을 때는 안전 최우선의 진화적 전략, 즉 일단 병을 옮길 가능성을 전제하고 무조건 기피하는 것이 유리하기 때문이다. 실제로 사람들이 세균, 전염병, 질병 등을 연상시키는 사진을 보고 나서 이민자나 이민정책에 대해 보다 부정적으로 반응하는 실험 결과들은 타 인종에 대한 기피 현상이 질병을 피하기 위해 생긴 진화적 기제라는 이론을 뒷받침한다.[88] 브리티시컬럼비아대학교의 마크 샬러Mark Schaller 교수는 이 이론을 발전시키고 다양한 연구 결과들을 종합해 '행동면역계behavioral immune system'라는 개념을 도출했는데,[89] 이 이론에 따르면 행동면역계는 병원균이 있을 수 있음을 알리는 지각 신호에 반응해 혐오와 같은 심리 반응 그리고 회피와 같은 행동 방식을 유도한다. 즉, 혐오는 감염 가능성이 있는 대상과 행위에 대한 회피 행동을 통해 질병의 위험으로부터 개체를 보호하는 선제적인 대응 전략이다.

이렇게 보면 행동면역계 그 자체는 자신의 생존을 지키기 위한 정당한 방어기제인 것 같지만, 다른 인간을 대상으로 안전 최우선의 전략으로서 혐오 기제가 사용될 때 그 상대에게 전가되는 비용이 때로는 너무나 크다는 데 문제가 있다. 스스로를 지키기 위한 방어기제가 근거 없이 과잉 발휘되는 과정에서 선량한 상대의 인격 내지는 생명까지도 무차별적으로 해칠 수 있기 때문이다. 혐오는 광범위한 감정으로서 오염이나 불결함을 떠올리게 하는 것이라면 어떤 것이든, 물건이나 동물이나 사람을 가리지 않고 모두 동일하게 취급한다.[90] 즉, 사람을 향한 혐오와 물체나 동물에 대한 혐오는 본질적으로 동일한 생물학적 메커니즘을 따르고 있는 것으로 보인다. 이런 반응이 일어날 때 사람 간의 상호작용에 관여하는 뇌 영역이 마치 우리가 물건을 대하고 있다는 듯이 잠잠한 비활성화 상태로 남아 있다는 점에서 이를 알 수 있다.[91-93] 1900년대 초반 미국에서 이민제한법에 대한 논의가 한창일 때 이민자들을 '먹으면 체하는 음식', '박멸해야 하는 기생충', '말라리아를 실어 나르는 모기떼', '암세포', '폐기물 쓰레기'와 같이 지칭한 것도 이러한 맥락이다.[94]

고정관념, 편견, 차별

고정관념과 편견도 문제다. 혐오는 특정 개인을 대상으로 하는 데 머무르지 않고 불특정 다수로 이루어진 집단이나 부류를 향해 무차별적으로 확장되는데, 이는 모든 것을 분류해서 받아들이려는 사고 체계 때문이다. 이로 인해 감염 가능성을 피하기 위한 자기 방어기제로서 발달한 혐오라는 감정이 인식의 영역으로도 침투해 고정관념과 편견으로 발전하게 된다. 생존을 위협하는 환경에서 인류에게 위험한 물체나 생명체를 재빠르게 파악하는 것이 중요했듯이, 위험한 인간을 알아채는 것도 마찬가지였을 것이다. 타인을 개성 있는 각각의 개체로 분석하고 기억하고 평가하는 것은 두뇌에 엄청난 부담을 주는 느리고 복잡한 정보처리 과정이므로, 이런 상황에서는 인간을 몇 개의 간단한 범주로 나누어 분류하고 그에 따라 신속하게 판단하는 사회적 인지 방식이 적응에 유리했을 것이다.[95] 마크 모펫Mark Moffett이 그의 방대한 저서 『인간 무리, 왜 무리지어 사는가The Human Swarm』에서 정확하게 지적했듯이, 생각 없이 즉각적으로 사람들을 분류하고 딱지를 붙일 수 있는 능력은 분명한 적응상의 이점을 갖는다.[96]

이렇게 진화적 본능에 의해 생성된 재빠른 분류라는 인지 기제의 대표적인 예가 바로 인종차별에서 나타난다. 우리가 인종을 판단할 때 판단에 시간이 걸리는 다른 생물학적 특질들보다 피부색, 머리카락 색, 생김새, 체형과 같이 눈에 띄는 표지가 작용하는 것도 재빠른 분류에 도움이 되기 때문이다. 사람들의 무의식적인 차별적 태도를 정량적으로 측정하기 위해 사용되는 방법으로는 '암묵적 연합검사implicit association test'가 있다. 이 검사에서는 좋아하는 대상과 긍정적인 단어가 연합되고 싫어하는 대상과 부정적인 단어가 연합되는 정도가 자판을 누르는 반응속도에 의해 측정된다. 인종차별과 관련된 암묵적 연합검사 결과를 보면, 평소 인종차별적인 태도를 의식적으로 가지지 않던 참가자들조차 아프리카인과 부정적인 단어를 무의식적으로 결부시키고 있다는 사실이 노골적으로 드러난다.[88,97] 더구나 이 실험은 타 인종에 대한 노출이 별로 없는 사람들이 아니라 여러 인종에 대한 경험이 많은 대학생들을 대상으로 한 것이었다. 더욱 절망적인 것은, 이런 편견이 작용한다는 사실을 인식하고 실험에 임하더라도 결과에 차이를 만들지 못한다는 점이다.[98]

이렇게 인종에 대한 차별이 엄연히 인간의 의식 안에 존재하고 있음에도, 사회과학에서는 인종이라는 것이 생물학적 근거가 없는 사회적 개념일 뿐이라는 믿음이 마치 정설처럼 자리 잡고 있다. 그 시발점이자 이를 직접 뒷받침하는 거의 유일한 연구 결과가 1972년 리처드 르원틴Richard Lewontin이 발표한 논문인데, 그 내용인즉슨 7개의 인종에 대해 17개의 유전자 변이를 분석한 결과 인종 내에서의 차이가 85퍼센트를 설명하며 인종 간의 차이는 15퍼센트에 불과하다는 것이다.[99] 그러나 이에 대한 반박으로 지적된 바와 같이, 인종 간의 차이는 개개의 독립적인 변이를 통해서가 아니라 여러 변이가 이루는 연관 관계의 구조를 통해서 드러날 수 있다.[100] 이 논리는 DNA 분석 기술의 발전에 따라 실제 관측 데이터로도 입증되었다. 100개 정도의 변이만으로도 통계학적인 분류 기법을 이용해 100퍼센트에 가까운 정확도로 인종을 분류할 수 있는 것이다.[101] 더군다나 정밀의학의 발전에 따라 인종이라는 개념을 더 이상 무시할 수 없는 상황이 되었다. 2022년《미국국립과학원회보Proceedings of National Academy of Sciences》에 실린 기고문을 보면, 사회 구성물로서의 인종 개념이 배제된 유전학적인 혈통으로서 인간 집단을 정확하게 정의할 필요가 있기는 하지만, 그럼에도 기존 인종 간의 의학적인 차이는 분명하게 존재하며, 현재까지의 유전학 연구가 과도하게 유럽인 계통 위주로 수행되어 온 문제를 다양성 측면에서 해결해야 할 의료적 필요성이 대두되고 있다.[102] 세계적인 유전학자인 하버드대학교 데이비드 라이크David Reich 교수가《뉴욕타임스》사설에서 논한 것처럼, 비록 선한 의도라고 할지라도 인종 간의 생물학적 차이를 거부하는 것은 오히려 과학적 발견이 인종주의자들에 의해 이용될 근거만 제공해 줄 뿐이다.[103·104]

이와 유사한 예가 남녀의 생물학적 차이에 대한 태도에서도 나타난다. 남성 중심의 사고에서 비롯된 진화생물학적 편견과 싸워온 페미니스트이자 저명한 인류학자인 세라 블래퍼 허디는『여성은 진화하지 않았다The Woman That Never Evolved』에서 이렇게 말한다.[105] "페미니스트들은 생물학이 인간의 비밀을 밝혀낼 수 있다는 가능성을 몹시 싫어한다. 그 결과가 여성에게 불리할 것을 짐작해 알기 때문이다." 이어서 허디는 인류 역사에 모계사회가 지배적인 시기가 있었다는 일부 페미니스트들의 믿음이 인류학과 고고학의 증거들로 뒷받침되지 않는 환상일 뿐이라고 냉정하게 폭로한다. 여성 우월적인 모계사회는 현재까지도 발견되지 않았다. 현대사회에서도 생물학은 여전히 여성의 편이 아니다. 임신이 여성의 신체에 미치는 막대한 영향은 말할 것도 없거니와, 기억력 감퇴와 인지 기능의 문제가 뒤따른다는 보고들도 많다. 국제 학술지《네이처 신경과학Nature Neuroscience》에 발표된 연구에서는, 임신 중에 사회적 인지를 담당하는 뇌 부위의 크기가 줄어드는데 이러한 뇌 구조의 변화가 출산 2년 뒤까지도 지속된다는 결과가 나타났다.[106] 이는 뇌세포 연결망의 가지치기를 거치며 어머니의 뇌가 아이의 양육에만 특화되도록 바뀌는 과정으로 이해된다. 결국 생물학적 진화는 직업인으로서의 현대 여성들의 능력을 신체적인 측면에서, 그리고 인지 기능과 사회성의 측면에서 훼손시킴으로써 차등적 차이를 만들어 내고 있다.

만인에 대한 만인의 투쟁

고정관념, 편견, 차별은 비인격화를 거치며 마침내 공격성으로 그 야만성을 드러낸다. 외부 집단에 속한 사람들이 인간 이하의 열등한 존재라는 편견을 갖게 되면, 이는 그들에 대한 공격성을 높이고 살육을 저지르고도 죄책감을 덜어주는 심리적 자기 보호 메커니즘이 된다.[107] 하버드대학교 교수이자 진화인류학의 대가인 리처드 랭엄Richard

Wrangham은 그의 저서 『한없이 사악하고 더없이 관대한The Goodness Paradox』에서 인간의 공격성의 진화에 대한 연구 결과들을 심도 있게 논의한다.[108] 이 책에서 랭엄은 인간이나 동물이 보이는 공격을 반응적 공격과 주도적 공격으로 나누는데, 상대의 위협이나 공격에 대응하는 반응적 공격은 인간의 진화 과정에서 감소되는 방향으로 변화해 왔다고 설명한다. 문제는 다른 집단에 대해 계획적으로 행하는 주도적 공격인데, 유인원 중에서는 주로 인간과 침팬지가 전쟁과 비슷한 이런 주도적 연합 공격을 상습적으로 행하는 것으로 알려져 있다.

침팬지 행동 연구로 유명한 제인 구달과 그의 동료들은 1960년대 초반부터 야생의 침팬지들을 관찰하기 시작했다. 처음 10여 년간 침팬지 사회는 "과학기술로 혼란스럽고 탐욕으로 얼룩진" 인간의 문명사회와 대비되는, 마치 평화로운 자연 속 낙원이나 유토피아를 보여주는 듯했다. 그러나 1970년대에 들어서면서 집단 간의 계획된 전쟁과 살육, 다른 집단의 암컷을 납치하고 새끼를 살해하는 등의 잔혹한 행위가 반복적으로 목격되기 시작했다. 과학자들 사이에서는 이런 행동이 생물학적 본능인지 인간과의 접촉으로 인한 영향인지에 대한 논쟁이 시작되었다. 예를 들어, 벌목으로 인한 서식지의 훼손으로 침팬지를 자극한 것일 수도 있고, 전염병의 도입과 같은 생물학적 영향일 수도 있으며, 음식을 제공함으로써 경쟁을 심화시킨 것일 수도 있다는 것이다.

이는 마치 토머스 홉스Thomas Hobbes와 장 자크 루소Jean Jacques Rousseau로 대변되는 두 진영 간의 대립과 유사하다. '만인에 대한 만인의 투쟁'으로 요약되는 토머스 홉스의 관점은 자연 상태의 인간이 난폭하고 무질서했으며 국가를 상징하는 '리바이어던Leviathan'에 의해 통제되어야 한다는 것이고, 장 자크 루소의 관점은 이와 반대로 인간이 자연적으로는 선하게 태어나는 '고결한 야만인'이지만 문명에 의해 타락하게 되었다는 것이다. 이런 면에서 인간의 가장 가까운 친척인 침팬지가 야생 상태에서 보여주는 행동은 이러한 철학적 관념들에 대한 과학적 증거나 반증이 될 수 있는 상황이었다.

논쟁에 종지부를 찍은 것은, 리처드 랭엄이 이끄는 30명의 연구자가 인간과 접촉하고 있는 18개의 장소에서 침팬지 집단들 간에 발생한 152건의 살해 사건을 분석해 2014년 《네이처》에 발표한 연구였다.[109] 대부분 수컷이 다른 집단의 수컷을 대상으로 저지른 이 사건들에서 인간과의 교류는 아무런 영향을 미치지 못한 것으로 드러났다. 대부분의 살해 행위가 인간에 의한 개입의 영향을 가장 덜 받은 아프리카 동부 지역의 침팬지 집단들에서 발생한 것으로 나타났는데, 특히 원시 상태의 서식 환경을 갖고 있는 우간다의 한 침팬지 집단이 가장 폭력적이었다. 결국 폭력성은 자연적인 상태에 적응하려는 침팬지들의 진화적 전략의 결과라는 결론이 내려졌다.

2016년 《네이처》에 발표된 또 다른 연구도 인간의 폭력성이 생물학적 진화의 양상에 따라 설명된다는 것을 보여준다.[110] 이 연구에서는 무려 1,024종의 포유류와 구석기시대부터 오늘날까지 존재한 600개의 인간 집단에서 발생한, 동종 간의 치명적인 폭력의 발생 비율을 조사했다. 유전자 서열의 유사성에 따라 종들의 진화적 관계를 배열하는 것을 '계통발생학phylogenetics'이라고 부르는데, 이 연구에서 수많은 포유류들을 계통발생학에 따라 배치하고 여기에 폭력에 의한 사망 발생 빈도를 대응시킨 것이다. 결국 계통발생학적으로 예측된 인간의 폭력에 의한 사망 비율은 정확하게 실제 관측된 값과 일치했다. 다시 말해, 폭력성은 다름 아닌 생물학적 진화의 산물인 것이다.

KAIST의 우리 연구실도 미국 조지아공과대학교의 인간진화연구실과 함께 인간과 침팬지의 공격성이 유전자 수준에서 어떤 변화를 일으켰는지 진화유전학적으로 연구를 수행한 적이 있다.[111] 아드레날린 수용체 가운데 하나인 ADRA2C 유전자의 양을 낮게 조절하는 DNA 변이를 각각 조사해 본 것이다. 이 유전자의 양이 낮다는 것은 우리가 '교감신경'이라고 부르는 자율신경계가 높은 활성을 유지한다는 것을 의미한다. 실제로 유전체 정보가 가용한 현대인 2,504명과 침팬지 56마리의 DNA 서열을 조사해 보니, 이 유전자의 양을 낮추는 조절 변이가 생존에 유리하게 작용했다는 집단유전학의 통계학적 흔적이 나타났으며, 다른 유인원에게는 없던 이 변이가 조사한 모든 현대인과 침팬지에게서 나타났다. 과거에 없던 변이가 새로이 생겼는데 거의 대다수의 사람이 그 변이를 가지도록 진화했다는 사실은 교감신경의 활성이 인간의 생존에 얼마나 필수적이었는지를 반영하는 것이다. 또한 동일한 변이를 침팬지 집단에서도 다수가 가지고 있다는 것은 인간의 문명과 상관없이 아주 오래전부터 폭력이 횡행했고 그에 따른 교감신경의 대응이 중요했다는 점을 시사한다.

결국 자연과학의 연구 결과들은 인간 사회에서의 전쟁이나 학살과 같은 집단 간 공격이 문명이나 사회적 교란이 아니라 진화 과정에서 발생한 지극히 생물학적인 충동에서 비롯되었다는 것을 시사한다. 인간의 전쟁사를 다룬 야심작인 『문명과 전쟁War in Human Civilization』역시 방대한 인류학적 자료들을 통해 같은 결론에 도달하고 있다.[25] 즉, 인간의 분쟁과 싸움은 문명 때문이 아니라 생존과 번식을 위한 자연 상태의 진화적 본능에서 비롯된 것이며, 이 점에서 루소가 아닌 홉스가 옳았다는 것이다.

편도체와 교감신경의 역할

이 시점에서 잠시 교감신경에 대해 살펴보자. 양쪽 관자놀이 뒤 깊숙한 곳에 있는 아몬드 모양의 편도체는 공포와 불안의 감정을 주관하며 약 2억 년간 포유류의 생존에 가장 중요한 역할을 한 뇌 기관이다.[112] 우리의 감각기관으로 전달되는 모든 정보는 편도체로 전달되고, 여기서 위험하다는 판단이 내려지면 그 신호는 시상하부를 통해 부신을 자극한다. 부신은 양쪽 신장(콩팥) 위에 삼각형 모양으로 자리 잡고 있는 호르몬 생성 기관으로서, 아드레날린(에피네프린)을 분비한다. 아드레날린은 싸움–도주 반응fight-or-flight response을 주관하는 교감신경계를 활성화하는 핵심 물질이다('싸움–도주 반응'은 미국의 생리학자 월터 캐넌Walter Cannon이 생명을 위협하는 대상에 맞서 싸우거나 도망갈 것을 준비하는 생리학적 과정을 명명한 것이다).[113·114] 교감신경이 활성화되면 혈액에 산소를 공급하기 위해 숨이 가빠지며, 심장이 쿵쾅거리고, 근육에는 더 많은 포도당이 공급되며, 당장이라도 움직일 수 있도록 근육이 수축되고, 동공이 확장되고 청각이 예민해지며 위급한 상황을 더 잘 포착하게끔 도와준다. 또한 당장 필요하지 않은 소화 기능은 정지되며, 침이 적게 분비되어 입속이 바싹 마르고, 필요 없는 물질을 방출하기 위해 대변이나 소변을 보고 싶어진다. 과거 죽음의 공포와 위협에 대처하기 위해 개발된 전략이지만, 현대인들은 각종 스트레스 상황에서 동일한 생리적 현상을 겪는다. 많은 청중 앞에서의 공연이나 발표, 중요한 면접 등을 앞두고 자꾸 물을 찾거나 화장실에 가고 싶어지는 이유다.

인간의 뇌에 자리 잡은 편도체는 피와 전쟁으로 얼룩진 역사에서 생존 투쟁을 위해 중추적인 역할을 했을 것이다. 편도체가 만들어 내는 혐오라는 감정은 사람이나 동물이나 물체를 모두 동일한 생물학적 과정으로 처리한다.[91-93] 이러한 비인격적 혐오가 고정관념과 편견을 통해 사회적 낙인으로 확장되고, 특히 다른 인종이나 집단에 대한 공격성으로 발휘될 때, 독일 나치나 일본 제국주의가 일으킨 것과 같은 전쟁과 야만적인 학살이 발생하는 것이다. 인간은 이러한 공격성에 대응해 살아남기 위해 편도체와 교감신경을 활성화해야 했으므로, 이것은 다시금 혐오를 강화하는 악순환으로 이어졌을 것이다. 편도체에서 보낸 자극에 우리 몸의 모든 부위가 신경학적으로 서로 교감하며 함께 반응한다는 의미로 이름 지어진 교감신경이지만, 한 인간의 몸 안에서 일어나는 생리학적인 교감이 다른 인간과의 정서적인 교감을 가로막는 역설적인 상황이 펼쳐지는 것이다.

정서적인 교감의 실패로 일어나는 폭력은 전쟁이나 학살만이 아니라 우리 주변에서도 흔하게 볼 수 있다. 대표적인 예가 학교나 직장에서의 따돌림이다. 특히, 인간의 진화적 본성을 그대로 드러내 보이기 쉬운 어린아이들이나 청소년들에게서 이는 관계적이거나 언어적인 차원을 넘어서 손쉽게 물리적인 폭력으로까지 이어진다. 이런 학교 폭력 역시 집단 안에서 서열을 높이고 성적 매력을 과시함으로써 진화상의 이득을 추구하려는 본능의 발현이라는 연구 결과들이 있다.[115-117]

실제로 아동 1만 9,529명의 발달을 추적 조사한 결과, 괴롭힘의 가해자들은 더 이른 나이에 성 경험을 하며 더 많은 아이를 갖게 된다는 것이 드러났다.[118] 이들이 괴롭히는 대상에는 주로 비만이거나 신체적 혹은 정신적 장애를 가진 아이들, 집단 내 소수 인종이거나 소수의 종교를 가진 학생들, 그리고 동성애나 양성애 등의 성적 소수자들이 포함된다.[119] 이와 같이 낙인이나 편견에 의해 유발되는 괴롭힘stigma/bias-based bullying은 그렇지 않은 경우보다 빈번하게 발생할 뿐만 아니라 우울증, 자살 시도, 약물 복용, 학업 실패 등 그 결과에 있어서도 더욱 치명적인 영향을 끼친다는 것이 알려져 있다.[120·121]

동성애로 고찰하는 인간의 사랑

1장에서는 사랑이라는 감정으로 위장된 유전자의 번식 욕구에 대해, 이번 장에서는 사랑의 반대인 혐오라는 감정 뒤에 숨어 있는 유전자의 생존 욕구에 대해 이야기했다. 사랑이라는 감정은 성욕을 통해 유전자의 번식 목표를 실현하는 도구이며, 혐오라는 감정은 유전자의 생존 목표를 위해 발동되는 두려움의 다른 얼굴이다. 『뇌 진화의 역사 A History of the Human Brain』에서 브렛 스텟카Bret Stetka는 "두려움은 성욕과 함께 가장 필수적이며 원시적인 정신 상태의 하나다. 두려움과 성욕은 자연선택을 떠받치는 두 기둥이다. 두려움은 생존에 대한 욕구를 높이고, 성욕은 번식을 촉진하기 때문이다"라고 정확하게 지적하고 있다.[112] 이 지점에서 성과 혐오의 문제를 모두 내포하는 동성애에 대해 논의해 보고자 한다.

동성애자에 대한 혐오에도 행동면역계가 작용한다는 연구 결과들이 있다.[122,123] 특히, 연구자들은 전 세계 여러 나라에서 공통적으로 레즈비언에 비해 게이에 대한 거부감이 더 강하게 나타난다는 점에 주목한다.[124] 이는 게이 남성들의 항문 성교가 비위생적이라는 관념과 이것이 후천성 면역결핍증, 즉 에이즈AIDS, acquired immune deficiency syndrome를 발생시키는 원인이라는 오해 때문이라고 볼 수 있다.[125-127] 물론 남성 간 성 접촉도 인간 면역결핍 바이러스human immunodeficiency virus, HIV의 감염 경로 중 하나인 것은 사실이지만, 게이 남성들보다 훨씬 더 큰 에이즈 위험군은 HIV가 매우 흔한 가난한 지역의 이성애 여성들이다. 에이즈는 예방이 가능하다. 노출전 예방요법pre-exposure prophylaxis은 바이러스와 같은 질병 유발 물질에 아직 노출되지 않은 사람들에게 질병이 확산되지 않도록 약물을 사용하는 것을 의미한다. 에이즈의 경우, 이 약을 매일 복용하면 HIV 감염 확률이 99퍼센트 정도 줄어든다. 부유한 나라의 게이 남성들 사이에서는 이 요법이 인기가 높지만, 가난한 나라에서는 여성이 이 약을 복용한다는 것을 남자 친구가 발견하기라도 하면 여자 친구가 자신을 신뢰하지 않거나 바람을 피우려고 한다고 생각하며 폭력적으로 반응하기 일쑤다. 한 번의 주사로 2개월간의 예방 효과를 주는 새로운 방법이 가용하지 않은 가난한 아프리카에서는, 매일 복용하는 약의 약병에 탈지면을 넣어 달그락거리는 소리를 방지함으로써 남자 친구에게 들키지 않도록 하는 방법이 권장된다.[128] 한마디로, 동성애보다는 경제적 불평등으로 인한 가난, 문란한 이성애, 남성에 의한 여성 억압 등이 더욱 중대한 사안들이다. 게다가 성행위로 전파될 수 있는 감염성 질환에는 에이즈뿐 아니라 임질, 매독, 유두종바이러스 감염 등 다양한 종류가 있고, 당연히 동성보다 이성 간의 성행위가 이들의 주된 전파 경로다.

누군가는 인종, 성별, 장애 등 다른 혐오의 대상과는 달리 동성애의 경우 자연적으로 타고난 것이 아니라 본인이 선택한 성적 지향이라는 점에서 다르다고 주장할지 모르겠다. 그러나 동성애적 취향에 대한 생물학적 근거는 차고도 넘친다. 우선 앞서 논의한 공격성과 마찬가지로, 동성애가 사회적, 문화적 현상이 아닌 생물학 현상이라는 가장 강력한 증거는 바로 수많은 종류의 동물들 사이에도 동성애가 만연하다는 것이다. 1999년에 출판된 『생물학적 풍요Biological Exuberance』는 약 470종에 달하는 동물들의 동성애 행동을 상세히 기록한 백과사전이다.[129] 현존하는 동물들 가운데 침팬지와 함께 인간과 가장 가까운 보노보가 대표적인 예다. 그러나 이후 더 많은 종이 추가되어, 곤충, 거미, 극피동물(성게, 불가사리, 해삼 등), 선형동물(회충, 편충, 선충 등)을 포함한 무척추동물과 어류, 양서류, 파충류, 조류, 포유류 등 주요 척추동물들을 포함해 무려 1,500종에게서 동성 간 성행위가 발견되었다. 최근 《네이처 커뮤니케이션스》에 발표된 포유류를 대상으로 한 연구에 의하면, 특히 유인원과 같이 사회를 이루어 살거나 폭력 행위가 빈번한 종들에서 동성애가 더욱 많이 관찰되는데, 이는 사회적 관계를 유지하고 갈등을 완화하는 데 동성 간의 성행위가 진화적 적응의 역할을 했음을 시사한다.[130]

인간을 대상으로 하는 연구로 좁힌다고 하더라도 너무 많은 연구 결과들이 있어서 여기서 모두 설명하기는 어렵지만, 신경과학의 세계적인 권위자인 존스홉킨스 의과대학의 데이비드 린든David Linden 교수가 쓴 『우연한 마음The Accidental Mind』과, 스탠퍼드대학교의 생태학자이자 진화생물학자인 조안 러프가든Joan Roughgarden 교수의 『진화의 무지

개Evolution's Rainbow』, 그리고 신경유전학 전문가로서 여러 베스트셀러의 저자이기도 한 샤론 모알렘Sharon Moalem 박사의 『진화의 선물, 사랑의 작동원리How Sex Works』에 소개된 주요 결과만 요약하도록 하겠다.[131-133] 첫째, 통계적으로 형제자매 중 동성애자가 있는 사람은 동성애자가 될 확률이 매우 높다. 특히, 일란성 쌍둥이 형제나 자매 중 어느 한쪽이 동성애자이면 다른 한 명도 동성애자일 확률이 48~50퍼센트에 이른다는 것은 유전자의 강력한 영향력을 입증한다. 둘째, 수많은 동성애자와 이성애자를 모집해 전장유전체 연관분석을 수행한 결과, X 염색체 및 7, 8, 10번 염색체에서 양쪽 그룹 간에 상이한 차이를 보이는 유전 변이들이 실제로 발견되었다. 셋째, 이성애자 아들에 비해 동성애자 아들의 어머니와 어머니쪽 여자 친척들이 더 많은 아이를 낳는다. 이에 대한 간단명료한 해석은 남자로 하여금 남자를 좋아하게 하는 바로 그 유전자가 여자로 하여금 남자를 좋아하게 하고 그 결과 더 많은 아이를 낳게 하므로 진화적인 이점이 있을 수 있다는 것이다. 넷째, 태아가 자궁 안에서 호르몬에 노출되는 정도에 따라 성적 지향에 영향을 받는다. 예를 들어, 형이 여럿인 남자아이의 경우 자궁에서 더 많은 남성호르몬에 노출되며 그 결과로 동성애자가 될 가능성이 높아진다. 마지막으로, 사망한 동성애자 및 이성애자의 뇌 조직을 직접 채취해 조사한 결과 동성애자들의 시상하부핵 INAH3의 부피가 이성애자들보다 2, 3배나 작았으며 반대로 전교련anterior commissure이라는 부위는 이성애자들보다 더 컸다.

미국정신의학회는 정신과 진단의 기준을 제시하는 표준 자료로서 '정신의학의 바이블'이라 불리는 『정신장애 진단 및 통계 편람Diagnostic and Statistical Manual of Mental Disorders, DSM』에서 '동성애'라는 진단명을 아예 삭제하기로 결정했다. 이것이 1973년의 일로써, 이 책의 2판 6쇄에서 그 이름이 삭제된 이후 동성애는 정신의학의 역사에서 영구히 사라지게 되었으며 더 이상 치료의 대상도 아니다.[134] 1990년 5월 17일에는 세계보건기구WHO 역시 '동성애'를 질병 부문에서 삭제했고, 현재 이날은 '국제 성소수자 혐오 반대의 날'로 매년 기념되고 있다. 아직까지도 일부 이성애자들은 본인이 가진 성적 취향만이 자연스럽고 당연한 것이며 심지어 신이 마련한 거룩한 욕구라고 치장하지만, 동성애자에 대한 거부감은 비만에 대한 낙인이나 인종차별만큼이나 근거 없고 부당한 혐오의 감정이다.

최근 인공지능의 부상과 함께 대중에게도 널리 알려진, 컴퓨터의 아버지 앨런 튜링Alan Turing은 2차 세계대전에서 나치의 무선 신호를 해독함으로써 종전을 앞당겼다는 칭송과 함께 대영제국의 훈장을 받은 인물이다. 그러나 그는 동성애자였고, 1952년 당시 영국에서 동성애는 범죄였다. 동성애로 기소당한 튜링은 2년 동안 무자비한 호르몬 '치료'를 강제로 당해야 했는데, 결국 42번째 생일을 얼마 앞두고 청산가리로 스스로 목숨을 끊었다. 엘리자베스 2세가 튜링을 사면하고, 고든 브라운 총리가 뛰어난 과학자이자 전쟁 영웅을 고통으로 몰아넣은 국가의 폭력에 대해 사과한 것은 2013년에 이르러서였다.

최근 러시아와 전쟁을 치르고 있는 우크라이나는 성소수자들에 대한 급격한 인식의 전환을 겪고 있다.[135] 조국을 위해 전쟁터에 뛰어든 수천 명의 동성애자, 양성애자, 성전환자 군인들의 활약을 보면서 대중의 인식이 크게 바뀌기 시작한 데다가, 부상자들의 치료에 대한 의료적 결정권이나 전사자들의 유산, 국가 보상금 등의 법적 권리를 동성의 배우자들에게도 보장해 주는 차원에서 동성 결혼을 합법화해야 한다는 움직임이 일고 있다. 여기에는 인종주의나 동성애 혐오와 같은 것들이 바로 러시아가 이용하고 있는 정치적 선전, 선동 책략이라는 것을 우크라이나 국민들이 인지하고 그에 대항하기 시작한 것도 한몫을 하고 있다.

그렇다고 동성애 자체가 고결한 사랑이라는 의미는 아니다. 앞서 설명했듯이 동성애 역시 이성애와 마찬가지로 생물학적인 현상일 뿐, 그 본능을 극복하고 이루어 낸 승리가 아님은 자명하다. 가톨릭 교회에서 자행된 다수의 성범죄가 대부분 동성애자인 성직자들에 의한 것임은 널리 알려져 있다. 한 예로, 1990년대 말 미국 보스턴의 지역 언론이었던 《보스턴글로브The Boston Globe》가 다년간의 취재와 자료 수집 끝에 몇십 년 동안 가톨릭 사제들이 조직적으로 벌이고 은폐한 아동 성범죄를 폭로한 과정이 영화 〈스포트라이트Spotlight〉에 상세히 나타나 있다. 가톨릭 교회 성직자들의 성추문은 미국뿐 아닌 전 세계에 만연해 있는데, 아마도 여성이 배제된 조직의 특성상 남성 동성애자들이 많이 모여 있기 때문일 것이라고 추정만 할 뿐이다. 이유를 불문하고 성직자의 아동 성폭력은 종교적 권력을 이용해 강자가 약자를 겁탈하는 비열하고도 악랄한 죄악이다.

결국 이성애인가, 동성애인가, 양성애인가 하는 것은 생물학이 발생시킨 여러 현상일 뿐 무엇이 옳고 그른지의 문제가 아니다. 진화가 개발한 성이라는 번식 전략을 넘어 인간 대 인간으로서 상대를 얼마나 존중하고 배려하는지가 한 사람이 가진 사랑의 진정성을 판단하는 기준이 되어야 한다. 1장에서는 우리 인간이 흔히 말하는 사랑, 즉 남녀 간의 사랑과 부모의 자식 사랑이 유전자의 번식 욕구가 위장된 것이라고 이야기했다. 이번 장에서는 유전자의 생존 욕구에서 비롯된 두려움이 혐오라는 감정으로 위장되어 나타난다는 점을 지적했다. 이런 관점에서 보면, 우리가 '동물'로서 하는 번식을 위한 사랑은 유전자가 이끄는 자연스러운 감정에 본능적으로 따르는 것에 불과하며, 우리가 '인간'으로서 유전자에 맞서 추구할 수 있는 사랑은 진화적 본능에 새겨진 두려움과 혐오를 이겨내는 것이다. 혐오라는 감정, 그것이 인식의 영역으로 확장되어 나타나는 고정관념과 편견, 그리고 그것들이 사회적 관계에서 실제적으로 표현되는 배제와 차별과 낙인. 이러한 문제들을 해결할 때에야 비로소 우리는 사랑이 인간 고유의 숭고한 행위라고 말할 자격을 얻게 될 것이다.

2장 사회: 혐오로 가장된 두려움

사랑이 유전자의 '번식'을 위해 '혈연'을 향해 '조건적으로' 발휘된다면, 혐오는 유전자의 '생존'을 위해 '타인들'을 향해 '무조건적으로' 행사된다. 혐오의 진화적 근원은 유전자의 두려움이다. 병을 옮기거나 유발할 수 있는 대상을 기피하기 위해 진화적으로 발달한 행동면역계의 반응은 인간을 대상으로도 동일하게 발현된다. 혐오의 대상이 되는 인간상은 광범위하다. 이민자를 비롯한 다른 인종의 사람들, 각종 장애나 기형, 심지어 비만과 같은 정상에서 벗어나 보이는 겉모습을 가진 이들, 동성애자를 비롯한 다양한 성소수자들이 현대사회에서 주된 혐오의 대상이다. 특히 동성애는 스스로가 선택한 성적 취향이라는 흔한 오해와 달리 생물학적으로 자연스럽게 발생하는 형질이라는 점에서 특별히 주목할 필요가 있다. 편도체라는 뇌 기관은 교감신경을 통해 혐오라는 두려움의 감정을 주관한다. 그리고 이 정서적 반응은 결국 우리의 인지 기능까지 지배해 고정관념, 편견, 차별 그리고 공격성의 원인이 된다. 각 사람을 개성 있는 고유한 개체가 아닌 인종과 같은 특정한 부류로 무조건적으로 재빠르게 분류하는 것이 생존에 도움이 되었기 때문이다. 침팬지와 인간 집단에서의 연구 결과는 공격성이 문명의 산물이 아닌 자연적 본능의 결과임을 말해준다.

3장
—
경제
자본주의 세상의
번식 경쟁

신고전학파 경제학의 생물학적 해석

2장에서 인종의 생물학적 차이를 부정하는 연구를 발표한 것으로 소개된 리처드 르원틴은 실은 저명한 진화론적 유전학자로서, 특히 과학이 사회의 구조적 불평등을 정당화하는 데 사용되는 것에 반대하며 많은 목소리를 낸 혁명적 사회주의자이기도 했다. 에드워드 윌슨을 비롯한 학자들이 포괄 적합도 이론을 기반으로 사회 행동을 유전자의 작용으로 설명하는 사회생물학을 유행시키고 있을 때, 르원틴은 생물학에 변증법을 도입하는 시도를 통해 유전학적 결정론과 환원주의를 반박하고자 했다.[136·137] 이렇게 마르크스주의 유전학자로서 사회주의적 생물학 이론을 발전시키기도 했지만, 그러한 그도 왜 록펠러와 같은 석유왕의 ˙자녀들은 은행가가 되는데 석유 노동자들은 은행에서 빚을 지게 되는가와 같은 문제를 생물학적으로 설명하지는 못했다.[138] 이번 장에서는 르원틴이 하지 못했던 작업, 즉 오늘날의 경제 현상을 유전학과 진화론으로 살펴보고자 한다.

18세기와 19세기에 산업혁명이 빠르게 진행되는 가운데 애덤 스미스Adam Smith, 데이비드 리카도David Ricardo, 카를 마르크스Karl Marx와 같은 걸출한 학자들이 자본주의 경제학의 토대를 놓는 근본적인 사상들을 세상에 내놓았다. 애덤 스미스의 『국부론The Wealth of Nations』과 데이비드 리카도의 『정치경제학과 과세의 원리에 대하여On the Principles of Political Economy and Taxation』는 이들을 고전학파 경제학의 창시자의 반열에 올려놓았다.[139·140] 지난 1,000년간 인류에게 가장 큰 영향을 끼친 책으로 꼽히는 카를 마르크스의 『자본론Capital』은 이들의 고전경제학을 확대하고 발전시킨 것으로 평가된다.[141] 이 위대한 경제학자들은 모두 자본가, 노동자, 지주라는 계급을 상정하고 경제학적 가치란 오직 노동을 통해서만 발생한다는 노동가치설에 입각해 그들의 이론을 전개했다. 데이비드 리카도의 책 제목에 있는 '정치경제학'이라는 단어에서도 알 수 있듯이, 이 당시만 해도 경제학에서 다른 계급 간의 상호작용, 즉 정치가 핵심적인 요소였다.

그러나 그 뒤를 이어 '신고전학파'로 불리며 지금도 학계의 주류를 형성하고 있는 이들은 완전히 다른 형태의 경제학을 전개한다. 신고전학파 경제학의 이론적 토대를 제공한 것으로 평가되는 경제학자 중 한 명인 레옹 발라Léon Walras는 과학이 갖는 특성이란 어떤 결과에 대해서도 완벽하게 무차별하고 순수한 진리만을 추구하는 것이라며 경제학이 그런 면에서 진정한 과학임을 보이고자 했고, 윌리엄 제본스William Jevons는 경제학이 과학이라면 그것은 수학적인 것이어야 하며 경제학에도 법칙이 있기에 자연과학과 마찬가지로 정밀한 과학이 될 수 있다고 주장했다.[142]

신고전학파 학자들이 이러한 과학적 경제학을 위한 도구로 개발한 것이 '한계효용marginal utility'이라는 개념이다. 여기서 '한계'란 제한이 아니라 차이를 뜻한다. 즉, 한계효용이란 소비자가 재화 한 단위를 추가로 소비할 때 더해지는 주관적인 만족감이다. 이 추가 만족감, 즉 한계효용은 소비의 양이 늘어날수록 점점 감소한다. 맛있는 음식이 담긴 첫 번째 접시가 주는 만족감은 매우 크겠지만 두 접시, 세 접시로 갈수록 만족감은 점점 낮아지고, 나중에는 오히려 먹기조차 고통스러워진다. 이를 '한계효용 체감(감소)의 법칙'이라고 한다. 희소성 또한 한계효용에 영향을 준다. 애덤 스미스가 제기한 '스미스의 역설'은 왜 생존에 꼭 필요한 물값은 공짜에 가까운데 생존과 무관한 다이아몬드는 비싼가 하는 것이었다. 한계효용 학파는 다이아몬드의 희소성 때문에 한계효용이 크고, 따라서 가격이 높게 형성된다고 설명한다.

효용 이론의 발달에서 가장 영향력 있었던 학자를 한 사람만 꼽으라고 하면, 신고전학파의 창시자라고 평가되는 앨프리드 마셜Alfred Marshall일 것이다. 윌리엄 제본스가 강조했던 바로 그 수학을 전공한 경제학자로서, 앨프리드 마셜은 미분을 사용해서 한 변수의 작은 변화량(한계값)이 다른 변수에 어떤 변화를 가져오는지를 분석하는 방법으로 경제학의 방향을 재설정했다. 미분으로 분석할 수 있는, 예컨대 소비에 따른 효용이나 수요와 공급에 따른 가격의 변화를 나타내는 연속적인 곡선을 따라 균형을 향해 움직이는 궤적이 그의 이론에서 핵심이었다. '자연적인' 가격 결정을 방해하는, 예컨대 독점이나 정부의 개입과 같은 요인들이 없는 완전경쟁 상태라면 경제 시스템은 '자연적으로' 균형의 상태로 '진화'해 나가게끔 되어 있고, 그 균형 상태란 모든 사람이 자신의 값어치에 따라 소비자로서 얻게 되는 효용과 생산자로서 얻게 되는 수익이 극대화되는 점이라는 것이다. 마셜은 이렇게 균형을 향해 가는 진화적 속성을 강조하고자 자신의 저서 『경제학원리Principles of Economics』의 서두에 "자연은 비약하지 않는다Natura non facit saltus"라는 라틴어 경구를 넣었는데,[143] 이는 다윈이 『종의 기원』에서 생명의 진화 과정이 점진적 변화라는 것을 의미하기 위해 사용한 구절이다. 그러나 생물학적 진화는 무작위로 일어난 변이들 가운데 일부가 다음 세대로 전해지며 일어나는 방향성 없는 변화이지, 한 세대 내에서 균형을 찾아가는 과정과는 아무런 관련이 없다.

진화 개념의 잘못된 차용보다 더욱 심각한 오류는 경제학적 경쟁이 아닌 생물학적 경쟁이라는 변수가 빠져 있다는 점이다. 한계효용 이론에서는 생산자 혹은 공급자 간에 이루어지는 완전경쟁의 필요성을 강조한다. 그런데 생물학적 개체들은 생산자가 아니라 소비자다. 이들의 기본적인 속성은 생산이 아니라 생존과 번식을 위한 자원의 소비에 있다. 간혹 식물을 생산자로 비유하기도 하지만, 식물은 스스로의 생존과 번식을 위한 것 외에는 어떠한 부가적인 가치도 만들어 내지 않으므로 경제학적 생산자로 볼 수 없다. 단지 동물에게 강제로 소비당하는 것뿐이다. 또한 한계효용 이론에서는 소비자가 주변 환경으로부터 영향을 받지 않는 자유로운 의사결정 단위로서 자신의 한계효용이 0에 이르면 소비를 멈추는 합리적이고도 독립적인 개인이라고 가정한다. 하지만 생물학적 소비자들은 결코 이렇게 행동하지 않는다. 오히려 이들은 무한한 번식 욕구와 경쟁 심리를 지닌 비합리적인 (생물학적으로는 지극히 합리적이지만) 사회적 개체들이다.

가령 매일 제공되는 세 번째 접시의 음식이 자신이 소비하기에는 한계효용이 너무 낮다고 하면, 거기서 소비를 멈추는 것이 아니라 남들보다 조금이라도 더 많이 번식하는 데 사용하는 것이 생물학적 소비자들이다. 매일 다섯 접시를 얻을 수 있다면 짝짓기 횟수와 자식의 수를 더 늘릴 것이다. 현대인으로서는 음식이 담긴 접시를 다른 소비재로 치환해 생각하면 이해가 쉬울 것이다. 예를 들어, 독립적인 개인으로서는 2개의 다이아몬드에 만족할 수 있을지 몰라도 이웃이 가진 같은 다이아몬드 개수를 보고 나면 세 번째 다이아몬드의 한계효용이 갑자기 크게 증가할 것이다. 한마디로, 생물학적 소비자의 한계효용은 체감되지 않는다. 코넬대학교 경제학 및 경영학 교수인 로버트 프랭크 Robert Frank는 인간의 경제 행동의 핵심이 바로 상대성에 있다는 점을 지적한다.[144] 예를 들어, 사람들은 옆 사람들이 연간 10억 원을 벌 때 자신이 5억 원을 버는 곳보다는 주변 사람들이 평균 1억 원을 벌 때 3억 원을 버는 환경을 더 만족스럽게 느낀다.[145] 올림픽 참가 선수들의 정서적 반응을 연구해 보면, 은메달을 딴 선수들은 금메달과 비교해 실망하고 낙담하는 경우가 많은 데 반해, 동메달리스트는 오히려 메달을 따지 못한 선수들과 비교해 더 행복하다고 느낀다.[146] 프랭크 교수의 비유대로 우리는 큰 연못의 작은 물고기일 때보다 작은 연못의 큰 물

고기일 때 더 행복하다.[144]

값비싼 신호의 경제학

이러한 경제학적 경쟁 심리에도 진화적 요소가 빠질 수 없다. 모든 생명체가 가지고 있는 절체절명의 화두는 생존과 번식이고, 지난 장에서는 생존 가능성을 높이기 위해 진화가 개발한 전략이 혐오라는 것을 논의했다. 그런데 생존이란 번식 시점까지 살아 있느냐 살아 있지 못하느냐, 즉 0과 1의 이분 체계인 반면, 번식은 많이 낳으면 낳을수록 좋은 다다익선 체계이며 주변의 경쟁자들에 비해 수치적으로 더 많이 낳는지가 중요한 비교우위 체계다. 따라서 가장 치열한 전쟁은 바로 번식을 두고 일어난다. 어찌 보면 생존 투쟁은 결국 번식 경쟁을 위한 전초전일 뿐이다.

예를 들어, 1장에서 살펴본 브루스 효과가 발생하는 이유는 강한 수컷이 다른 수컷의 새끼를 죽이고 암컷을 차지하는 일이 일어나기 때문이다. 랑구르원숭이의 유아 살해 행동이 처음 보고되어 충격을 준 이후로, 다양한 포유류에 대한 관찰을 통해 이것이 광범위한 현상이라는 것이 확실해졌다.[147] 떠돌이 수사자는 호시탐탐 기회를 노리다가 무리를 지배하고 있는 수컷을 몰아내는 데 성공하면 새끼 사자들을 전부 몰살시킨 후 빼앗은 암컷들과 하루에도 수십 번씩 교미한다. 유아 살해까지는 아니지만 코끼리물범의 경우에도, 암컷의 5배가 넘는 체중을 지닌 수컷들은 짝짓기 철이 되면 어느 한쪽이 피를 흘리거나 쓰러질 때까지 몇 시간씩 격렬하게 싸우며 승자가 100마리에 가까운 암컷을 거의 혼자서 차지한다.[148]

인간 사회에서도 번식 경쟁이 분쟁과 전쟁의 중요한 원인이라는 것이 알려진 데는 미국의 저명한 인류학자 나폴레옹 샤뇽Napoleon Chagnon의 영향이 컸다. 그가 브라질과 베네수엘라의 야노마모족과 지내며 기록한 유명한 민족지『야노마모Yanomamö』에 의하면, 이 부족에서 여성은 하나의 비싼 상품이며, 여자를 살 수 있는 자원이 되는 열매 하나를 놓고도 폭력이 동반되는 치열한 경쟁이 벌어지는 탓에 40세쯤 되면 부족의 3분의 2가 살인으로 가까운 친척을 잃는다.[149]《사이언스》논문을 비롯한 여러 연구들을 통해 샤뇽은 야노마모족의 분쟁과 전쟁이 주로 번식의 기회와 관련 있었다고 주장했다.[150] 마을끼리 전쟁이 벌어지면 여자들은 어김없이 강간을 당하거나 결혼을 빌미로 납치를 당했고, 마을 내에서 폭력적인 분쟁이 벌어지는 경우에도 그 원인은 주로 간통이었다. 샤뇽은 진화론적 관점을 인류학 연구에 도입한 최초의 인류학자 중 한 사람인데, 그런 만큼 그의 주장은 많은 논란을 불러일으키기도 했다.『문명과 전쟁War in Human Civilization』에서 아자 가트Azar Gat는 이러한 논란에 대해 여러 자료들을 바탕으로 샤뇽의 관점을 지지한다.[25] 특히 다른 여러 수렵채집 사회에 관한 자료를 제시하며, 일부다처와 같은 사회적 제도나 1장에서 언급한 여아 살해로 인한 성비의 불균형, 즉 여자의 수에 비해 남자의 수가 과도하게 많은 상황이 남자들 간의 이러한 번식 경쟁을 더욱 부추겼을 것이라고 주장한다.

암컷을 차지하기 위한 싸움은 이러한 직접적인 무력 경쟁 말고도 다양한 형태로 나타나기 때문에, 동물의 세계에서 거의 예외 없이 수컷은 크고 화려하며 노래를 하고 춤을 춘다. 새들의 지저귐, 수사자의 갈기, 길고 화려한 수컷 공작의 꼬리, 수사슴의 크고 아름다운 뿔, 마치 화장이라도 한 듯 적색, 청색, 백색이 화려하게 어우러진 맨드릴의 얼굴 등이 그런 예들이다. 특히 새들의 돋보이는 화려한 색, 이동을 어렵게 만드는 공작의 꼬리나 사슴의 뿔, 그리고 포식자를 만나도 도망가지 않고 제자리에서 팔짝팔짝 뛰는 톰슨가젤의 대담한 행동 등은 생존에 불리한 조건에서도 살아남을 만큼 건강하다는 것을 광고하는 과시 행동이다. 이런 행동은 이스라엘의 동물생태학자 아모츠 자하비Amotz Zahavi 교수가 제안한 핸디캡 이론handicap theory에 기반해 '값비싼 신호'라고 불리는데, 이는 진화생물학에서 널리 입증되어 있다.[151-155] 과도한 과시 경쟁으로 3.5미터나 되는 큰 뿔을 가지게 된 아이리시엘크는 생활환경이 숲으로 덮여가면서 생존에 심각한 문제를 겪다가 결국 멸종한 것으로 알려져 있다.

찰스 다윈은 1859년에 출간된 『종의 기원』에서 자연선택 이론을 내놓았는데, 주로 수컷들이 시연하는 이러한 형질이나 행동이 생존과는 무관하거나 오히려 불리하게 작용한다는 점에 대해 의문을 가지고 있었다. 이후 1871년에 『인간의 유래와 성선택』을 펴내면서 번식 경쟁의 개념으로 이 문제를 훌륭하게 해결할 수 있었고, 현재 성선택 이론은 진화생물학의 핵심적인 이론으로 자리 잡게 되었다.[156] 그런데 이 책의 제목에서 알 수 있듯이, 다윈이 가지고 있던 의문 중에서 큰 부분은 인간의 유래와 관련된 것이었다. 인간에게서만 보이는 높은 지능, 복잡한 마음과 자의식, 예술 행위, 고도화된 언어 등이 생존에 결정적인 영향을 준다고 볼 수 없었기 때문이다. 다윈의 이론에 따르면, 새들의 노래, 공작의 꼬리, 가젤의 행동, 물범의 덩치처럼 성선택은 각각의 종마다 모두 다르게 발산해서 진화하므로, 이러한 인간 고유의 자질들 역시 애초에 번식 경쟁에서의 역할에서 유래되었다고 볼 수 있다.

실제로 인류의 조상들이 번식 경쟁 속에서 벌인 과시적 행동의 한 가지 좋은 예가 남자들의 사냥이다. 현존하는 수렵채집 사회는 인류 조상들의 행동 양식을 알 수 있는 좋은 모델인데, 인류학자들의 관찰에 의하면 어떤 수렵채집 사회에서든 가장 중요한 두 가지 과제는 '누구와 결혼하는가'와 '식량을 어떻게 배분하는가'다. 그런데 식량 배분의 문제에서 두드러지게 관찰되는 양상이 하나 있다. 바로 남성들은 큰 짐승을 사냥하려는 경향이 있고, 이렇게 큰 사냥감을 얻으면 자기 가족들뿐만 아니라 집단 구성원들 모두에게 공평하게 나누어 준다는 것이다. 통계치를 보면 훌륭한 사냥꾼의 가족이 다른 가족들보다 고기를 더 많이 받는 것도 아니고, 따라서 이들 사냥꾼의 죽음이나 이혼이 아이들의 생존에도 영향을 주지 않았다. 이런 이유로 인류학자들은 위험을 감수해 가면서까지 큰 동물을 사냥하고 나누어 주는 남자들의 행동을 값비싼 신호로 설명한다.[157] 이것이 바로 누구와 결혼할 수 있는가, 즉 번식의 문제와 직결된다는 것이다. 예를 들어, 파라과이의 아체족과 탄자니아의 하드자족에 대한 관찰 결과를 보면,[158-162] 뛰어난 사냥꾼이라는 평판이 있는 남성일수록 혼인 대상으로 더 인기가 많은 여성과 결혼하는 경우가 많고, 나이대별 생식 성공률도 높게 나타난다. 특히, 훌륭한 사냥꾼일수록 여자들이 아기를 임신한 시점에 남편 외에 관계를 가졌던 상대로 지목할 가능성이 높았으며, 나이 든 남자들의 경우에는 젊은 여자와 결혼한 경우가 많았는데 이는 두 번째 가정을 꾸렸음을 암시한다. 무엇보다, 남자들 스스로도 사냥 능력이 여자들과의 관계에서 성공하기 위해 필요한 자질이라고 생각하고 있었다.

사실 남자들이 번식량을 높일 수 있는 가장 좋은 방법은 일부다처를 통하는 것이다. 하지만 수렵채집 사회에서는 식량의 공급이 불안정하고 저장하는 방법도 마땅치 않았기 때문에, 본격적인 일부다처보다는 앞서 말한 것과 같이 생식능력이 더 좋은 상대를 차지하거나 혼외정사를 통한 방법을 모색했을 것이다. 그러나 약 1만 년 전부터 신석기 혁명이 시작되고 농경 사회로 접어들면서 해결책은 더욱 단순해졌다. 안정적인 식량의 축적과 신분 사회의 시작은 본격적인 일부다처를 가능하게 했을 것이다. 역사적으로 알려진 인간 사회의 대다수는 일부다처제를 유지했거나 여전히 허용하고 있다.[163·164] 유전학적으로 볼 때도 이것이 입증된다. 즉, 지리적으로 다양한 인구 집단의 유전체에서 X 염색체와 상염색체에서 나타나는 유전 변이의 다양성을 조사해 보면, X 염색체에서의 변이가 상대적으로 높게 나타난다는 것을 통해 인류의 역사에서 일부다처가 지배적인 생식 형태였음을 알 수 있다.[165] 특히 막강한 권력을 가진 자들이 수많은 아내를 가졌다는 것은 역사적 기록으로도 잘 알려져 있는데, 실제로 아시아나 유럽에 거주하는 현대인들의 Y 염색체를 조사해 보면 칭기즈칸이나 청나라 태조, 아일랜드 왕조의 혈통 등 권력자들이 남긴 유전학적 발자취가 얼마나 퍼져 있는지를 알수 있다.[166–169] 예를 들어, 수백 명의 자식을 낳았다고 알려진 칭기즈칸의 DNA는 불과 1,000여 년, 즉 30여 세대 만에 무려 1,600만 명의 남성에게 전해진 것으로 파악된다.[166]

자신과 부양가족의 한계효용 이상으로 더 많은 사냥을 했던 것이 과시적 소비의 원시적 형태였다면, 농경 사회로 접어든 이후로는 자연적으로 가용한 자원에만 의존하지 않는 경제학적 노동과 생산이 이루어졌을 것이고, 거기서 비롯된 잉여가치의 획득을 통해 본격적인 과시적 소비와 신분 향상의 추구가 시작되었을 것이다. 권력자들이 누렸던 온갖 장식물과 사치스러운 생활이 이를 잘 보여준다. 왕이나 귀족들이 입었던 휘황찬란하고 거추장스러운 의복은 입고 벗고 세탁하는 데도 많은 하인이나 신하가 필요했을 텐데, 이는 공작의 꼬리나 사슴의 뿔과 같은 값비싼 신호를 연상시킨다.

근대사회로 내려와 보면, 1899년에 출간된 고전 『유한계급론The Theory of the Leisure Class』에서 소스타인 베블런Thorstein Veblen이 낱낱이 파헤친 미국 사회에서의 과시적 소비 행태가 있다.[170] 여기서 '유한有閑'이란 여가 활동을 할 수 있는 한가로움이 있다는 뜻이다. 베블런은 무언가를 소유하고 여가를 즐기는 것 그 자체가 아니라 그것을 남들에게 보여주는 것이 소비와 유흥의 궁극적인 동기라는 점을 예리하게 지적하며, 이를 '과시적 소비conspicuous consumption'라고 불렀다. (그의 이름에서 유래한 '베블런 효과Veblen effect'는 가격이 상승하면 오히려 수요가 증가하는 현상을 가리킨다.) 이 책에서 흥미로운 점은 유한계급의 기원에 대해 논의하는 부분인데, 여기서 베블런은 원시시대 남자들의 사냥이 주로 여자들이 담당했던 '비천한' 노동과 달리 명예로운 활동으로 간주되었다는 점과, 물리적 힘의 과시를 뜻하는 이 '명예로움'이 여성들을 소유물로 다루기 시작하면서 생긴 약탈 문화의 시작과 맞물려 있다는 점을 지적한다. 다윈의 성선택 이론이 본격적으로 연구되기도 전에, 베블런은 근대사회 유한계급의 과시적 행위들이 원시시대에 사냥으로 시연되었던 값비싼 신호에서 유래했다는 점을 추론해 낸 것이다.

요한 하위징아Johan Huizinga는 그의 책 『호모 루덴스Homo Ludens』에서 놀이야말로 인간의 본질이며 모든 문화의 출발점이라는 주장을 펼친다.[171] 그가 말하는 진정한 놀이란 그 자체가 목적이 되는 순수히 자유로운 행위다. 그러나 호모 사피엔스의 치열한 번식 경쟁은 놀이조차 값비싼 신호로 변질시켰다. 잘 노는 것이 부와 능력을 드러내는 상징이 된 것이다. 심지어 잘 노는 것을 과시하는 행위만으로도 엄청난 돈벌이가 되는 것이 오늘날의 프로스포츠와 연예, 대중예술의 세계다. 이렇게 호모 루덴스는 자신의 번식 경쟁력을 과시하는, 도구로서의 유희를 즐기는 호모 사피엔스의 유한계급으로 진화하고 말았다. 게다가 많은 호모 루덴스들은 오직 자기 인생을 최대한 즐기는 것만을 지상과제로 삼으며 자식도 낳지 않는다. 이들의 과시적 여가와 소비 행위는 실은 번식을 위한 유전자들의 욕구의 발현인데, 실제로 번식은 하지 않으면서 번식을 목표로 발동되는 가열한 경쟁 심리에 쫓겨 발버둥치는 괴상한 삶을 살고 있는 것이다.

로버트 프랭크는 『경쟁의 종말The Darwin Economy』에서 "지금부터 100년 뒤에 경제학자들에게 경제학의 아버지가 누구인지 물어보면 대다수가 찰스 다윈이라고 대답할 것이다"라고 말한다.[172] 신고전학파의 자유시장 신봉자들은 오늘날의 경제학자들에게 경제학의 아버지로 꼽히는 애덤 스미스의 '보이지 않는 손' 개념을 도용해 각 개인이 자신의 이득을 자유롭게 추구할 때 사회 전체에도 최선의 결과가 주어지는 균형상태에 도달한다고 주장하지만, 다윈의 진화론적 체계에서는 생물학적 소비자들의 '한계limit가 없는 한계marginal 효용'으로 인해 아이리시엘크와 같이 종 전체가 다 함께 몰락하는 일도 생길 수 있다는 것이다. 경제학자 프레드 허시Fred Hirsch가 정의한 지위재positional goods,[173] 즉 (주로 생존이라는 목적을 갖는 물질재material goods와는 달리) 그 상품을 소비함으로써 얻게 되는, 혹은 그렇다고 믿어지는 사회적 지위가 더 중요한 재화가 바로 이 같은 값비싼 과시의 군비경쟁의 대상이라고 프랭크 교수는 지적한다.

　과시와 지위 향상 욕망이 성선택에서 비롯된다고 해서 이것이 남자(수컷)들에게서만 발현되는 것은 아니다. 값비싼 신호를 만드는 유전자가 Y 염색체에만 존재하지는 않을 것이고, 다만 생리학적인 번식 욕구와 상호작용해 작동하는 것이라고 볼 수 있다. 남자들이 딸에게 물려주는 값비싼 신호 유전자는 남성적 생리학 특성과 맞물리지 않으므로 상대적으로 약하거나 다른 양상으로 작용할 것이고, 딸이 결혼해서 아들을 낳게 되면 다시 할아버지와 비슷하게 발현될 것이다. 마찬가지로, 값비싼 신호를 감지하는 유전자들은 남자보다는 여자에게서 여성적 생리학 특성과 함께 더 강하게 발현되겠지만, 이것이 아들에게 유전되면 상대적으로 약하거나 다른 양상으로 작용할 것이다. 결론적으로, 남녀를 불문하고 값비싼 신호를 만들어 내고 그것을 감지해 내는 유전자의 기능은 환경과의 상호작용을 통해 현대사회의 여러 문화에 영향을 미치고 있다.

간섭과 착취를 통한 자원 경쟁

그런데 값비싼 신호가 상대 암컷들이나 경쟁 상대인 수컷들에게 보내는 메시지는 자신이 보유하고 있는 자원이 많거나 자신에게 많은 자원을 획득할 유전적 능력이 있다는 것이다. 만약 이 신호가 거짓이며 암컷이 이 위장 신호에 속아 짝짓기를 한다면, 거기서 태어난 자식들의 생존율은 낮을 것이고 결국 이러한 거짓 신호는 진화 과정에서 도태될 것이다. 따라서 실제 자원 획득 능력을 보여주는 '정직한 신호honest signal'만이 진화적으로 작동한다.[174] 수컷 공작의 경우, 꼬리에 많은 무늬를 가지고 있고 과시 행위를 많이 하는 수컷들이 혈액 수치로 볼 때 면역학적으로도 더 건강하다는 것이 밝혀졌다.[175] 게다가 인위적으로 감염과 비슷한 염증 반응을 유도해 보면 전체적으로 과시 행위가 줄어드는데, 이때 꼬리의 무늬 개수가 많은 수컷들은 이러한 감염 반응에 크게 영향을 받지 않고 평상시와 비슷한 수준의 과시 행위를 유지한다. 이에 대한 연구 논문의 제목이 말하는 바와 같이 수컷 공작의 꼬리는 그야말로 '정직한' 신호인 것이다.

공작의 꼬리만큼 잘 알려져 있지는 않지만, 칠면조의 부리 위에 달린 '스누드snood'라는 구조 역시 특별한 기능 없이 번식을 위한 신호로만 사용되는 장식물이다. 암컷 칠면조들이 짝짓기에서 이 스누드의 길이가 긴 수컷을 선호한다는 것이 관찰되었는데,[176] 10여 년 후 수행된 유전자 수준의 연구에서 밝혀진 것은 스누드 길이가 긴 수컷들이 집단 내 다른 수컷들에 비해 면역학적으로 더 유리한 MHC 변이 조합을 가지고 있다는 것이었다.[177] 1장에서 소개한 바와 같이, MHC는 다양한 병원균의 항원들과 결합해 면역반응을 유도하는 중요한 역할을 하며 그 변이의 종류에 따라 잘 대응할 수 있는 병원균의 종류가 다르다. 스누드가 긴 수컷들의 경우에는 집단 내에 흔한 변이와 함께 흔하지 않은 새로운 변이도 동시에 가지고 있었는데, 이는 집단 내에 주로 퍼지는 통상적인 병원균과 새로운 병원균에 대한 저항성을 모두 보유할 수 있음을 의미한다. 따라서 이런 수컷들은 면역 기능에 투자하는 대신 자원을 찾는 활동에 투자할 수 있으며, 이렇게 획득된 자원을 스누드의 성장에도 투자할 수 있다는 추정이 가능하다.[177] 생존과 번식에 있어서 MHC의 다양성이 왜 중요한지는 1장에서 상세히 설명한 바 있다.

이와 같이 번식을 위한 경쟁은 필연적으로 자원 획득 경쟁으로 이어진다. 생태학에서는 생물들 간에 자원을 놓고 벌어지는 경쟁을 크게 간섭 경쟁interference competition과 착취 경쟁exploitation competition으로 분류한다.[178] 간섭 경쟁이란 다른 개체들이 자신의 영역에 침입하거나 서식지 내의 자원에 접근하지 못하게 막으며 자원을 '독점'하는 경우다. 많은 조류들이 자신의 둥지 주변을 물리적으로 방어해 다른 새들이 접근하지 못하도록 하는데, 이것이 간섭 경쟁의 대표적인 예다. 반면 착취 경쟁은 이러한 직접적인 상호작용은 없지만 일부 개체들이 제한된 자원을 '선점'함으로써 다른 개체들이 자원을 이용할 기회를 간접적으로 빼앗을 때 일어난다. 기본적으로 자연의 자원은 제한적이기 때문에 착취 경쟁은 자연 곳곳에서 일어난다. 생태학에서 착취 경쟁의 대표적인 예로 언급되는 것이 높이 자라는 나무들이다. 나무들이 높이 자라는 이유는 우리에게 멋진 숲을 제공해 주기 위함이 아니라, 옆에 있는 나무들과 경쟁해 위쪽 공간을 선점해야 이웃들이 만드는 그늘에 가려지지 않으면서 더 많은 햇빛을 받을 수 있기 때문이다. 같은 강에서 물고기를 잡는 곰들 사이에도 직접적인 간섭은 일어나지 않지만, 유리한 장소를 선점하고 거기서 과도한 사냥을 하는 곰은 같은 강을 따라 더 아래쪽에 있는 다른 곰들에게 간접적인 손실을 끼친다. 하지만 궁극적으로 많은 동물이 차지하려는 유리한 위치는 다름 아닌 사회적 지위다.

주어진 자원의 양에 따라 경쟁이 심화되거나 완화되는 예를 침팬지와 보노보에게서 찾을 수 있다. 고릴라는 침팬지가 있는 지역에서 발견되지만 보노보의 서식지에서는 발견되지 않기 때문에, 보노보는 침팬지와 달리 먹이를 놓고 고릴라와 경쟁할 필요가 없고 서식지에 존재하는 온갖 먹이를 자유롭게 먹을 수 있다. 이것이 보노보 사회에 비해 침팬지 집단이 훨씬 더 폭력적인 이유 중 하나일 것으로 생각된다.[108·179] 또한, 앨곤퀸주립공원의 늑대들은 여름이 되어 사슴들이 넓은 지역으로 퍼져 사냥이 어려워지면 폭력적 성향으로 돌아간다.[180·181]

이 두 가지 형태의 생태학적 경쟁 양상은 인간의 경제에서도 고스란히 나타난다. 우선 간섭 경쟁은 새들이 자기 서식지를 지키는 것과 마찬가지로 특정 기업이 시장을 '독점'하고 다른 기업의 진입을 막는 행위로 드러난다. 베블런이 『유한계급론』을 쓰던 배경은 소설가 마크 트웨인이 '도금 시대Gilded Age'라고 부른, 1800년대 말부터 1900년대 초반의 미국 사회였다. 이는 겉만 도금되어 번지르르한 황폐한 자본주의 사회를 풍자하기 위해 사용한 말이다. 석유 재벌 록펠러, 철강 재벌 카네기, 금융 재벌 J. P. 모건 등 '강도 귀족robber baron'이라고 불리던 탐욕스러운 자본가들이 판치던 이 시절, 수많은 이민자들과 농민들이 도시의 빈민으로 전락했고 거리에는 노숙자와 걸인들이 넘쳐났으며 전염병이 창궐했다. 2장에서 소개한 장티푸스 메리 이야기와 이민자들에 대한 혐오의 언어 역시 이 시대를 배경으로 한다.[83·94] 강도 귀족들은 철도, 석유, 철강, 금융업에서 독점적 기업연합인 트러스트를 만들어 생산, 제조, 유통, 판매 등 모든 영역을 장악했다. 각종 리베이트, 심지어 용역 깡패까지 동원한 이들의 악덕 독점 행위는 용납되기 어려운 수준이었다.

그렇다고 도금 시대가 가고 혁신 시대가 도달한 지금이라고 기업들의 독점 본능이 사라진 것은 결코 아니다. 1990년대 후반 마이크로소프트는 자신들의 운영체제에 익스플로러를 통합해 판매하기 시작함으로써, 브라우저 시장의 72퍼센트를 점유하던 넷스케이프를 제치고 시장을 독차지했고, 넷스케이프는 결국 매각되어 시장에서 퇴출되었다. 사실 이 문제로 마이크로소프트에 가해진 법적 제재 덕분에 IT계의 중심으로 성장한 것이 바로 구글인데, 아이러니하게도 최근에는 마이크로소프트가 구글에 대한 반독점 소송을 제기하기에 이르렀다. 구글이 애플의 스마트폰 등에 구글의 검색 앱을 끼워 넣도록 해 이익을 독점하고 다른 업체들과의 경쟁이 불가능하도록 막았다는 것이다. 20년 전 마이크로소프트가 했던 것과 똑같은 행태다.

그런데 착취는 독점과 같이 눈에 띄는 물리적 간섭(용역 깡패, 리베이트, 끼워 팔기 등)을 통하지 않고 법적으로 '정당한' 방법으로 교묘하고 광범위하게 이루어진다. 생물들의 착취 경쟁에서 핵심은 유리한 위치를 선점하는 것인데, 이는 인간의 경제에서도 마찬가지다. 생산이 이루어질 수 있는 땅을 먼저 차지하고 거기서 발생하는 가치를 지대地代, rent의 형태로 가져가는 행위가 바로 착취에 해당한다. 유니버시티칼리지 런던의 경제학 교수 마리아나 마추카토Mariana Mazzucato는 자신의 저서 『가치의 모든 것The Value of Everything』에서 이 문제를 심도 있게 다룬다.[142]

마추카토 교수에 따르면, 앞서 소개한 고전학파 경제학자들은 지대가 가치의 창조가 아닌 재분배에서 나온다는 것을 밝힘으로써 지대 이론을 개발하고 정교화했다. 애덤 스미스는 『국부론』에서 지대란 지주가 아무런 노력도 없이 얻는 소득이며 이에 대한 과세는 경제에 아무런 해도 끼치지 않는다고 말했다. 지주는 토지를 창조하는 것이 아니라 자본가나 노동자가 가치를 생산하기 위해 토지를 이용하려고 할 때 사적 소유라는 권리를 통해 수익을 얻을 뿐이다. 『진보와 빈곤Progress and Poverty』으로 일약 세계적인 경제학자의 반열에 오르며 '조지스트 Georgist'라는 경제학파의 사상을 만든 헨리 조지Henry George는 "토지에서 발생하는 이익은 불로소득이고, 따라서 사유화해서는 안 되며 모두가 공유해야 한다"라고 주장했다.[182] 열렬한 조지스트였던 톨스토이가 직접 러시아어로 번역하기도 한 『사회문제의 경제학Social Problems』에서도 "우리의 근본적인 실수는 토지를 사유재산으로 취급한 데 있다"라며 "지대의 대부분을 징수할 수 있을 정도로 토지에 무겁게 과세함으로써 공동의 목적을 위해 사용하는 것은 모든 개혁 중에서도 가장 위대하고 근본적인 개혁"이라고 주장했다.[183]

지대 개념은 물리적인 땅에만 국한되지 않는다. 오늘날 지대는 주택이나 상가건물 임대료에도 적용된다. 쉽게 말해, 주택 월세는 거기에 사는 노동자의 월급을 착취하는 것이다. 자본가들 역시 지대를 추구할 수 있다. 마르크스에 따르면 자본가는 공장이나 기계와 같은 생산공간이나 수단을 선점한 후 노동자들을 고용해 일을 시키는데, 이때 노동자들의 생존과 생활에 필요한 부분, 즉 임금으로 지급되는 가치를 넘어서는 잉여가치를 창출하도록 강제한다. 심지어 자본을 선점한 채 대출만 해주고 가만히 앉아 이자를 받는 것에서 시작해서, 온갖 금융 기법을 도입한 새로운 형태의 착취 방법들도 개발되고 있다. 결론적으로 지대란 생산공간(땅, 공장, 상가건물 등), 생산수단(기계, 자본 등), 생산자 거주공간(땅, 집)을 선점함으로써, 생산된 가치 가운데 일부 혹은 대부분을 불로소득의 형태로 착취해 가는 것이다. 가치의 생산에 기여하지 않고 이득만 취한다는 것은 결국 누군가는 손실을 입는다는 것인데, 드라마 〈오징어 게임〉에 적나라하게 묘사된 것처럼 누군가에게는 그 손실이 자신의 목숨 값을 넘어선다.

거대 기업들의 착취 행태

마추카토 교수는 오늘날에 혁신적인 이미지로 각광받는 IT 기반의 거대 기업들 역시 비생산적인 지대의 형태로 막대한 가치 착취를 자행하고 있다고 지적한다.[142] 우선, 현대 인터넷의 핵심 인터페이스인 월드와이드웹www의 기반이 되는 HTML 코드는 유럽입자물리연구소에서 개발된 것이고, 구글이 사용하는 검색엔진 알고리즘은 미국 국립과학재단의 자금으로 개발된 것이다. IT 기업들은 이런 기술들을 공짜로 사용하면서, 경제학자들이 '양면 시장'이라고 부르는 곳 한쪽에서는 개인 사용자들에게 서비스를 제공하며 다른 쪽에서는 기업 고객을 대상으로 광고 공간이나 사용자들의 행동 패턴에 대한 정보를 판매한다. 한쪽 시장이 커지며 검색엔진이나 소셜네트워크 사용자가 증가하면 광고 클릭 수나 소비자 행동 패턴의 정보량이 많아지므로 다른 쪽 시장에서의 수익성도 높아진다. 구글이나 페이스북이 사용자들에게서 돈을 받지 않는 것은 이런 면에서 매우 합리적인 전략이며, 이윤보다도 공유 경제나 디지털 사회주의 등 사회의 진보를 추구한다는 좋은 이미지도 구축할 수 있다. 하지만 구글이 사용자들에게 공짜 서비스를 제공한다는 생각은 착각이다. 오히려 광고 공간과 소비자 정보라는 판매 자원을 사용자들이 무상으로 구글에게 제공하고 있으므로, 이런 면에서 사용자는 고객이 아닌 상품과 다름없다.

구글이 가져가는 개인정보는 마침내 유전자를 비롯한 생물학적 정보로까지 확장되었다. 구글로부터 대대적인 투자를 받은 세계 최대의 유전자 검사 회사 23andMe('23'이라는 숫자는 23쌍의 염색체를 의미한다)의 창업자이자 CEO인 앤 워치츠키는 사실 구글의 창업자인 세르게이 브린의 아내였다. 개인 고객들은 23andMe에 유전자 검사 비용으로 99~199달러를 지불하며 이와 동시에 건강과 관련된 각종 정보를 제공하는데, 이때 연구 목적이라는 명목으로 정보 제공에 대한 동의를 요구받는다. 어떤 유전자 변이가 어떤 질병의 위험을 높이는지에 대한 정보는 당연히 수많은 연구 기관의 과학자들이 세금과 같은 공적 자금을 기반으로 수행하고 공개한 연구에서 나온다. 여기에는 이 책에서 계속 언급되는 전장유전체 연관분석과 같은 유전학 방법들이 이용되는데, 이 역시 과학자들이 개발해 공개한 것이다. 또한 5장에서 자세히 다루겠지만 유전자 변이와 질병의 연관성은 자연현상이기 때문에, 그것을 발견한 과학자들이 발명자들처럼 특허와 같은 형태로 권리를 주장할 수 없다. 따라서 23andMe는 이에 대한 어떠한 비용도 치르지 않고 이러한 공공의 정보를 가져다 서비스를 제공하고 있는 것이다. 이는 IT 기업들이 공공의 영역에서 개발된 핵심적인 인터넷 기술들을 자신들의 플랫폼으로 공짜로 가져다 쓰는 것과 똑같은 모양새다.

게다가 구글이 주된 수익을 얻는 양면 시장 전략을 23andMe도 차용하기 시작했다. 한쪽 시장의 고객들은 바로 화이자, 제넨텍, 글락소스미스클라인 등 거대 제약사들이며, 이들에게 판매하는 제품은 그동안 수집된 개인 고객들의 유전자와 건강 정보에 대한 독점적인 접근권이다. 예를 들어, 23andMe는 지난 2015년에는 제넨텍과 6,000만 달러에, 2018년에는 글라소스미스클라인과 3억 달러에 데이터베이스 사용에 대한 계약을 맺었다. 이렇게 엄청난 가격에 팔릴 수 있는 것은 데이터베이스의 규모 때문인데, 23andMe가 초창기 199달러였던 유전자 검사 비용을 99달러까지 낮춘 것도 바로 구글이 사용자들을 공짜로 확보한 것과 똑같은 전략이다.

그런데 이들이 챙기는 막대한 이득에 비하면 실제로 생산해 낸 유의미한 가치는 없다고 말해도 과언이 아니다. IT 기업들에 지불하는 판매 기업들의 광고비는 물건을 잘 팔기 위한 마케팅일 뿐 어떠한 새로운 가치도 만들어 내지 않을뿐더러, 소비자가격 상승이나 노동력 착취의 형태로 그 기업의 물건을 구매하는 소비자들이나 그 기업의 직원들에게 부담된다. 이렇게 착취된 가치가 고스란히 구글의 수익으로 넘어가는 것이다. 한편, 23andMe의 고객들은 이미 공공의 영역에 존재하는 유전자와 질병의 관계에 대한 정보를 얻기 위해 99~199달러와 함께 자신들의 생물학적 정보를 23andMe에 '기증'해 준다. 이 정보는 데이터베이스의 형태로 집적되어 제약 회사들에 넘겨지고, 이때 제약 회사가 지불하는 어마어마한 비용은 다시 약값으로 소비자들에게 부담되거나 신약 개발을 위해 근무하는 과학자들을 비롯한 노동자들의 착취를 통해 해결된다. 특히 독점 생산되는 약물의 경우에는 손쉽게 소비자에게 부담이 전가되고, 이러한 착취 과정으로 획득한 수익을 23andMe의 자본가들이 즐기는 동안 누군가는 그 약값이 부족해 죽어가게 된다.

물론 구글이 서버를 구축하거나 관리하고, 23andMe가 유전자 검사를 하는 등의 생산 행위를 한 것은 사실이지만, 저 막대한 이익의 대부분은 그 행위보다는 정보 자체의 가치에서 오는 것이며, 그것마저도 정보를 제공한 고객이나 생산 행위를 수행한 직원들이 아니라 자본가들에게 돌아간다. 소위 '혁신 기업'이라 불리는 오늘날의 이 자본주의 공룡들은, 검색 공간이나 소셜네트워크와 같은 IT 플랫폼이라는 '땅', 유전자 검사 서비스라는 '땅'을 선점하고, 거기에 쌓인 데이터의 규모로 인한 독점적 지위를 이용해 사용자 정보라는 형태의 지대를 착취해내고 있는 것이다.

값비싼 신호와 능력주의적 착취

그런데 신고전학파에서는 경제학적 주체들을 사회적 맥락과 관계없는 독립적인 개인으로만 규정하므로 주로 지주, 자본가, 노동자라는 계급 간에 이루어지는 착취의 과정이 정의되지 않는다. 그뿐만 아니라 한계효용 이론에 따르면 이렇게 시장에서 가격이 매겨지는 거래는 그만큼의 가치가 있음을 대변하는 것이다. 즉, 시장가격 자체가 가치를 판단하는 기준이다. 따라서 착취는 정당화된다. 하지만 조금만 생각해보면 시장이 정하는 가격으로 가치를 판가름한다는 것이 얼마나 어이없는 일인지 알 수 있다.

예를 들어, 유명 운동선수, 영화배우, 대중예술가 등이 (수많은 무명 선수나 배우에게 돌아갈 수 있는 기회를 독차지하면서) 얻는 연봉이나 수입은 상상을 초월한다. 인류에 지대한 공헌을 한 과학자들에게 주어지는 노벨상 상금이 공동 수상자 전체에게 10억 원 남짓이라는 점이나 위대한 사상가들의 책값이 얼마인지를 생각한다면, 이들이 관중에게 제공하는 쾌감의 가격은 엄청난 사치로 여겨진다. 그에 비하면 구급 대원, 식료품과 필수품의 생산과 유통에 종사하는 사람들, 대중교통 기사나 택배 기사, 탁아, 양로, 보육 시설 등의 종사자들이 맡고 있는 이 사회에 필수적인 일들은 거의 공짜로 제공되는 것이나 마찬가지다. 실제로 가사 노동은 인간의 생존과 사회의 재생산에 갖는 필수성에도 불구하고 아예 무보수로 이루어진다.

이렇게 어처구니없는 시장가격을 매기는 이들은 다름 아닌, 성공한 이들의 재능에 열광하는 군중이다. 그중에서도 특히 스포츠나 연예계에 대중의 관심이 집중되는 것에는 진화적인 이유가 있다. 환호의 대상이 되는 육체적 능력, 외모, 예술성은 앞서 예로 든 동물의 세계나 원시적인 인간 사회의 값비싼 신호를 연상시킨다. 새들의 지저귐과 화려한 색, 수사자의 갈기, 길고 화려한 수컷 공작의 꼬리, 사슴의 크고 아름다운 뿔, 화려한 맨드릴의 얼굴, 톰슨가젤의 대담한 행동, 수렵 채집인의 사냥 기술 같은 것들 말이다. 결국 동물들이나 원시인들처럼 오늘날의 현대인들도 비슷한 종류의 값비싼 신호에 열광하며 '스타'들에 대한 시장 수요를 만들고 있는 것이다.

과거에는 없었으나 현대사회에서 가장 보편적으로 작동하는 값비싼 신호 중 하나는 학력이다. 학력은 특히 경쟁이 치열한 사회에서 많은 현대인들이 얻고자 하는 대표적인 지위재 중 하나다. 그런데 1장에서 설명한 바와 같이 학업성취도는 유전자의 강력한 영향력하에 있어서, 사실 예술이나 스포츠 못지않게 타고난 재능을 필요로 하는 영역이다. 그래도 고등교육만큼은 사회에서 실질적인 가치의 생산에 기여하지 않을까? 꼭 그렇지도 않은 것 같다. 케임브리지대학교 경제학과의 장하준 교수는 『그들이 말하지 않는 23가지23 Things They Don't Tell You About Capitalism』에서 사람들이 흔히 생각하는 것과는 달리 높은 교육 수준이 한 국가의 경제적 번영으로 이어진다는 증거는 매우 빈약하다는 것을 보여준다.[184] 예를 들어, '스위스 패러독스Swiss paradox'는 세계에서 가장 부유하고 산업화된 스위스의 대학 진학률이 다른 잘사는 나라들의 3분의 1밖에 되지 않는 현상을 일컫는데, 이는 교육의 생산성 향상 효과가 얼마나 낮은지를 보여주는 대표적인 사례다. 장하준 교수는 이것이 고등교육의 주된 목표가 생산성과 관련된 지식과 기술의 전수보다는 고용 시장에서 피교육자들의 순위를 매기는 데 있기 때문이라고 지적한다. 고등교육을 받고 높은 연봉을 받는 인력들이 많다고 나라 전체의 생산성이 높지는 않다는 것은 이런 고급 인력들이 그만큼 가치의 생산보다는 착취에 몰두하고 있다는 방증이다.

　물론 이들의 땀과 노력에 대한 대가를 인정해 주어야 한다는 시각도 있을 것이다. 실제로 성공에 영향을 주는 것은 재능만이 아니다. '집념', '끈기', '열정' 등으로 번역되는 그릿grit, 지적 호기심, 성취욕, 성장하고자 하는 동기 혹은 좋은 성적을 얻고자 하는 욕심과 같은 비인지적noncognitive 자질도 중요하다.[185] 그러면 이것들은 유전자의 통제를 받지 않는 순수한 후천적 노력의 산물일까? 학업성취도에 대한 유전학 연구를 다수 수행한 캐스린 하든 교수는 인지능력에서는 비슷한 점수를 보이지만 학업성취도에서 차이가 나는 이들을 대상으로 이 문제를 다루었다.《네이처 유전학》에 발표한 이 연구에 따르면, 학업성취도에 영향을 주는 유전학적 변이의 57퍼센트가 비인지적 자질들에 의해 설명된다.[186] 즉, 노력할 수 있는 자세마저도 유전자의 영역 안에 있는 능력이라는 것이다.

재능이든, 노력하는 태도든, 단지 훌륭한 유전자를 타고난 것에 대해 사회가 과도한 가치를 부여하는 것은 분명 부당해 보인다. 하지만 그런 자질들을 만들어 내는 유전자가 자신의 몸 안에 있고 자신의 소유라고 주장한다면, 사회가 거기에 어떤 가치를 부여하든 그 가치를 얻어 가는 것 자체를 비난하기는 어렵다. 그렇다면 개인은 정말 자신의 유전자를 소유한다고 볼 수 있을까? 물리적인 세포와 DNA의 관점에서 보면, 부모로부터 물려받은 최초의 세포, 즉 수정란과 그 DNA는 분열을 거듭하며 이미 사라지고 없다. 우리 몸의 세포는 우리가 획득한 자원과 에너지를 투입해 전부 새로이 만들어 낸 것이다. 하지만 물리적 DNA가 아닌 유전정보로서의 유전자는 우리 몸을 이루는 모든 세포 안에 고스란히 간직되어 있다. 우리는 아버지로부터 50퍼센트, 어머니로부터 50퍼센트의 유전자를 물려받았다. 상속이나 증여의 개념을 도입하려고 하면 문제가 발생하는데, 유전자는 누구도 스스로 만들어 낸 적이 없으므로 누구에게도 귀속되지 않기 때문이다. 우리의 부모 역시 스스로 유전자를 만들어 낸 것이 아니라 그들의 부모로부터 물려받았다. 즉, 우리가 지닌 유전자는 조부모로부터 각각 25퍼센트씩을 물려받은 것이며, 이렇게 거슬러 올라가면 결국 모든 생명체의 공통 조상에까지 도달한다. 그 과정에서 새로 생겨난 정보, 즉 변이는 모두 오류로 인해 자생적으로 생겨난 것이다. 이는 에너지와 자원을 투입해 체세포를 '생산'하는 과정과 다르며, 라마르크가 주장한 '획득'형질의 유전과도 다르다. 어떠한 생명체도 유전자를 '생산'하거나 '획득'한 적이 없다. 오히려 모든 생명체가 유전자가 스스로의 번식을 위해 만들어 낸 피조물이다. 우리가 유전자를 소유하는 것이 아니라 유전자가 우리를 지배하는 것이다.

만약 라마르크가 제창한 획득형질의 유전이 사실이었다면, 유전학적 상속을 정의하는 것이 가능했을 것이다. 라마르크의 이론은, 높이 달린 나뭇잎을 따 먹으려는 기린의 목이 점점 길어지고 그렇게 획득된 형질, 즉 길어진 목이 자손에게 전달된다는 개념으로 우리에게도 잘 알려져 있다. 그러나 이것은 잘못된 이론이었다. 다윈의 진화론은 목이 긴 기린과 짧은 기린이 유전자 변이에 의해 무작위적으로 생겨나며, 그중 목이 긴 형질이 생존에 유리했기에 더 많아진 것이라고 설명한다. 최근 연구되고 있는 후성유전학이라는 개념이 획득형질을 설명할 수 있는 분자생물학 기작인데, 이는 유전정보라는 하드웨어에 대한 소프트웨어와 같아서 정보 자체를 변화시키지는 못하고, 따라서 유전되지 않는다. 후성유전학이 다음 세대에 전해지는 경우가 보고되고는 있지만 아주 드문 경우이며, 그조차 한두 세대일 뿐이어서 진화 과정에 영향을 주지는 못한다.

경제학적으로도, 정당한 소유란 오직 자기 자신의 노동으로 생산해 낸 가치에 대해서만 주장할 수 있는 권리다. 왜곡된 의미의 모든 소유에 대해 『소유란 무엇인가What Is Property?』에서 피에르 조제프 프루동 Pierre Joseph Proudhon은 소유란 한마디로 '도둑질'이라고 답한다.[187] '지대'라고 불리는 다양한 형태의 불로소득이 정당화되는 것은 토지, 자본, 노동자 자체가 생산적이라는 경제학의 명제 때문인데, 엄밀하게 보면 토지도, 자본도, 심지어 노동자도 그 자체로는 그 무엇도 생산할 수 없다. 여기서 특히 중요한 것은 생산을 행하는 노동자 자체도 누군가의 소유일 수 없다는 것인데, 이는 생물학적으로 유전자와 그것이 만들어 낸 생산능력이 누구의 것이라고도 할 수 없다는 논리와 일치한다. 현대사회에서 사용되는 소위 '몸값'이라는 표현도 생산능력에 가치를 매기고 이를 소유할 수 있다는 것을 전제하는데, 이는 자본가가 노동자를 착취하는 근거가 되고 있다. 피고용인으로서 고소득을 창출하는 현대사회의 능력자들은 '노동자'라는 말 대신 '인적 자본'으로 포장되어 자본가의 착취를 당하거나, 심지어 자기 자신을 착취하는 길로 들어서게 된다. 자기 착취는 우리가 흔히 일상에서 말하는 착취, 즉 과도한 부려먹기로 스스로를 혹사하는 경우에서 볼 수 있다. 한편 프루동은 특출난 재능의 소유자라고 해도 평범한 사람이 같은 노동 시간을 투입해 벌어들이는 몫과 동일해야 한다고 주장한다. 자본가가 노동자를 소유하고 마르크스적 잉여가치를 가져가는 것을 '착취'라고 한다면, 노동자 자신이 자기의 재능을 소유하고 비교우위적 잉여가치를 가져가는 것 역시 착취라고 볼 수 있다. 이렇게 재능에 기반한 착취는 '능력주의meritocracy'라는 표현에서처럼 특권으로 가장된다.

그런데 특권의 다른 얼굴이 바로 차별이다. 이 둘은 불가분의 관계에 있다. 오늘날 우리의 유전정보는 개인의 소유, 즉 개인정보로 간주되어 하나의 권리처럼 법적으로 보호되고 있다. 이는 보험 가입 등 의료 혜택 면에서 당할 수 있는 차별을 방지하기 위함이다. 그러나 실상은 그 반대다. 특권의 다른 얼굴이 바로 차별이며, 이 둘은 동전의 양면이다. 유전자의 소유를 인정하는 우리 사회에서 차별 역시 얼마나 광범위하게 일어나고 있는지 우리는 알고 있다. 영화 〈가타카Gattaca〉의 주인공은 열성유전자로 인해 차별을 받고 살다가 DNA 중개인을 통해 우성유전자를 '구입'한다. 이와 같이 유전자가 사고팔 수 있는 소유의 대상으로 간주된다면 차별과 특권 모두 피할 수 없다. 열성유전자에 의한 차별을 원치 않는다면 우성유전자에 대한 특권도 포기해야 한다. 이 모든 논리가, 성공한 이들이 실제로 흘린 땀을 부정하는 것은 아니다. 하지만 우리 사회가 경제학적으로 보상해야 할 것은 위치를 차지하고자 달려간 노력이 아니라, 그 위치에서 노동을 통해 실질적으로 사회에 기여한 가치가 되어야 할 것이다.

나 홀로 사회, 제2의 도금 시대

이 시점에서 깊은 논의가 필요한 한 가지 중요한 문제는 유리한 위치에서 행사하는 착취라는 과정이 인간의 인식에 잘 포착되지 않는다는 점이다. 눈앞에서 벌어지는 당장의 이익이나 손실은 쉽게 눈에 띄지만, 그것이 집단 내 다른 누군가의 손실이나 이익과 결부되어 있다는 것은 잘 인지되지 않는다. 어째서 착취를 행하는 자나 심지어 당하는 자들마저 이 과정을 이토록 인식하지 못하는 것일까? 이 장의 서두에서 지적했듯이, 모든 생물학적 개체는 생산자가 아니라 자신의 생존과 번식을 위해 자원을 소비하는 소비자들이다. 생물학적으로 우리 모두는 무엇을 만들어 내고 가치를 생산해 낸다는 경제학적 관념 없이, 자연에 존재하는 자원을 두고 서로 빼앗기 경쟁만을 하면서 진화해 왔다. 따라서 다른 모든 생물과 마찬가지로, 인간 역시 집단 전체의 가치의 양과 거기서 자신이 취해가는 양의 균형을 맞추는 도덕적 판단 기제와, 그에 상응해 집단의 이익을 위해 희생하는 자기 조절 행동을 진화시키지 못한 것이다.

영국의 동물학자 윈에드워즈V. C. Wynne-Edwards는 집단 전체를 위해 스스로의 번식률을 감소시키는 등의 자기 조절 행동은 실제로 가능하며, 이것이 집단 수준에서 작용하는 자연선택의 결과물로 발생할 수 있다고 주장했다.[188] 한마디로 이타적인 개체들이 많은 집단이 생존에 더 유리하다는 논리다. 이는 당시 유행하던 집단선택설theory of group selection을 대변하는데, 여기서 가장 흥미롭게 사용된 예시는 '레밍lemming'이라고도 불리는 나그네쥐들의 '집단 자살' 현상이었다. 엄청난 번식력을 가진 이 쥐들은 몇 년에 한 번씩 수천 마리의 규모로 바닷가 절벽에서 떨어져 죽음을 맞이하는데, 집단선택론을 지지하던 학자들은 개체군의 밀도가 너무 높아지거나 먹이가 부족해지면 늙은 쥐들이 후손들을 위해 스스로 떨어지는 것이라고 추론했다.

그러나 연구 결과, 떼 죽음의 이유는 다름 아닌 쥐들이 먹이를 찾아 우르르 몰려 빠른 속도로 달리다가 벼랑 끝에서 멈추지 못하고 뒤따라오는 다른 쥐들에게 밀려 떨어지기 때문인 것으로 밝혀졌다.[189] 미국의 만화가 게리 라슨이 풍자한 그림을 보면, 함께 죽으러 가는 쥐들 사이에 구명 튜브를 하고 있는 쥐가 한 마리 있다. 결국 몇 세대만 지나면 이 나그네쥐 집단은 구명 튜브 모습을 한 이기적 유전자가 지배하고 있을 것이고, 집단 자살이라는 현상도 진화의 역사 속으로 금세 사라질 것이다. 생물학적으로 조금 더 엄밀하게 말하자면, 전체 자원의 양과 집단 내 개체의 수를 인지해 자기 조절을 하는 유전자라는 것은 아예 없었거나 나타났어도 한두 세대 만에 소멸했을 것이므로, 애초에 생명의 역사에서 집단 자살과 같은 희생적인 현상 따위는 있지도 않았을 것이다.

집단선택론의 모순은 이렇게 만화 한 컷으로도 직관적으로 이해할 수 있지만, 벌이나 개미와 같은 '사회적' 동물들이 예외적으로 보이는 이타적인 행동마저 유전학적 수준에서 설명할 수 있었던 것은 1장에서 소개한 윌리엄 해밀턴의 포괄적 적합도 및 혈연선택에 관한 논문 덕분이었다.[3,4] 예를 들어, 일개미는 자식을 낳지 않으며 여왕개미와 다른 일개미들을 돌보고 먹을 것을 나누며 심지어 목숨을 바치기까지 한다. 하지만 이것은 개미의 성 결정 시스템으로 너무나 잘 설명되는데, 한 여왕개미가 낳는 모든 암컷 자매들은 서로 유전자를 공유하는 정도가 무려 75퍼센트에 달하기 때문이다. 인간의 경우 부모와 자식 간의 근친도가 50퍼센트인데, 75퍼센트의 근친도라고 하면 부모가 자식을 돌보는 것보다 더 지극 정성으로 돌볼 것이다. 즉, 개미는 스스로 자식을 낳아 50퍼센트의 유전자를 공유하는 후대를 기르는 것보다 어머니인 여왕개미를 도와 75퍼센트의 근친도를 가진 자매를 계속 낳도록 돕는 것이 훨씬 이득인 셈이다. 윌리엄 해밀턴의 논문들과 존 메이너드 스미스가 《네이처》에 게재한 논문,[5] 그리고 조지 윌리엄스의 저서 『적응과 자연선택』과 리처드 도킨스의 『이기적 유전자』 등으로 집단선택설은 완전히 퇴출되었다.[6-8] 불행히도 집단선택이란 일어날 수 없으며, 이타적으로 보이는 행위조차 실은 혈연 이기주의일 뿐이다. 벌과 개미를 '사회성 동물'이라고 부를 때 그 사회란 사실 친족 공동체 혹은 가족에 불과하다.

앞서 착취의 대표적인 예로 햇빛이라는 자원을 차지하기 위해 경쟁적으로 높이 자라는 나무들을 언급한 바 있다. 그런데 최근 연구 결과들에 의하면, 식물들은 자신과 유전적으로 가까운 친족을 대상으로는 이러한 착취적인 행동을 절제한다. 캐나다 맥마스터대학교 수전 더들리Susan Dudley 교수의 선구적인 연구 이후로 많은 학자들이 이 놀라운 현상을 반복적으로 관찰함으로써, 한때 이단시되었던 이 이론이 이제는 거의 정설로 받아들여지고 있다.[190·191] 예를 들어, 주변에 유전적으로 관련 없는 개체들이 있을 때 물과 토양분을 차지하기 위해 경쟁적으로 뿌리를 뻗던 식물들이, 주변에 친족이 있을 때는 이러한 행동을 억제한다는 것이 관찰되었다.[192] 햇빛을 차지하기 위한 경쟁도 마찬가지다. 주변에 친족이 있으면 식물들은 잎이나 줄기의 성장 방향을 조정함으로써 서로를 가리지 않으려고 하는데, 피토크롬phytochrome이나 크립토크롬cryptochrome과 같은 광감지 수용체들이 공기 중의 신호를 통해 친족을 인지하게끔 하는 것으로 생각된다.[191·193·194] 또한, 꽃을 더 크게 많이 피우면 나비와 같은 꽃가루 매개자들을 전체적으로 더 많이 끌어들여 주위의 개체들과 함께 이득을 얻을 수 있는데, 《네이처 커뮤니케이션스》에 보고된 바에 의하면 이런 현상은 주변 식물들과 근친도가 높을 경우에만 나타난다.[195]

이와 같이 자연 세계의 생물학적 개체들은 자원에 대한 자기 조절 능력을 지닐 수 있음에도 오직 동일한 유전자를 지닌 친족을 향해서만 그 능력을 발휘하며, 자신이 속한 집단을 위해서는 결코 희생하지 않는다. 그 집단 안에는 친족보다 훨씬 많은 수의 비혈연 개체들이 존재하기 때문이다. 바로 이것이 집단선택의 부재와 가치 착취의 편재를 설명해 준다. 하지만 문명화된 인간 사회에서만큼은 혈연관계를 넘어 유전적으로 관계 없는 사람들 간에 맺어지는, 연대에 기반한 네트워크로서의 집단이 존재할 수도 있다. 로버트 퍼트넘Robert Putnam 하버드대학교 교수는 1995년에 「나 홀로 볼링Bowling Alone」이라는 논문과 2000년에 같은 제목의 저서를 통해 '사회적 자본social capital'의 개념을 널리 알렸다.[196,197] 2020년에 발표한 또 다른 저서 『업스윙The Upswing』은 미국이 개인주의적인 '나' 사회에서 공동체주의적인 '우리' 사회로 전향했다가 다시 '나' 사회로 되돌아간 19세기 후반부터 21세기 초반까지의 과정을 경제, 정치, 사회, 문화의 측면에서 각종 통계와 빅데이터 분석을 통해 되짚는다.[198]

이 책에서 이야기하는 처음의 '나' 사회는 바로 앞서 언급한 1800년대 말의 도금 시대다. 심각한 불평등과 양극화가 팽배했던 이 각자도생의 시대에 영향을 미친 중요한 사상으로서, 퍼트넘 교수는 바로 다윈의 진화론을 꼽는다. 보다 정확히는, 다윈의 진화론을 사회학 이론 안으로 받아들이면서 '적자생존'이라는 용어를 만들어 낸 허버트 스펜서의 사회진화론이다.[199] 그의 이론은 당시 영국의 사회적 상황이나 제국주의라는 시대적 조건과 맞물려 광범위한 영향력을 발휘했으며, 앨프리드 마셜은 스펜서를 일컬어 "다윈을 제외하고는 유럽 대륙에서 가장 많이 읽히고 가장 많은 영향력을 행사한 사상가"로 평가했다. 비록 다윈은 사회진화론에 대해 내심 비판적이었지만 대외적으로 이 점을 분명하게 부각시키지는 않았다. 아마도 이는 다윈의 진화론에 대한 세간의 인기에 기여했을 것이다.

그러나 계속되는 불황과 마침내 1929년에 시작된 경제 대공황에 대해 신고전학파의 경제 패러다임은 아무런 설명도, 대책도 내놓지 못했다. 이때 프랭클린 루스벨트 대통령의 뉴딜 정책과 존 메이너드 케인스의 『고용, 이자 및 화폐의 일반 이론The General Theory of Employment,

Interest and Money』이 세상에 나오면서 신고전학파의 전통을 탈피한 경제 회복이 이루어지기 시작했고,[200] 그와 함께 개인주의적으로 분열되었던 미국은 경제적 평등, 정치적 협력, 사회적 연대와 공동체주의가 꽃피는 '우리' 사회를 향해 진보했다. 그러나 그것도 잠시, 1970년대에 시작된 스태그플레이션을 계기로 프리드리히 하이에크Friedrich Hayek와 밀턴 프리드먼Milton Friedman으로 대표되는 신자유주의 경제가 등장하면서, 미국은 다시 '나' 사회로 회귀하며 결국 지금의 '제2의 도금 시대'로까지 이어지게 되었다.

'과학적' 경제학과 정치경제학

그렇다. 불행히도 생물학적 인간은 집단선택의 실패로 경제학적 착취라는 개념을 발달시키지 못한 채, 자신도 모르게 남의 생명줄이 달려 있는 돈을 가로채며 성선택 메커니즘이 새겨놓은 값비싼 신호의 욕망을 표출하는 진화의 산물들이다. 실질적인 가치의 생산보다는 주주 이윤의 극대화에만 열을 올리는 전 세계의 수많은 기업들, 생산적이고 의미 있는 투자가 아니라 내부 정보나 권력이나 연줄 등을 이용해 다른 이들의 손해를 발판 삼아 시세차익만을 추구하는 사람들, 고객들의 돈을 모아 각종 금융 전략으로 돈을 불리거나 기업들을 사고팔아 버는 돈이 GDP를 올리고 사회에 공헌하는 것으로 착각하는 금융 인력들, 잘나가는 운동선수나 연예인들에게 열광하며 그들이 누리는 고수익이 마땅하다고 막연히 받아들이는 대중에게서, 우리는 번식에만 몰두하는 유전자들의 모습을 엿볼 수 있다.

2018년 10월 인도네시아에서 189명, 2019년 3월 에티오피아에서

157명의 생명을 앗아 간 보잉 737 MAX의 추락 사고를 다룬 다큐멘터리 〈다운폴: 더 보잉 케이스Downfall: The Case Against Boeing〉를 보면, 가치 생산자인 엔지니어들이 쌓아 올린 한 회사의 명성이 어떻게 주가를 통한 가치 착취에만 목매는 경영진들에 의해 망가지는지가 잘 나타나 있다. 맥도널 더글러스와 합병하기 이전까지의 보잉은 엔지니어가 존중받는 회사였다. 말단 기술자라고 하더라도 상부에 얼마든지 문제점을 건의할 수 있었고, 경영진 또한 엔지니어와의 의사소통을 통해 안전을 최우선으로 하는 결정을 내리는, 그야말로 말단 엔지니어부터 이사진까지 함께 일하는 가족과 같은 기업이었다. 그러한 기조와 분위기 덕분에, 항공 역사에 큰 획을 그은 보잉 747이나 보잉 777과 같은 명품 항공기들은 단 한 건의 중대한 설계 결함 없이 하늘을 누빌 수 있었다. 그러나 1996년 맥도널더글러스의 합병 이후 맥도널더글러스 출신의 임원들이 보잉을 좀먹기 시작했다. 오로지 월 스트리트에서 만들어 내는 주주 이윤만이 최상의 가치가 되었고, 심지어 시애틀에 있는 엔지니어들의 방해 없이 운영하기 위해 본사를 시카고로 이전하기까지 했다. 이후 보잉은 끊임없이 추락했고, 특히 보잉의 전성기 시절을 닮은 후발 주자 에어버스의 추격으로 한층 다급한 처지에 놓이게 되었다. 이런 상황에서 조잡하게 출시한 것이 바로 보잉 737 MAX였던 것이다. 이 사건에 대한 대규모 조사를 이끌었던 피터 드파지오 미 하원의원은 "(이번 사건과 같이) 월 스트리트의 압박이 훌륭했던 기업들의 결정에 최악의 영향을 미치며, 대중의 안전을 위협하고, 수많은 생산 노동자들의 땀과 노력을 물거품으로 만드는 것을 목격해 왔다"라고 말했다.

지금까지 살펴본 바와 같이, 생물학적 개체들이 만들어 내는 경제학의 세계는 신고전학파의 이론과는 상반되거나(한계효용의 비체감), 아예 설명되지 않는다(가치 착취 현상). 그럼에도 신고전학파 경제학이 1870년대 이후로 고전경제학을 누르고 지배적인 패러다임으로 군림하며 오늘날 주류 경제학의 기초가 된 것은 사실 그것이 수학을 도입하며 자연과학의 엄밀함을 흉내냄으로써 얻은 권위에 기인한다.[201] 이를 통해 여타 사회과학과의 차별화를 꾀하고 자기들만의 장과 게임의 규칙을 만들어 낸 것이다.[202] 앨프리드 마셜은 '경제학'을 더 이상 정치경제학이 아니라 정치, 사회, 문화 등과 분리해 경제 현상을 순수히 수학적으로 분석하는 경제학으로 이해할 것을 주장했다.

지금 자본주의 세상에서 일어나는 일들을 보면, 경제 현상이 자연과학의 원리에 따라 일어난다는 것은 틀림없는 듯하다. 문제는 생물학적 경제 주체들이 따르는 자연의 원리가 앨프리드 마셜의 수학이 아니라 윌리엄 해밀턴의 수학이라는 점이다. 마셜의 수학은 시장경제가 자연스럽게 우리를 균형으로 이끈다고 주장했으나, 해밀턴의 수학을 따르는 경제는 우리를 극단적인 불균형으로 이끈다. 배불러 터지는 극소수와 불만족스러운 대다수로 양분화된 지금의 세상이 도래한 것은, 자유시장 신봉자들이 주장하듯이 경제가 온갖 제도로 인해 자연적으로 돌아가지 못해서가 아니라 너무나도 자연적으로 잘 돌아가서다. 침팬지들이 폭력적인 것은 인간 문명의 간섭 때문이 아니라 그들 스스로 자연적으로 그렇게 진화했기 때문이다. 루소는 틀렸고 홉스가 옳았다.

전작 『나쁜 사마리아인들Bad Samaritans』에서 개발도상국에 초점을 맞추며 신자유주의가 왜 실패할 수밖에 없는지를 조목조목 지적했던 장하준 교수는,[203] 『그들이 말하지 않는 23가지』에서 첫 번째 사실로 자유시장이라는 것은 사실 존재하지 않는다는 것을 고발한다.[184] 우리가 당연하게 여겨 규제라고 생각하지 않을 뿐이지, 모든 시장에는 자유를 제한하는 모종의 규칙과 한계가 존재할 수밖에 없다. 한 가지 예로, 불과 몇십 년 전만 해도 많은 사람들이 자유를 침해한다는 이유로 자동차나 공장의 매연에 대한 규제에 반대했으나, 오늘날 대부분의 사람들은 이런 환경 규제를 당연시한다. 또한 시장의 경계 역시 불분명하다는 점을 지적한다. 인간 자체, 공직, 판결, 투표권 등등 오늘날 시장 바깥에 존재하는 많은 것들이 시장 자체의 작용에 의해서가 아니라 정치적 결정에 의해 시장에서 제외되었다는 것이다. 따라서 "시장의 경계가 모호하며 객관적으로 결정할 방법이 없다는 사실을 인식하면, 경제학이 물리학이나 화학 같은 과학이 아니라 정치적 행위라는 사실을 깨달을 수 있다"라는 것이 그의 주장이다. 그렇다면 우리 앞에 놓인 자본주의의 위기를 극복하기 위해서는 먼저 경제학을 자연과학에서 정치의 영역으로 되돌려 '정치경제학'이라는 이름을 되찾는 것에서 시작해야 하지 않을까. 물론 '올바른' 정치로 말이다.

3장 경제: 자본주의 세상의 번식 경쟁

오늘날의 주류 경제학은 독립적인 경제 주체들이 각자의 합리적인 욕구에 따라 자유롭게 활동하는 시장이 자연적으로 균형 상태에 도달하리라고 주장한다. 그러나 이것은 진화적 본능에 따라 움직이는 생물학적 인간들의 경제 행동을 반영하지 않은 잘못된 가정에 기반해 있다. 무한한 번식 욕구와 경쟁심에 따라 움직이는 생물학적 소비자들의 한계효용은 결코 감소하지 않는다. 번식 경쟁에서 승리하기 위해 값비싼 신호를 과시하는 동물적 본능은, 과시적 소비의 형태로 현대인들의 경제활동에 고스란히 드러난다. 번식을 위해 필요한 자원 획득 경쟁도 마찬가지다. 생태학에서 정의되는 간섭 경쟁과 착취 경쟁은 인간 경제에서 독점과 착취로 나타난다. 특히 부동산, 주식, 대중 예술과 스포츠, 그리고 이른바 '혁신' 기업들의 시장에서 지대라는 형태로 교묘하고 광범위하게 이루어지는 가치 착취 행위는, 그저 운 좋게 유리한 위치를 선점함으로써 다른 개체들이 자원을 이용할 기회를 빼앗는 생태계 경쟁의 모습을 그대로 되풀이한다. 집단이 아니라 개체 수준에서 이루어지는 자연선택이라는 진화 원리는 착취 행동에 문제의식을 갖지 못하는 '나 홀로 사회'를 초래했는데, 주류 경제학에서는 이런 착취 개념을 정의조차 하지 못한다. 그 결과 지금 우리는 불균형으로 붕괴되어 가는 자본주의 세계를 목도하고 있다.

4장
|

정치
자연스러운 보수,
부자연스러운 진보

보수와 진보의 모호한 정의

정치적 신념 혹은 성향은 분열에 가까운 심각한 사회 갈등을 일으키고 있다. 2023년 자연과학 학술지인《네이처》에서조차 이러한 정치적 분열이 점점 더 첨예해지고 있다는 점을 지적하면서, 소셜 플랫폼이나 알고리즘 등으로 이를 해소할 수 있는 기술적 접근을 논의하기에 이르렀다.[204] 그런데 실상 자세히 들여다보면, 진보와 보수의 이데올로기를 정확히 규정하기는 매우 어렵다. 사전적 의미로만 볼 때 보수는 전통적 가치를 옹호하며 현재의 체제, 제도, 관습을 보존함으로써 질서와 안정을 유지하고자 하는 경향이며, 진보는 변화를 지향하며 현재의 체제, 제도, 관습을 개혁하고 혁신함으로써 발전을 추구하는 가치관이다. 그러나 잘 생각해 보면, 끊임없이 변하는 세상에서 어디까지가 전통이라고 딱 잘라 말할 수 없으며 보수가 변화를 거부한다고 볼 수도 없다.

앞 장에서 살펴보았던 경제 영역의 경우, 보수가 지지하는 자유시장과 민영화, 기업-자본 친화적 제도는 전통적인 가치와는 거리가 멀다. 오히려 현재 진보 경제의 이념이 노동가치설을 내세우고 지주에 비판적이었던 고전학파와 유사하며, 이러한 고전학파의 전통을 깨고 나타난 신고전학파의 철학이 현재의 보수적인 경제사상과 가깝다. 또한 일반적으로 현재의 보수 경제를 대변하는 신자유주의라는 사조 역시 20세기 후반 미국의 레이건과 영국의 대처 정부 시절 케인스 경제학을 비판하며 새로이 등장한 흐름이다. 2022년 미국 사회를 뒤흔든 미국 연방대법원의 낙태에 관한 판결은 낙태의 권리를 인정했던 1973년의 '로 대 웨이드Roe v. Wade' 판결을 50여 년 만에 뒤집은 것이다. 이 번복 판결로 인해 미국에서는 이제 개별 주의 결정에 따라 낙태를 금지할 수 있게 되었다. 과거에 내려진 대법원 판례를 이와 같이 전면적으로 뒤집는 것은 극히 드문 일로서, 전통적 가치를 옹호하며 질서와 안정을 유지하려는 보수가 아니라 급진적인 개혁을 원하는 진보의 행동처럼 보인다. 하지만 이 판결은 보수 성향의 대법관들이 내린 것이며, 이는 보수주의가 취하는 낙태 반대 입장과 정확히 일치한다. 이 두 사례만 보더라도 보수와 진보가 변화를 거부하거나 추구하는 것으로 정의되는 것이 아니라 내부적으로 선재하는 어떤 입장이 있다는 것을 알 수 있다.

실제로 경제, 교육, 국방, 낙태, 동성혼, 이민정책, 총기, 과학기술과 종교에 이르기까지 다양한 사안들에 대해 보수와 진보는 각기 일관된 입장을 보인다. 물론 개인에 따라 특정 사안에 대한 입장이 다른 경우도 있지만, 다양한 주제에 걸쳐 나타나는 이러한 일관성은 놀라울 정도다. 서로 아무 관련 없어 보이는 여러 주제들에 대해 전체적으로 입장이 일관되게 둘로 나뉘며, 각 진영 안의 많은 사람들의 의견이 일치한다는 것은 두 이념 안에 내재된 궁극적인 가치가 있고 사람들이 무의식적으로 그 신념에 따라 사안별로 입장을 취한다는 것을 암시한다.

사안	보수	진보
경제 제도	자유시장, 친기업, 민영화	사회복지, 재분배, 제도적 개입
교육철학	엘리트주의, 교육선택권 보장	교육 평준화, 경쟁 해소
군사·국방	국가 안보, 군사력 강화	인권 보장, 평화주의
총기 소지	개인의 권리 보장	규제 필요
이민정책	자국 우선주의	개방적
동성 결혼	반대	찬성
낙태	허용 반대	낙태 권리의 보장
과학기술	불신, 거부, 음모론 선호	지지, 우호적
종교	종교적(기독교적)	무신론적

그렇다면 보수와 진보가 내재적으로 가지고 있는 신념 혹은 가치관은 대체 무엇일까? 일부 보수 정치인들이 외치는 '자유'는 보수 이념의 가치일까? 경제 영역에서는 그렇게 볼 수 있지만, 보수주의자들이 낙태의 자유나 성적 취향의 자유에 반대하는 것을 보면 그렇지도 않다. 미국에서 낙태 선택의 자유를 요구하는 것은 보수가 아니라 진보의 입장이다. 그리고 국가 안보와 강한 군사력을 중시하는 태도, 이민자들에 대한 배타성, 과학에 대한 불신, 종교적인 성향 등은 자유라는 가치를 옹호하는 것과는 무관하다. 사안별로 진보의 입장을 살펴보아도 정확한 답을 내리기가 어렵다. 과학기술에 우호적인 진보 진영의 사람들은 왜 총기를 규제하자고 주장하는 것이며, 사회복지와 교육 평준화를 외치고, 낙태나 동성 결혼을 지지하는 것인가? 현재 진보적인 것으로 지칭되는 사상적 조류에는 공산주의를 포함하는 여러 형태의 사회주의, 여성주의(페미니즘), 생태주의, 해방신학 등이 있는데, 이들 사이에서 어떤 공통의 신조를 찾기란 거의 불가능해 보인다.

더 큰 편도체, 더 민감한 교감신경

사회과학으로 규정하기 어렵다면, 늘 확실한 정의를 해야만 직성이 풀리는 자연과학의 관점을 도입해 보면 어떨까? 인간의 모든 인지 기능이 사실상 진화의 산물임을 고려할 때, 정치 성향의 차이 역시 생물학적 속성에 의해 설명될 수 있기 때문이다. 실제로 진보와 보수 간의 생물학적 특성의 차이를 측정한 최초의 주목할 만한 연구들이 2007년 《네이처 신경과학》과 2008년 《사이언스》에 발표되었다. 2007년 연구에서는 평상시와 다른, 즉 예상치 못한 자극이 들어왔을 때 진보와 보수로 분류된 사람들의 뇌가 일으키는 반응이 뇌전도 측정 결과에서 차이를 보인다는 것을 보여주었다.[205] 2008년 연구에서는 근전도 및 피부전도 검사를 사용해, 갑작스러운 소음이나 위협적인 시각 자극이 주어졌을 때 근육과 피부에서 측정되는 교감신경 반응이 18가지의 정치적 사안에 대한 입장과 어떤 연관성이 있는지를 조사했다.[206] 결과는 두 입장 간에 확연한 차이를 보였는데, 보수적 입장을 가진 이들에게서 교감신경의 활성이 더욱 강하게 나타났다. 2장에서 설명한 바와 같이 교감신경의 중추는 편도체라는 뇌 기관이며, 이 논문에서도 당연히 편도체의 역할이 중요할 것이라고 예상한다.

이에 따라, 정치적 성향에 따른 편도체의 크기나 활성을 측정한 연구들이 이어졌다. 먼저 2011년 연구에서는 자기공명영상MRI을 이용해 90명의 뇌 구조를 살펴본 결과, 진보적 성향이 강할수록 전측대상피질의 회색질 부피가 큰 반면 보수적 성향이 강할수록 편도체의 회색질 부피가 크다는 것을 발견했다.[207] 2013년 연구에서는 기능성 MRI를 도입해 편도체가 물리적 구조뿐만 아니라 기능적인 면에서도 정치 성향에 따라 차이를 보이는지를 확인했다.[208] 즉, 위험이 동반된 의사결정 과제를 수행하는 82명의 뇌를 기능성 MRI로 검사한 결과 보수 성향의 참가자들이 편도체를 더 많이 사용한다는 사실이 드러났다. 2022년에는 기능성 MRI 데이터를 딥러닝이라는 최신 인공지능 기법으로 분석해 사람의 정치 성향을 정확하게 추정할 수 있다는 연구도 발표되었다.[209] 이 연구에서도 역시 편도체가 예측에 있어서 가장 중요한 역할을 한다는 것이 밝혀졌다. 앞서 2장에서 상세히 살펴본 바와 같이, 공포와 혐오는 기본적으로 서로 연결되어 있으며 편도체는 이 두 반응을 모두 주관한다. 2만 5,588명의 미국인과 121개국의 5,457명을 대상으로 조사한 대규모 연구 결과에서, 혐오 자극에 민감하게 반응하는 사람일수록 보수 정당의 후보에 투표할 가능성이 높다는 사실이 밝혀졌다.[210]

2018년, 편도체가 뇌 인지 과정에 미치는 또 다른 영향에 대한 흥미로운 연구가《네이처 인간행동》학술지에 발표되었다. 이 연구에서는 총 93명의 뇌 MRI 분석을 통해 편도체의 크기가 클수록, 정치적, 사회적, 경제적 현 상태status quo를 합리화하는, 즉 기성 체제가 정당하거나 바람직하다고 받아들이는 경향이 강하다는 것을 보여준다.[211] 물론 이런 사람들은 사회운동이나 시위에도 잘 참여하지 않았다. 이러한 경향은 실험 참가자가 사회에서 유리한 위치에 있는지 불리한 위치에 있는지와 상관없이 일관적으로 나타났기 때문에, 생물학적 원인이 강력하게 작용한다는 것을 시사한다. 이렇게 기성 체제와 현 상태를 옹호하는 심리를 '체제 정당화system justification'라고 하는데, 이것은 뉴욕대학교 존 조스트John Jost 교수와 하버드대학교 마자린 바나지Mahzarin Banaji 교수에 의해 1994년에 처음 제시되었고,[212] 이후 많은 연구로 뒷받침된 이론이다.[213] 바나지 교수는 앞서 소개한 암묵적 연합검사를 개발한 학자이기도 하다.

2장에서 논의한 바와 같이, 편도체와 교감신경은 생존을 위해 발달한 두려움과 혐오라는 진화적 전략을 구현하는 매개체다. 혐오는 편견이나 고정관념과 결합해 경계 대상에 대한 재빠른 분류와 판단을 하게끔 만들고, 이것은 사회적 낙인이라는 현상으로 발달한다. 보수적인 국가관을 나타내는 민족주의 혹은 국수주의를 표방하는 이들은 이민자 등 소수집단의 시민 전체를 외부인으로 취급하는 경향이 강하다는 것이 알려져 있다.[214,215] 이와 같이 무엇 혹은 누군가에 대한 신속한 판단을 내릴 때는 자신의 신념을 반추하고 검토하는 행위가 아니라 흔들리지 않는 신념이 필요하다. 따라서 편견과 고정관념이 구축되고 강화되는 기저에는 자신의 기존 견해에 합하는 정보만을 취사 선택하려는 경향, 즉 확증 편향confirmation bias이 존재한다.

크리스 무니Chris Mooney는 신경과학과 사회심리학 등의 여러 연구 결과를 바탕으로, 진보적 성향의 사람들에 비해 보수적 성향을 지닌 이들에게서 확증 편향에 기반한 사고방식이 더 자주 그리고 더 강하게 나타난다고 주장한다.[216] 실제로 이를 입증한 연구가 국제 학술지《사이언스 어드밴스Science Advances》에 발표되었다.[217] 연구진은 2019년 2월부터 7월까지 소셜 미디어를 통해 가장 활발하게 공유된 5,000개의 뉴스 기사에서 참과 거짓으로 구분된 20개의 정치적 진술을 도출한 다음, 미국인 1,204명을 대상으로 각 진술을 참이라고 믿는 경향을 측정하고 이를 여러 변수와 함께 분석하는 통계 모델을 만들었다. 결과적으로 보수적 성향을 지닌 사람들은 참과 거짓을 구분하지 못하는 경향이 있으며, 그에 따라 보수적 진영의 입장을 대변하는 거짓 정보가 더 많이 유통된다는 것이 확인되었다.

보수적인 세로토닌, 진보적인 도파민

앞의 결과들을 놓고 보면, 보수적 성향이란 위험을 회피하고자 하는 진화적 본능에 충실하다는 의미로 보인다. 그런데 진화란 유전자에 의해 다음 세대로 선달되는 경우에만 작동하는데, 앞의 연구들은 뇌 구조나 신경생리학적 특성을 조사한 것으로서 직접적으로 유전자를 살펴보지는 않았다. 이런 경우에는 편도체의 특성이 후천적인 영향을 받았을 가능성을 배제할 수 없으며, 후천적으로 획득된 형질은 다음 세대에 전해지지 않으므로 자연선택에 의한 진화의 대상이 되지 않는다.

이런 면에서 편도체의 활성을 결정하는 유전인자를 발굴한《사이언스》논문은 매우 중요한 의미를 갖는다.[218] 이 연구에서 주목한 유전자는 세로토닌이라는 신경전달물질의 전달체transporter로서 '5-HTT'라고 불리며, 그 역할은 신경세포들 사이의 시냅스에 분비되는 세로토닌을 재흡수해 세로토닌에 의한 신경 자극을 적정 수준으로 조정하는 것이다. 해당 연구진이 발굴한 유전 변이는 5-HTT의 양에 영향을 미치며, 따라서 세로토닌의 활성에도 영향을 준다. 이 연구에서 특히 중요한 결과가 있는데, 시험 참가자들의 편도체 활성을 기능성 MRI로 조사해 보니 해당 변이의 종류에 따라 편도체의 공포 반응 강도가 다르게 나타났다는 점이다. 이후 편도체의 구조적인 크기, 그리고 대상피질과의 기능적 회로 구축 역시 5-HTT 유전자 변이의 영향을 받는다는 연구 보고들이 뒤따랐다.[219,220] 정리하자면, 편도체의 크기와 기능은 유전 변이의 영향을 받는데, 그중에서도 세로토닌 활성을 높이는 변이가 편도체의 크기와 기능을 강화한다는 것이다. 상기 연구들과 종합해 보면, 세로토닌의 작용을 강화하는 변이가 보수적인 성향의 사람에게서 더 많이 나타날 것으로 예측할 수 있다.

최근 뇌신경과학에서는 확장된 편도체extended amygdala가 주목을 받고 있다. '확장된 편도체'란 편도체의 중심핵에서 분계선조침대핵까지 이어진 여러 뇌 부위를 통틀어 일컫는데, 이 부위는 특히 정상적인 불안과 공포만이 아니라 병적인 반응에도 영향을 미치는 것으로 밝혀졌다. 2016년《네이처》에 발표된 연구에서는 실제로 세로토닌이 확장된 편도체 내의 불안과 공포 반응을 촉진하는 신경회로를 작동시킨다는 것이 동물실험을 통해 밝혀지기도 했다.[221]

사실 인류학자 헬렌 피셔Helen Fisher는 그동안의 많은 연구 결과들을 종합하며 세로토닌이 보수적 성향의 기저에 있을 것으로 추측한 바 있다.[222] 즉, 세로토닌 수치가 높은 사람들은 사회적 규범을 따르고 위험을 피하려는 경향이 강하며, 이론적이고 복잡한 것보다 구체적이고 분명한 것을 선호하며, 질서와 권위를 중시하고 종교적 성향이 강한 경우가 많다는 것이다. 반대로 피셔는 진보 성향을 만들어 내는 신경전달물질로는 도파민을 지목했다.[222] 도파민은 보상 회로를 주관하는 신경전달물질로서, 도파민의 분비가 높을 때 동물들은 새로운 것을 탐색하는 행동을 보인다.

여러 동물실험 결과, 세로토닌은 특히 사회적 위계질서와 높은 연관성을 보였다. 예컨대 수컷 버빗원숭이들은 사회적 서열에 따라 혈중 세로토닌 수치가 2배 가까이 차이가 나는데, 지배 계급의 원숭이를 낮은 서열의 원숭이들에게서 분리해 두면 세로토닌 농도가 금세 낮아지다가 원래 있던 곳으로 복귀시키면 세로토닌도 다시 증가한다.[223] 그리고 낮은 서열의 원숭이가 높은 계급으로 상승하는 경우 그에 상응해 세로토닌 수치도 올라간다. 그런데 이것만으로는 사회적 서열이 세로토닌 농도에 영향을 주는 것인지, 세로토닌이 지배적 행동을 유도하는 것인지 알 수 없다. 이를 알아보기 위해 이어진 연구에서는 인위적으로 세로토닌의 양을 조절해 보았다.[224] 즉, 앞서 설명한 5-HTT 유전자의 기능을 방해해 시냅스상의 세로토닌 수치를 올리는 약물을 투여했더니 낮은 계급의 원숭이가 지배적인 행동 양상을 보였다. 이 상태에서 세로토닌 자극을 받아들이는 수용체를 저해하는 약물을 투여하면, 즉 세로토닌의 작용을 억제하면 원숭이들은 더 이상 지배 행동을 하지 않고 순종적으로 바뀐다.

사람의 경우도 세로토닌의 전구체인 트립토판을 식사와 함께 복용하면 지배적인 행동 양상이 증가된다는 것이 관찰되었고,[225] 마카크 원숭이의 경우에도 세로토닌을 분비하는 솔기핵의 크기가 사회적 서열이 높은 수컷들이 더 크다는 결과가 보고되었다.[226] 더 나아가, 세로토닌이 편도체의 기능성에 미치는 영향을 고려할 때 사회적 서열과 관련해 편도체의 역할이 중요할 것이라고 예측할 수 있다. 2017년《네이처 인간행동》에 소개된 연구들에 의하면, 서열 게임에 임한 참가자들의 기능성 MRI 분석 결과 사회적 서열을 학습하고 높은 서열을 획득하려는 동기가 부여되는 상황에서 편도체가 핵심적인 기능을 하는 것으로 나타났다.[227-229]

이와 같이 세로토닌의 높은 활성이 지배적이고 과시적인 행동으로 이어지고 이것이 사회적 서열을 향상시키는 데 도움이 된다면, 이를 통해 (3장에서 집중적으로 살펴본) 번식과 자원 획득 경쟁에서 유리한 고지를 점할 수 있었을 것이다. 그렇다면 세로토닌 유전자의 활성이 높은 것이 실제로도 진화적으로 더 유리했을까? 어떠한 특성이 진화적으로 유리했는지 아니면 불리했는지는 집단유전학의 방법들을 활용해 추정할 수 있다. 개체의 생존과 번식에 유리했던 변이라면 자연선택에 의해 인구 집단 내에 계속 확산되는데, 이럴 때 우리는 양의 방향으로 선택압selective pressure을 받았다고 표현한다. 반대로 불리한 변이였다면 자연선택의 압력이 음의 방향으로 작용하며 점점 사라져 갔을 것이다. 어떤 유전자 변이는 상황에 따라 유리할 수도 있고 불리할 수도 있다. 이런 경우 유리한 상황에서는 해당 변이가 인구 집단에서 점점 많아지다가 상황이 바뀌면 반대로 다시 줄어들기도 한다. 이런 양상을 '균형 선택balancing selection'이라고 부르며, 균형 선택을 받는 변이는 계속 증가하거나 감소하는 것이 아니라 특정한 빈도를 유지한다.

교감신경의 활성을 강화하는 변이는 어떠했을까? 교감신경은 생존에 위협이 되는 상황에서 작동하므로, 교감신경이 민감한 사람은 스트레스는 받을지언정 위험한 환경에서 잘 살아남을 수 있다. 따라서 이런 변이는 양의 선택을 받았을 것이라고 추정할 수 있다. 2장에서 소개한 것처럼, 우리 연구실에서는 교감신경을 강화하는 ADRA2C 유전자의 변이가 집단유전학 분석 결과 양의 방향으로 선택받았음을 보인 바 있다.[111] 또 다른 연구에서는 균형 선택을 받는 변이들이 기존에 보고된 것보다 인간 유전체상에 훨씬 많다는 것을 밝힌 바 있다.[230] 균형 선택의 대표적인 예 가운데 하나가 바로 MHC 유전자다. 1장에서 설명한 바와 같이, MHC는 우리 몸에 침투한 다양한 병원균의 항원들과 결합해 면역반응을 유도한다. MHC는 그 변이의 종류에 따라 잘 대응할 수 있는 병원균의 종류가 다르고 유행하는 병원균은 때마다 다르므로, 어느 특정 변이가 항상 우세할 수는 없다. 이런 경우 병원균의 유행 상황에 따라 해당 MHC 변이들은 많아지고 적어지기를 반복하면서 균형을 이루며 유지된다.

앞의 질문으로 돌아가서, 세로토닌 활성이 실제로 번식에서 유리했다면 세로토닌을 강화하는 변이가 집단유전학 분석에서 양의 방향의 선택압을 보여야 한다. 매우 흥미롭게도, 실제로 신경전달물질 유전자들을 집단유전학으로 분석한 결과, 세로토닌 전달체인 5-HTT가 여러 연구에서 일관성 있게 양의 선택을 받은 대표적인 유전자 중 하나로 나타났다.[231] 다시 말하면, 높은 세로토닌 활성이 진화적으로 유리했을 것이라는 가설이 집단유전학으로 입증된 것이다.

그런데 이 연구에서 관찰된 또 하나의 흥미로운 양상은 도파민 수용체에서 보이는 균형 선택의 흔적이었다.[231] 세로토닌 전달체인 5-HTT의 변이가 세로토닌의 활성에 중요한 것처럼, 도파민도 그 수용체의 변이가 중요하게 작용한다. 같은 양의 도파민이 있더라도 수용체가 도파민을 잘 감지하면 마치 도파민 분비가 높을 때처럼 그 활성을 증가시킬 수 있다. 《네이처 유전학》에 출판된 두 편의 논문에 따르면, 도파민 수용체 중 7R라는 변이가 바로 그러한 메커니즘을 통해 새로운 것을 탐색하는 경향을 증가시킨다.[232,233] 그런데 세로토닌 활성이 양의 선택을 받는 것과 달리 도파민의 활성이 균형 선택을 받는 이유는, 탐색하는 성향에는 늘 위험이 따르므로 이것이 개체의 생존에 항상 유리한 것은 아니기 때문이다. 몇몇 유전학 연구들에 따르면, 7R 변이는 인간의 진화 역사에서 최근에 발생했는데, 새로운 것을 탐색하는 성향의 장점과 위험성의 공존으로 인해 균형 선택을 받아온 것으로 보인다.[234,235] 놀랍게도, 정치 성향과 유전자 변이 간의 상관관계를 조사해 보니, 실제로 도파민 수용체의 7R 변이를 지닐 경우 진보적인 정치 성향을 가지고 있을 가능성이 더 높다는 것이 밝혀졌다.[236]

페로몬과 번식률

지금까지 나열한 편도체, 세로토닌, 도파민에 대한 연구들은 뇌신경과학의 요소들을 다룬 것으로서, 인간의 정치 성향을 직접적으로 뇌의 기능에 기반해 설명하기에 적합했다. 사실 어떤 연구들은 이 둘의 연관성을 가설로 놓고 진행하기도 했다. 하지만 정치 성향과 유전자의 관계를 아무런 가정도 없이 순전히 데이터만을 기반으로 접근하는 연구도 있었다. 2011년에 발표된 대규모 연구에서는 총 1만 3,201명의 유전체 전체에 있는 모든 변이를 조사한 후, 정치적 성향과 관련된 50개의 설문에 대해 이들이 응답한 내용과 연관 지어보았다.[237] 1장에서 언급한 학업성취도와 2장에서 논의한 비만 및 동성애에 대한 유전인자 발굴에 사용되었던 전장유전체 연관분석이 정치 성향에 적용된 것이다. 그 결과, 편도체, 세로토닌, 도파민 등 뇌 기능과 직접적으로 연관된 것들 말고도 다른 유전 변이들도 관찰되었는데, 그중 가장 주목할 만한 것들은 다양한 리포칼린 및 후각수용체 유전자들에서 나타났다.

리포칼린은 몸에서 배출되는 화학 신호인 페로몬으로 작용하거나 페로몬과 결합해 작용하며, 후각수용체는 다른 개체에서 방출되는 페로몬을 인식하는 역할을 한다.[238] 1장에서 이야기한, 자신과 다른 MHC 변이를 가진 상대를 선호하는 현상이나 브루스 효과에 의한 자발적 유산이 일어나는 것도 바로 페로몬의 작용 때문이다. 즉, 자발적 유산은 암컷이 새로 등장한 알파 수컷이 분비하는 페로몬에 생리학적으로 반응해 일어나는 것이다. 그뿐 아니라, 다양한 동물 실험 결과 페로몬이 짝짓기 및 그와 관련된 경쟁 행동에서 매우 광범위한 역할을 한다는 것이 밝혀졌다. 예를 들어, 《사이언스》와 《네이처》에 보고된 연구들에 따르면, 생쥐들의 후각수용체 시스템을 망가뜨릴 경우 쥐들이 동성의 쥐를 대상으로 짝짓기를 시도하거나 수컷들의 구애 행위를 암컷이 하는 등의 이상 행동이 나타나며, 수컷들의 경쟁 행위들, 즉 영역 표시나 다른 수컷에 대한 공격, 사회적 서열의 인지, 지배적 행동 등이 사라진다.[239,240] 특히 다른 수컷을 공격하는 행동의 경우, 그 유발 인자가 바로 소변에 들어 있는 리포칼린들이라는 결과가 《네이처》에 보고되기도 했다.[241]

앞의 전장유전체 연관분석에 따르면 이러한 다양한 짝짓기 행동을 결정짓는 유전인자들이 정치적 성향과 관련 있다는 것인데,[237] 이것이 사실이라면 보수층과 진보층 사이에서 실제로 번식률에 차이를 보일 수 있다. 1장에서 윌리엄 해밀턴의 포괄 적합도 이론을 설명한 바 있는데, 실제로 각 개체, 특히 인간의 적합도를 측정하는 것은 쉬운 문제가 아니다. 인간 진화유전학에서 적합도를 대신해 가장 유용하게 쓰이는 지표는 한 사람이 평생 가지는 자손의 수를 측정하는 '생애 번식 성공률lifetime reproductive success'이라는 것인데,[242] 특히 사망률이 낮은 현대인 집단에서 이 지표는 적합도에 대한 근사치로 널리 받아들여지고 있다.[243,244] 이에 따라 실제로 보수층과 진보층 간 자녀의 수를 비교한 연구가 있다. 전 세계 100개 국가의 15만 2,400여 명, 유럽인 6만 5,900여 명, 미국인 6,200여 명을 조사한 이 대규모의 연구에 따르면, 보수적인 정치 성향을 가진 가정들이 진보적인 사람들에 비해 유의미하게 더 많은 자녀를 낳는 것으로 확인된다.[245] 물론 현대인들의 자녀 수에는 그들의 가치관도 작용하겠지만, 두 진영 간의 이러한 극명한 차이에는 짝짓기와 관련된 유전학적 요소들이 작용할 가능성도 배제할 수 없다.

보수와 진보 이념의 생물학적 정의

그렇다면 이 모든 연구 결과들을 종합하면 보수와 진보는 자연과학적으로 어떻게 정의되며, 그 내재적인 가치관이란 무엇일까? 지금까지 살펴본 다양한 생물학적 증거들에 따르면, 보수적인 정치 성향의 유전학적 요인들은 편도체의 작용으로 설명되는 혐오 반응, 세로토닌의 역할과 관련된 사회적 서열의 인식과 학습 그리고 서열 확보 행위, 또한 페로몬에 의해 매개되는 성선택 및 번식 행위와 연관된다는 것을 알 수 있다. 신경전달물질들에 대한 인간 집단유전학 연구 결과들을 통해, 진보 성향을 설명하는 도파민에 비해 세로토닌의 활성은 일관되게 진화적으로 유리한 방향으로 작용해 왔다는 것도 알 수 있다.

결국 보수적인 성향이란 생존과 번식을 위한 진화적 전략들의 적극적인 발현이며, 보수적인 이념이란 이러한 생물학적 성향을 합리화하기 위한 가치 체계라고 요약할 수 있다. 이 가치 체계를 설명하는 것 중 하나가 앞서 설명한 체제 정당화인데, 이 이론의 문제는 이 장의 서두에서 언급했듯이 인간의 사회와 문화가 변동적이고 다양하기 때문에 보수가 정당화하고자 하는 '현 상태'를 어느 특정한 사회나 문화라고 꼬집어 말할 수 없다는 점이다. 한 가지 예로, 사회주의나 공산주의 사회에 속한 보수 성향의 사람들이 자유시장 체제에 비해 그 사회의 현 경제체제를 더 옹호한다고 볼 수 없다. 세계 어디에서나 보수의 이념은 자유시장 경제와 맥을 같이한다.

여기서 주목할 점은 인간이란 시대와 문화를 막론하고 예외 없이 항상 생물학적 존재라는 사실이다. 즉, 생물학적인 뇌신경 프로그램 속에 각인되어 있는 가장 원초적인 체제는 바로 자연이라는 점이다.

이렇게 보면 자연의 원리와 법칙 혹은 섭리야말로 보수가 중시하며 지키고 따르고자 하는 내재적 가치이며, 이러한 신념 체계는 진화의 성공적인 산물로서 유전자 변이에 새겨져 있다고 할 수 있다. 존 조스트 교수의 체제 정당화 이론이 사회체제에 대해 설명력을 가질 수 있었던 것은, 자연 질서에 따르고자 하는 이러한 기조가 많은 경우 이미 사회의 기득권 체제 안에 자리 잡고 있었기 때문일 것이다. 예컨대 앞서 언급한 2018년《네이처 인간행동》의 편도체 관련 연구는 미국에서 수행되었는데,[211] 사회주의나 공산주의 사회에서 수행되었다면 적어도 경제 항목에 대해서는 체제 정당화 양상이 나타나지 않았을 것이다.

그렇게 보면, 자연 상태의 인간들이 벌이는 '만인에 대한 만인의 투쟁'은 보수주의자의 입장에서는 정당하거나, 적어도 목숨 걸고 저항할 만큼 부당하지는 않다. 이들이 신고전학파와 신자유주의의 자유시장 기반 경제 정책을 지지하고, 각자의 교육 선택권을 보장하는 교육 정책을 옹호하는 것은, 힘과 능력의 논리에 따른 자연스러운 경쟁을 정당한 것이라고 여기기 때문이다. 이들에게는 총기 소지를 통해 각자의 안전은 각자의 힘으로 지키고, 이태원 참사나 세월호 참사는 국가 안전망의 부재라기보다 개인의 책임이나 불행으로 여기는 것이 더 합리적이다. 국가 안보와 군사력 강화를 지지하는 것은 다른 국가들을 경계 대상으로 간주하기 때문이며, 해외 원조나 개방적인 이민정책에 대한 부정적인 태도 역시 다른 인종이나 민족에 대해 자연적으로 느껴지는 위협과 거부감에 기인한다. 동성애에 대한 혐오와 차별이 더 강력하고 심지어 대놓고 정당화되는 것은 그것이 부자연스러운 성적 취향이라는 편견도 같이 작용하기 때문이다(그러나 이것은 착각인데, 동성

4장 정치

애 역시 자연 발생적인 현상이라는 것은 2장에서 설명했다). 낙태는 자연스럽게 주어진 생명을 인위적으로 빼앗는 행위이기에 결코 용납할 수 없는데, 이러한 입장을 미국에서는 '생명 존중pro-life'이라고 표현한다. 그러나 총기 사고로 숨지는 생명은 문명에 의해 타락한, 순수한 자연에서 멀어진 사람들의 이야기로서 큰 관심의 대상이 아니다. 특히 낙태 시술을 필요로 하는 이들이나 총기 사고로 숨지는 이들은 가난한 여성이나 범죄에 노출되는 흑인과 같은 약자나 낙오자로서, 이들의 생명은 어차피 자연적으로도 별로 가치가 없다고 여겨질 수 있다.

과학기술과 종교에 대한 태도 역시 자연에 대해 이루어지는 체제 정당화와 관련이 깊다. 먼저 과학기술은 기본적으로 자연을 인위적으로 가공하고 변형시키는 것을 목표로 하므로, 자연 그대로를 정당하게 받아들이는 이념과는 갈등이 발생한다. 또한 3장에서 논의한 새로운 것과 위험 가능성에 대한 경계심은 자연에 없던 새로운 것을 창조해 내는 과학기술에 대해서도 유사하게 작용할 수 있다. 미국인 1,000여 명을 대상으로 진행한 설문조사를 보면 백신, 원자력, 유전자변형작물GMO 등에 대한 보수 진영의 확연한 비우호적인 태도를 확인할 수 있다.[246] 공화당이 과학 정책과 투자에 미온적인 것도 잘 알려져 있다. 대표적인 예로 2001년 조지 부시 대통령은 인간의 존엄성을 해칠 수 있다는 종교계의 우려를 빌미로 줄기세포 연구비 지원을 중단하겠다고 발표했다. 도널드 트럼프 정권은 보수주의의 이러한 태도를 집약적으로 보여주었다. 국제 학술지《네이처》는 트럼프 대통령이 집권 기간 중 과학에 악영향을 미친 사례로 환경보호청, 국립보건원NIH 등 여러 과학 기관에 대한 재정 삭감, 미 항공우주국NASA의 달 착륙 계획 수정, 파리 기후변화 협약 탈퇴, 그리고 코로나19 대유행에 대한 주먹구구식 대응 등을 지적했다.[247] 또한 과학자 892명을 대상으로 시행한 설문조사에서 응답자 중 86퍼센트가 조 바이든 민주당 후보를 지지한 데 반해 트럼프 대통령 지지는 8퍼센트에 그쳤다고 밝혔다. 《사이언스》는 조 바이든 전 부통령이 대선에서 승리할 경우 미국 과학계의 큰 기대를 받게 될 것이고 트럼프 대통령과는 달리 과학과 리더십을 활용해 코로나19 대응에 나설 것이라는 기대를 표명하기까지 했다.[248]

한국의 경우 보수 진영의 우상인 박정희 대통령이 과학기술에 전폭적인 지원을 하는 등 과학기술이 국가 경제 발전의 원동력이라는 인식이 강하게 퍼져 있기 때문에 보수층에서도 과학의 위상이 높은 편이다. 그러나 기본적으로 국민 개개인의 과학에 대한 태도에서 진보층과는 확연한 차이가 난다. 대표적으로 코로나19 백신에 대한 여론조사 결과, 진보층과 보수층의 백신 신뢰도는 각각 60퍼센트와 39퍼센트, 백신 수용성(백신을 맞을 것인지에 대한 긍정적 대답)은 각각 83퍼센트와 47퍼센트로 큰 차이를 보였다. 미국 공화당 지지자들 가운데 백신에 반대하고 마스크를 거부하는 사람이 많았던 것과 같은 맥락이다.

과학에 대해, 보수와 진보는 이념이나 태도만이 아니라 인지적인 차원에서도 차이를 보인다. 런던대학교 정치경제대학의 가나자와 사토시Kanazawa Satoshi 교수는 『지능의 역설The Intelligence Paradox』에서 진보적 성향의 사람들이 '평균적으로' 지능지수가 높다는 조사 결과들을 제시한다.[249] 사토시 교수는 과학적 사고와 논리 능력이 핵심적인 역할을 하는 현대적 개념의 지능지수가 높다는 것은 진화적으로는 부자연스러운 성질이라는 점을 지적한다. "확실히 지능이 높은 사람은 뛰어난 의사, 뛰어난 우주비행사, 뛰어난 과학자가 될 수 있다. 그런 직업은 진화의 관점에서 볼 때 새로운 것이기 때문이다. 그렇지만 그런 것들은 모두 인간의 생활에서 중요한 일들은 아니다. 우리 인간은 의사나 우주비행사, 과학자가 될 수 있게끔 만들어지지 않았다." 실제로 현대사회에서 말하는 지능지수는 사회적 관계를 잘 맺거나, 성공적인 연애를 하거나, 좋은 부모가 되거나, 길을 잘 찾거나 하는 등 생존이나 생활과 관련된 지능과는 오히려 상반되는 경우가 많다. 다시 말해, 지능지수가 높은 사람들 중에는 '헛똑똑이'가 꽤 많다.

사실 생존과 번식을 위해 진화한 인간의 뇌에게 과학과 수학이 자연스러운 주제가 아닌 것은 당연하다. 예를 들어, 3차원의 물리학적 공간에서 차원이 하나만 추가되어도 인간의 머리는 그것을 직관적으로 그려낼 수가 없고, 음수와 음수의 곱이 양수가 된다는 간단한 수학적 법칙도 원리적인 차원에서 이해하기 어렵다. 지구상에는 10^{31}개의 바이러스가 존재한다고 추정된다. 이들을 한데 모아 나란히 세우면 그 길이가 1억 광년에 이르는데, 이는 우리 은하 500개를 이어놓은 것과 같다. 그러나 바이러스의 크기도, 10^{31}이라는 개수도, 1억 광년이라는 거리도, 우리 은하 500개라는 규모도 모두 우리의 두뇌로 처리하기에는 너무나 버거운 수치들이다. 양자역학은 거시 세계를 인지하도록 진화된 인간의 뇌로는 도저히 받아들일 수 없는 세계의 결정체다. 양자역학만큼은 아니지만, 진화론 역시 난해한 개념이며 방대한 분자생물학, 해부학, 발생학, 생태학 지식 없이는 완벽히 이해하기 어렵다. 미국 캘리포니아 옥시덴탈칼리지의 심리학과 교수 앤드루 슈툴먼Andrew Shtulman이 『사이언스 블라인드Scienceblind』에서 지적했듯이, 이러한 이유로 사람들은 진화론보다 창조 설화를 더 쉽게 받아들인다.[250] 아직도 지구가 평평하다고 믿는 이들이 있는 이유나, 생물에는 무생물과 달리 목적을 실현하는 특별한 생명력이 있다는 생기론적 사고가 만연한 것도 마찬가지 맥락이다. 헬렌 피셔가 정리했듯이, 보수 성향의 사람들은 이론적이고 복잡한 것보다 직관적이고 분명한 것을 더 선호한다.[222] 게다가 편견, 고정관념, 확증 편향, 거짓 정보에 취약한 경우 음모론이나 유사과학에 빠질 위험성도 높다.

한편, 보수주의의 친종교적 성향은 주로 미국인들의 기독교에 대한 태도를 근거로 밝혀진 것이다. 기독교와 이슬람교는 온 우주와 생명체를 인격적인 유일신이 창조했다는 것을 기본 믿음으로 하는 종교로서 자연의 질서를 신의 섭리로 간주하므로, 당연히 자연을 정당화하는 이들의 관념에도 잘 부합한다. 앞서 설명한 바와 같이 과학으로서의 진화론을 받아들이기 어렵다는 점도 한몫할 것이다. 역설적이게도, 진화의 목적에 부합하게 빚어진 뇌일수록 오히려 진화의 과정을 부인할 수밖에 없는 것이다. 줄기세포 연구나 낙태에 대해 반대하는 데도 신의 섭리를 지키고자 하는 이러한 종교적 신념의 역할이 상당히 크다. 힌두교 역시 우주 만물과 자연법칙 안에 내재된 신을 상정하는 범신론 사상에 기초하는데, 실제로 그 근원은 고대 인도 베다 시대의 불, 바람, 비, 폭풍우 등을 섬기던 자연 숭배의 한 형태에서 출발한 것이다. 이렇게 자연에 대한 체제 정당화를 넘어 자연을 신격화하는 종교의 교리들은 관념적이고 사상적인 차원에서 보수주의의 가치관을 강하게 뒷받침하는 도구가 된다.

생물학적인 측면에서도 보수주의의 종교적 성향이 설명된다. 최근 종교에 대한 학문적 연구의 커다란 흐름 중 하나는 종교의 발생을 문화보다는 자연현상으로 이해하고자 하는 접근, 특히 진화론과 인지과학을 토대로 인간의 종교적 성향의 기원을 설명하려는 시도들이 많았다는 점이다. 예를 들어, 저명한 진화생물학자였던 에드워드 윌슨 교수는 우리가 앞서 살펴본 동물들의 사회적 서열에 따른 복종 행동이 신이라는 지배적 존재자에 대한 숭배로 투영되어 나타나는 것이 종교적 행위이며, 따라서 생존과 번식 가능성을 높이는 하나의 적응적 행동으로 종교가 발생한 것이라고 주장했다.[251] 그러나 진화적 기원이 존재한다는 것이 반드시 진화적 이점이 있었다는 것을 의미하지는 않는다. 진화적 이점이 있었던 어떤 적응적 인지능력들의 부산물로서 종교가 발생했을 가능성도 크다. 자연에 대한 과학적 지식과 문명의 보호막 없이 늘 수많은 위험에 노출되어 있던 인류의 선조들에게는 적과 포식자의 존재를 탐지하거나, 자연현상과 사건들의 원인을 추론하거나, 싸울 것인지 협력할 것인지를 두고 타인의 마음을 헤아리는 인지능력이 필수적이었을 것이다. 이 각각을 '행위자 탐지agent detection', '인과관계 추론causal reasoning', '마음 이론'이라고 부르는데, 파스칼 보이어 Pascal Boyer를 비롯한 종교 부산물주의자들은 이러한 적응적 인지능력들이 초자연적 존재인 신에게 투영된 것이 종교의 기원이라고 주장한다.[252] 쉽게 말해, 인간의 마음을 읽는 마음을 지닌 궁극적 행위자인 신이 바로 자연적 현상과 사건들의 배후에 있는 최초의 원인이라고 추론된다는 것이다. 예를 들어, 어린아이들은 누가 가르치지 않아도 어둠 속에서 귀신이나 유령처럼 보이는 존재를 본능적으로 찾아내고 무서워한다.

윌슨 교수가 지적한 사회적인 서열 행동이나, 행위자 탐지를 위한 경계 심리와 같은 것들은 우리가 이 장에서 살펴본 보수주의의 생물학적 성향과 일치한다. 인과관계 추론 본능 역시 확증 편향, 편견, 고정관념을 만들어 내는 인지 과정과 함께 작동한다. 어떤 일의 복잡한 양상과 우연성, 확률적 가능성 등을 종합적이고 과학적으로 분석하기보다는, 직관적이고 단정적인 원인을 빠르게 찾아내고 그 신념을 강화하고 고수하는 것이 미지의 위험에서 생존 가능성을 높이는 길이었을 것이다. 과학이 이렇게 발달한 현대사회에서도 지진이나 화산 폭발 등의 자연재해를 인간의 죄에 대한 신의 심판이라고 선언하는 일부 몰지각한 종교인들의 두뇌에서 벌어지는 것이 바로 행위자 탐지, 인과관계 추론, 마음 이론의 진화적 부작용이다.

사회 환경이 정치 이념에 미치는 영향

이와 같이 자연과학의 언어로 정의해 보면, 보수주의는 인간의 매우 '자연스러운' 사고방식으로서 생존과 번식을 위해 최적화된 진화의 산물이다. 여기서 이해하기 어려운 것은 진보적인 사고방식이 어떻게 등장했고 현대사회에서 이토록 광범위하게 유지되고 있는가 하는 점이다. 진보적 성향과 연관되어 그나마 잘 연구된 유전 변이는 도파민 수용체 7R인데, 앞서 설명했듯이 이 변이가 유도하는 형질, 즉 새로운 것을 탐색하는 성향은 항상 생존에 유리한 것은 아니기 때문에 양의 선택이 아니라 균형 선택이라는 결과를 낳는다. 캘리포니아대학교 어바인캠퍼스의 연구진은 이 변이가 발생한 것으로 추정되는 시점이 인류가 아프리카에서 나온 이후 인구가 급증하고 혁신적인 제작 기술들이 등장한 후기 구석기시대와 일치하며, 이때의 시대적 환경이 7R이 유리하게 작용할 수 있었던 배경이라고 본다.[235] 그리고 근래 들어 과학기술과 문명의 급속한 발달로 인해 생존의 위협을 점점 덜 받게 되면서, 7R의 불리한 부분이 상당 부분 보호받았을 것이라고 추정할 수 있다. 주의력결핍 과잉행동장애ADHD의 유발 가능성을 높이는 등의 생물학적인 불리함이 여전히 존재하기는 하지만 말이다.[253·254]

그런데 탐색 성향의 진화적 유불리를 떠나서 이해하기 어려운 점은, 왜 자연이 만들어 내는 경쟁과 서열을 거슬러 굳이 평등을 추구하는 사고방식이 등장했는가 하는 점이다. 당연히 체제 안에서 불리한 위치에 있는 사람들이 이런 입장을 취할 것이라고 추정할 수 있다. 그러나 편도체와 체제 정당화의 연관성을 조사한 2018년 연구에서도 뒷받침되었듯이, 기성 체제를 정당화하려는 경향은 불리한 위치에 있는 사람들에게서도 동일하게 나타난다.[211] 베블런도 『유한계급론』에서 가난한 사람들이 보수적 성향을 가지는 이유에 대해 "일체의 에너지를 당장의 생존 투쟁에 쏟아부어야 하는 절대 빈곤자들은 내일을 생각할 여유조차 없기 때문에 보수적일 수밖에 없다"라고 말한 바 있다.[170]

이 논증은 그 유명한 마시멜로 실험을 연상시킨다. 이 실험의 내용은 아이들이 차후의 더 나은 보상을 위해 당장의 만족, 즉 눈앞의 마시멜로를 참을 수 있는지 여부로 이후의 학업성취도를 예측할 수 있다는 것이었다. 이 실험은 여러 연구에 의해 반복되었는데, 특히 주목할 만한 것은 경제적 형편이 어려운 가정의 아이일수록 절제력을 발휘하지 못하고 당장의 보상을 취하는 경향이 높았다는 점이다.[255·256] 이와 같은 자기통제력을 비롯해 주의력이나 실행력 등 아이들의 정서적인 발달 정도를 측정하는 대표적인 지표가 미주신경의 활동성이다.[257-261] 미주신경은 부교감신경의 역할을 하므로 이것이 활성화되면 교감신경의 흥분을 빠르게 가라앉혀 안정 상태를 회복할 수 있는데, 실제로 교감신경이 스트레스로 흥분해 있을 때 미주신경을 자극해 긴장도를 높이면 부교감신경이 활성화된다. 그런데 경제적 여건이 좋지 않은 환경의 아이들에게서는 이러한 미주신경의 활성도가 낮게 관측된 바 있다.[262]

이와 같이 생존에 대한 위협과 경쟁에 민감한 환경일수록 교감신경은 더 활성화될 수 있고, 이러한 생리학적 조건은 사회 정책에 대한 인식에도 반영될 수 있다. 예를 들어, 전쟁과 같은 상황에서 대처 능력이 떨어질 수밖에 없는 사회적 약자들에게는 다른 나라들이 더 큰 위협으로 다가올 수 있고, 일상생활에서는 외국인 노동자들과의 취업이나 임금 경쟁에 보다 직접적으로 영향을 받을 수 있다. 따라서 이들은 사회 정책적인 면에서 국방, 안보, 이민 등에 더 보수적인 입장을 취할 수밖에 없다. 이와 같은 이유들로 체제에서 불리한 위치에 있는 이들은 진보적 입장을 취하지 못할 가능성이 크다.

오히려 진보적 사고방식은 체제에서 유리한 위치에 있는 이들에게서 더 자주 발견된다. 실제로 보수층에서는 학계나 예술, 연예, 대중매체 등을 진보 진영이 좌지우지하고 있다는 불평이 많다. 미국 대학 교수진의 대다수가 좌파 성향이라는 것을 근거로 진보층이 학계의 헤게모니를 쥐고 있다는 주장이 나올 정도다.[263] 한국도 마찬가지다. 노정태 경제사회연구원 전문위원의 《신동아》 2023년 3월 호의 글을 인용해 보자. "보수 지지층 사이에서는 불만의 원성이 높다. 대통령은 바뀌었지만 사회 전반을 쥐락펴락하는 건 여전히 진보 세력이라고 한다.

그러한 비난의 원성은 문화예술계를 향할 때가 많다. "지식인 사회 전체를 보더라도 사정은 마찬가지다. 서점가에서 정치 사회 분야로 분류되는 책의 베스트셀러 순위는 언제나 진보 성향 필자들이 쓴 것이다." "보수의 문화적, 지적 자산은 빈약하다 못해 황량하다." "청년이건 노년이건 보수는 책을 읽지 않는다. 영화를 보고 드라마를 만들지도 않는다. 각자의 유튜브 화면을 보고 있을 뿐이다."

정치 이념이 낳는 사회적 결과

생물학적 근원이 무엇이든 간에, 자연과 문명의 대립으로 대변되는 보수와 진보의 이념 차이가 낳는 결과는 상당하다. 기본적으로 문명은 인간의 생존과 번영을 위해 개발되고 발전하므로, 문명이 자연 상태로 후퇴할 때마다 인간의 생존과 번영은 뒷걸음친다. 2001년부터 2019년까지 민주당 성향의 진보적인 주들과 공화당을 지지하는 보수적인 주들에서 사망률의 변화를 조사한 연구 결과를 보면 그 차이가 명백하게 드러난다.[264] 민주당 지역에서는 지난 20여 년간 사망률의 감소가 뚜렷하게 나타나는 데 비해 보수당 지역에서는 2007년 이후로 사망률의 감소가 정체되어, 2001년 당시의 차이는 시간이 지날수록 더욱 극심해지고 있다. 여러 분석 결과, 이는 결국 의료 정책, 코로나19 대응, 총기 규제의 문제로 귀결된다. 인간을 살리기 위한 의료 기술과 과학 지식의 엄청난 발전에도 불구하고, 이러한 문명의 혜택은 자연 정당화 체제의 사회에서는 빛을 보기 어렵다. 건강 문제를 공공 의료보다는 개인의 책임과 능력의 문제로 귀속시키는 정책이나, 팬데믹에 대한 반과학적인 대응 같은 것들 때문이다. 총기를 비롯한 살상 무기는 두려움, 혐오,

공격성으로 대변되는 호전적인 진화적 본능을 구현하는 도구로서, 문명이 자연 정당화 본능에 휘둘리는 가장 대표적인 예일 것이다. 아니, 어쩌면 그 자체로 문명이 아닌 반문명이라고 정의되어야 하는지도 모르겠다.

겉으로는 미국만큼 정치적 양극화와 대립이 극심해 보이지 않는 영국에서도 비슷한 일이 벌어지고 있다. 보수당이 공식적으로 추진한 유럽연합 탈퇴, 즉 브렉시트에 찬성 표를 던진 곳은 주로 교육 수준, 임금, 사회계층 등이 낮은 지역으로 집계되었다. 앞서 지적한 대로, 가난하거나 불리한 계층의 사람들이 이민과 개방 정책에 대해 보수주의적인 선택을 내린 것이다. 그러나 탈퇴가 시행되고 1년 후에 이루어진 여론조사에서 응답자들의 60퍼센트가 브렉시트가 부정적인 결과를 가져왔다고 응답했으며, 브렉시트에 찬성하거나 반대했던 응답자들을 통틀어 고작 14퍼센트만이 긍정적인 평가를 내렸다. 2024년 현재까지도 영국의 경제는 이민자 인력 누출로 인한 노동력 부족, 복잡해진 수입 절차와 관세로 인한 수입 물가 상승 등이 누적된 결과로 진통을 겪고 있다.

의료 문제도 빼놓을 수 없다. 당시 영국의 야당 정치인 100여 명은 브렉시트가 영국 의료 시스템에 가장 큰 위협이라며 경고하고 나섰다. 영국의 자랑이었던 국립보건서비스NHS는 국가가 의료 서비스를 전담하고 전액 무상으로 처리하는 제도로서 가장 훌륭한 의료보험 체계라는 평가를 받았으나, 브렉시트로 인해 유럽연합 출신의 의료인들이 대거 영국을 떠나면서 심각한 인력난을 겪었다. 영국의 유력 시사 주간지인 《이코노미스트The Economist》의 연이은 분석 기사에 따르면, 인력 부족으로 인해 늘어난 대기 시간은 결국 응급 환자들의 사망률을 높였다. 게다가 1차 의료를 맡는 지역 의사들의 수도 브렉시트 이후로 계속 감소함에 따라, 이들에게 진료받지 못한 환자들마저 응급 부서로 몰리는 상황이다.[265-267] 더군다나 의료 분야의 기초 연구를 수행하는 연구원들도 속속 영국을 떠나고 있고, 영국이 더 이상 유럽연합 회원국들 간의 공동 연구에 참여할 수 없을 뿐만 아니라 유럽연합으로부터 연구비를 지원받을 수도 없게 되어, 브렉시트가 공중 보건에 미치는 장기적인 악영향 역시 막대할 것으로 예상된다. 유럽연합이라는 체제를 통해 다른 국가들과 연합하고 타 민족에게도 문호를 개방해 서로의 번영을 꾀했던 문명을 거스른 반문명적인 선택의 결과는 결국 번영으로부터의 후퇴였다.

지난 장까지 우리는 진화의 산물로서 인간이 지닌 속성과 그러한 인간들이 빚어내는 중요한 문제들의 기저에 놓인 유전자의 영향을 살펴보았다. 생존과 번식만을 위해 작동하는 유전자들이 자연선택되는 과정에서 인간에게 새겨진 진화적 본성들은 현대인들이 가정과 사회, 경제의 여러 측면에서 겪게 되는 불행의 근원이었다. 그런데 이번 장에서는 이러한 진화적 속성이 그 정도에 있어서 사람마다 다를 수 있음에 주목했다. 특히 문명과 문화의 영향으로 생존과 번식에 대한 자연선택의 압력이 크게 완화된 현대사회로 오면서, 과거에는 불리했을 '부자연스러운' 변이들이 살아남아 그러한 차이를 더욱 부각시키고 있다. 문명과 문화가 생물학적 진화에 미치는 영향은 현대 유전학의 주요 관심사 가운데 하나인데, 이는 저개발 국가와 선진국 사이에서 잘 드러난다. 즉, 진화적 적합도를 측정하는 지표인 생애 번식 성공률이 저개발 국가들에서는 주로 전염병이나 영양 결핍으로 인한 어린아이들의 사망률에 의해 좌우되는 데 반해, 선진국에서는 그보다는 자녀를 얼마나 낳는지로 설명된다는 것이다.[268] 여기에 빗대어 표현하자면, 전염병이나 영양 결핍에 취약해서 사라졌어야 할 다른 변이들과 마찬가지로 진보적인 성향의 변이들은 문명의 발달 덕분에 자연선택에 역행해 살아남았다는 것이다. 앞으로 과학기술의 발전으로 문명이 더 진보하고 생존과 번식에 대한 진화적 압력에서 인간이 더 자유로워지면 이러한 경향은 더욱 두드러질 것이다. 다행스러운 것은 이렇게 이기적 유전자의 영향력에서 벗어나기 시작한 인간이 때로는 자연적인 본성의 윤리적 부당함에 대해 깨닫고, 그 깨달음을 사회에 전파하고, 그것을 사회 안에서 구현하기 위해 투쟁한다는 점이다.

그러나 이념이 정당하다고 그 이념을 가진 이들이 모두 그에 걸맞게 판단하거나 행동하는 것은 아니다. 겉으로는 진보적 이념과 사회 정의를 내세우면서도 능력주의를 당연시하며 엘리트 의식에 매몰되어 있는 이들을 한국에서는 '강남 좌파', 미국에서는 '리무진 진보주의자limousine liberal', 프랑스에서는 '캐비어 좌파gauche caviar', 영국에서는 '샴페인 사회주의자champagne socialist'라고 부른다. 또한, 이번 장에서는 보수주의가 자연의 섭리를 정당화하는 이념 혹은 그러한 생물학적, 진화적 성향이라는 것을 살펴보았는데, 반대로 진보 진영에서는 자연을 본받아야 하는 어떤 규범으로 바라보기보다는 인간의 착취로부터 보호해야 하는 대상으로 바라보면서 환경이나 생태 문제에 관심을 기울이는 경우가 많다. 문제는 이것이 자연과 생태계의 회복을 위해 인간은 아예 사려져야 한다고 보는 극단적인 생태주의로 발전하기도 한다는 점이다. 하지만 자연과 인간에 대한 이러한 잘못된 인식은 다음 장에서 철저히 파헤칠 것이다. 동시에 유전자 너머의 자연이라는, 우리가 싸워야 하는 진짜 문제에 대해 살펴볼 것이다.

4장 정치: 자연스러운 보수, 부자연스러운 진보

우리는 보수와 진보의 의미를 상식선에서 어림짐작으로 받아들이고 있지만, 이에 대한 정의는 모호하기만 하다. 경제, 교육, 외교, 사회, 과학기술, 종교 등 여러 분야에 걸친 다양한 사안들에 대해 두 진영의 입장을 분석해 보면, 보수는 전통을 옹호하고 진보는 변화를 추구한다는 사전적 정의로는 설명되지 않는, 일관적이고 내재적인 공통의 신념 혹은 가치관이 존재함을 발견할 수 있다. 한편 뇌과학 및 유전학에서는 인간의 정치적 성향에 영향을 미치는 생물학적 요인들에 대한 연구가 이미 많이 이루어졌다. 먼저 편도체와 교감신경의 높은 활성은 주로 보수 성향의 사람들에게서 나타나는, 기성 체제를 정당화하는 심리를 설명해 준다. 편도체 기능과 유전학적으로 연관된 호르몬인 세로토닌은 사회 위계질서 확립과 서열 향상을 꾀하는 행동을 촉진한다. 진보 성향을 대표하는 도파민과는 달리, 세로토닌의 활성은 진화적으로 유리한 방향으로 작용해 왔다. 또 다른 요소는 짝짓기와 관련된 다양한 행동의 기저에 있는 페로몬과 그 수용체다. 실제로 보수층에서는 생애 번식 성공률 지표가 높게 나타난다. 이와 같이 생물학적으로 정의할 때, 보수란 성공적으로 진화한 유전자들의 발현이자 자연이라는 원초적인 체제에 대한 정당화이며, 진보란 진화로부터의 일탈이자 자연 체제에 대한 저항과 도전이다.

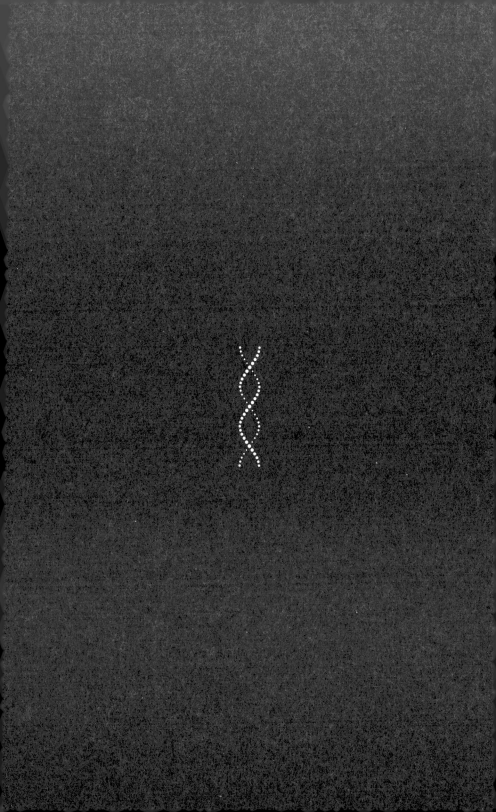

5장

의학
아프고 늙고
죽어야만 하는 이유

또 다른 희생양, 유전자

유전자는 두 가지 측면에서 '이기적'이다. 첫째는 개체들 간의 문제로서, 유전자가 자신을 실어 나르는 개체로 하여금 다른 개체들을 따돌리고 생존과 번식에 성공하기 위해 이기적으로 행동하도록 유도한다는 점이다. 지난 장까지 살펴본, 사회적 관계 속에서 겪는 인간들의 경쟁과 갈등으로 인한 비극이 여기에 해당한다. 둘째는 개체 안에서 일어나는 문제로서, 유전자가 개체의 행복과 안녕과는 상관없이 오직 자신의 번식에만 유리하게끔 작동한다는 점이다. 이번 장에서 살펴볼 질병과 노화 그리고 죽음, 즉 인간의 육체가 겪는 모든 생물학적 고통이 바로 여기에 기인하는 것이다. 그런데 우리가 흔히 간과하는 매우 중요한 사실 하나는 모든 유전자에는 서로 다른 변이들이 있으며 이 변이들은 목적 없이 우연에 의해 발생한다는 점이다. 다시 말해, 유전자라는 것은 애초부터 이기적으로 작동하도록 고안된 산물이 아니라는 점이다. 이기성은 유전자의 본래적 속성이 아니며, 다만 우연히 생겨난 이기적인 변이들만이 경쟁에서 살아남았을 뿐이다. 그렇다면 우리가 주목해야 하는 진짜 문제는 '유전자는 왜 이기적인가'라기보다는 '서로 경쟁할 수밖에 없는 변이들이 왜 생겨났는가'라고 볼 수 있다.

사실 변이가 발생하는 것은 유전자 입장에서도 좋은 소식이 아니다. 어떤 돌연변이들은 생체의 정상적인 발달에 치명적인 결함을 유발하기 때문에 그 돌연변이를 물려받은 후손 개체가 아예 태어나지도 못하거나 태어나더라도 번식 시점까지 살아남지 못하기 때문이다. 그렇지 않고 돌연변이가 해당 유전자의 기능을 일정 부분만 변형시키는 경우 집단 안에 새로운 변이가 등장하게 된다. 둘을 굳이 구분하자면, DNA의 구조에 발생하는 화학적 변형을 '돌연변이mutation'라고 하고, 돌연변이가 다음 세대에 전달되어 집단 안에 남게 되는 경우를 '변이variant'라고 하겠다. 1장에서 예로 든 것처럼, 어떤 유전자 A1과 A2를 같은 종류의 기능을 하지만 특성이 다른 2개의 변이라고 하고, 어떤 집단에 A1이라는 변이만이 남아 있었는데 이 집단 내 어떤 개체의 생식세포에서 돌연변이가 발생해 A1이 A2로 바뀌고 이것이 후손에게 전달되었다고 하자. 이 경우 A1은 자신의 정체성을 상실하고 다른 존재가 되었기에, 유전자의 궁극적인 목적인 자기 번식에 실패한 것이다. 그러나 더 중요한 것은 이제 A2가 집단 안의 새로운 경쟁자로서 A1과 생존

5장 의학

경쟁을 치르게 된다는 점이다. 치명적인 돌연변이의 경우에는 해당 개체의 죽음으로 끝나지만, 경쟁자 A2는 장기적으로 집단 내 모든 A1 변이들의 멸종을 유도할 수도 있다.

사실 모든 생명체는 돌연변이를 막기 위한 다양한 장치를 가지고 있다. 돌연변이가 발생하는 데는 내재적인 요인과 외부적인 요인이 있는데, 내재적인 요인이란 DNA를 복제하는 과정에서 DNA 중합효소가 일으키는 실수를 말한다. 세포가 분열할 때마다 유전체 전체가 복제되어 이 복제본이 딸세포에게 전달되어야 하는데, 이때 DNA가 새로이 만들어지는 과정을 'DNA 중합'이라고 한다. 이 작업을 수행하는 DNA 중합효소는 기존의 DNA 가닥을 주형으로 삼아 대응되는 가닥을 만듦으로써 유전체를 복제한다. 기존 가닥의 뉴클레오티드^{nucleotide}가 A이면 T를 짝지어 주고, T이면 A를, G에는 C를, C에는 G를 짝지어 준다. 이 과정에서 일어난 실수는 자가 교정 기능으로 수정한다. 방금 만들어 낸 결합이 잘못된 것이라면, 예컨대 A에 C를 잘못 짝지어 넣었다면, DNA 중합효소는 다음 서열로 넘어가기 전에 C를 끊어내고 다시 올바른 결합을 시도한다. 이렇게 DNA 중합효소는 반드시 자가 교정을 먼저 수행해야만 다음 작업을 시작할 수 있기에, 항상 선행하는 DNA 결합이 존재해야 한다. 그러므로 선행 DNA 결합이 없는 경우, 즉 세포 분열이 이제 막 시작되어 DNA 중합이 최초로 개시될 때는 DNA 중합효소가 작동할 수 없다. 이때는 RNA 중합효소의 힘을 빌린다.

영구적인 저장 장치와 같은 DNA와 달리 RNA는 단백질을 생성하기 위한 중간 매개체로서 오류가 발생해도 세포에 큰 영향을 끼치지 않으므로, RNA 중합효소는 자가 교정 기능 없이 언제든지 세포의 필요에 따라 바로바로 RNA를 만들어 낸다. 따라서 DNA 복제가 처음 시작될 때는 RNA 중합효소가 짧은 길이의 RNA를 만들고 DNA 중합효소가 그 말단을 자가 교정하면서 자신의 작업을 개시하게 된다. 이렇게 사용된 RNA 조각은 이후 DNA로 치환된다. 세포가 이토록 복잡한 절차를 감수할 만큼 DNA 중합효소의 교정 기능은 중요하다. 결과적으로, DNA 중합효소는 RNA 중합효소에 비해 훨씬 높은 정확도를 가지며 평균적으로 10^7개의 뉴클레오티드를 이어 붙일 때 한 번의 오류를 범한다.

놀라운 정확도이기는 하지만 인간의 유전체는 무려 3×10^9개의 뉴클레오티드로 이루어져 있으므로, 전체 유전체를 복제할 때마다 300개의 내재적인 오류가 발생한다는 계산이 나온다. 게다가 외부적인 요인들, 즉 세포 안에서 발생하거나 밖에서 유입되는 각종 물리적, 화학적 자극들은 끊임없이 DNA 손상을 유발한다. 따라서 DNA 중합효소의 자가 교정 기능 말고도 DNA 손상과 오류를 고칠 수 있는 추가적인 기능이 필요한데, 실제로 우리의 세포 안에서는 다양한 DNA 복구 유전자들이 작동하고 있다. 유전물질로 RNA 대신 DNA가 사용되는 이유도 DNA 복구와 관련 있다. 가장 흔하게 발생하는 돌연변이 중 하나가 C가 U로 바뀌는 것인데, 이로 인해 C-G 대신 U-G라는 잘못된 결합이 관찰된다. 그러나 다른 가능성도 존재하는데, 원래 U-A였던 것이 A가 G로 바뀌어 U-G가 될 수도 있다. 문제는 RNA에서는 U가 정상적인 뉴클레오티드로 사용되므로 이 두 가지 시나리오를 구별할 방법이 없다는 것이다. 그러나 DNA에서는 원래 U대신 T가 사용되기에, U와 G의 잘못된 결합이 발견되면 DNA 복구 유전자는 즉시 U를 C로 바꿀 수 있다.

RNA 대신 DNA가 유전물질로 선택된 것은 진화 과정에서의 중대한 분기점이었고, 그 덕분에 돌연변이도 더 쉽게 교정할 수 있게 되었다.

그러나 돌연변이를 방지하기 위한 정교하고 복잡한 장치들이 있음에도, 모든 생명체는 번식할 때마다 특정 수준의 변이를 만들어 낸다. 인간의 경우, 생식 과정에서 자손에게 물려주는 변이의 개수는 부모와 자식의 혈액에 있는 세포들에서 추출한 DNA를 분석해 측정할 수 있다. 쉽게 말해, 부모의 몸에는 없던 특정한 뉴클레오티드 서열이 자식의 몸에서만 발견된다면 이는 부모의 정자 혹은 난자에서 발생해 유전된 변이임을 말해주는 것이다. 실제로 《네이처 유전학》에 발표된 연구에서 이러한 방식으로 서로 다른 2개의 가계를 분석해 보니, 3×10^9개의 뉴클레오티드 중에서 각각 35개, 49개의 변이가 관찰되었다.[269] 인간의 경우 한 세대, 즉 수정란에서 성장해 생식세포를 만들기까지 약 100번의 세포 분열이 일어난다고 하니, 한 번의 세포 분열에서 평균적으로 대략 10^{10}개 중 1.5개의 변이가 만들어진다는 계산이 나온다. 단세포생물인 세균의 경우에는 한 번의 세포 분열이 한 세대를 의미한다. 대표적으로 연구되는 세균인 대장균의 경우 한 번의 세포 분열 시 10^{10}개 중 3개의 변이를 만든다. 대장균의 유전자가 4,000개를 넘는 정도인 데 반해, 인간의 유전자는 전통적인 계산으로 2만 개를 넘으며 RNA 수준에서의 조절을 포함하면 10만 개가 넘는다. 이렇게 유전자의 개수와 복잡성 면에서 엄청난 차이가 있음에도, 세포 분열당 발생하는 변이의 개수는 인간과 대장균이 거의 비슷한 수준이라는 것이다.[270]

이는 생명의 시작부터 현재까지 다양한 생명체들이 특정한 빈도로 변이를 불가피하게 허용하며 번식해 왔음을 암시한다. 앞서 설명했듯이 개별 유전자의 입장에서 보면 변이의 발생은 번식에 실패하고 나아가 경쟁 변이가 만들어지는 최악의 상황을 의미하는데, 그럼에도 왜 이런 방식으로 진화한 것일까? DNA 중합효소가 지금보다 더 천천히 움직이며 자가 교정 기능을 더욱 철저히 수행함으로써 자체적인 오류를 크게 줄이고, 지금보다 더 많은 종류의 DNA 복구 유전자를 사용하고 각각의 DNA 복구 유전자를 더 많은 양으로 만들어서 그 활성을 증가시켜 외부적인 손상에도 대응한다면, 변이의 양을 대폭 줄이는 데 그치지 않고 이론적으로는 그 수를 0으로 만들 수도 있었을 것이다. 그렇다면 개선의 여지가 있었음에도 일정 수준의 변이를 의도적으로 허용하며 진화한 이유는 무엇일까? 변이를 통해 얻을 수 있는 어떤 적응적 이득이라도 있었던 것일까?

이에 대한 답으로 세균과 단세포생물들에 대한 관찰과 수학적 모델링에 기반한, 《사이언스》와 《네이처》에 발표된 연구들을 참고할 수 있다.[271,272] 이 연구들에 따르면, 자연 세계에는 일부 DNA 복구 유전자가 고장 난 탓에 많은 변이를 발생시키며 번식해 가는 개체군들이 존재하는데 이들은 생명에 적대적이며 요동치는 환경에 적응하는 데 특히 상당한 이점을 가진다. 이는 의학적으로도 중요한 의미를 갖는데, 병원균들이 항생제와 같은 의약품에 대한 내성을 이러한 방식으로 발달시킬 수 있기 때문이다.[273-275] 즉, 수많은 변이 중 하나가 우연치 않게 약에 대한 저항성을 가지면 그 변이가 살아남아 그 개체군의 명맥을 유지하는 것이다. 지구상에 최초의 생명이 탄생한 35억 년 전부터 지금까지 모든 생명체는 가혹하고 불안정한 환경에서 살아왔다. 이러한 환경에서, 부족한 자원을 DNA 교정과 복구에 크게 투자하면서 자신과 유전학적으로 동일한 자손을 만들며 천천히 번식하는 개체군은 끝까지 대를 이어갈 가능성이 극히 희박하다. 반대로, 에너지와 자원을 DNA 교정이 아닌 DNA 복제와 세포 분열, 즉 번식에 집중함으로써 유전학적으로 저마다 다른 다양한 자손을 빠른 속도로 만들어 낸 전략은 성공했을 것이다. 이는 단세포생물만의 문제가 아니다.

앞서 설명한 것처럼, 인간의 생식세포에서도 대장균과 엇비슷한 빈도로 변이가 발생하며, 그에 더해 지난 1장에서 설명한 부모 염색체의 재조합이라는 과정을 통해 자손의 다양성을 한층 증대시킨다. 생식세포 형성 중 일어나는 염색체 재조합은 세포가 의도적으로 DNA 손상을 일으킨 다음 이를 복구시키는 과정에서 생긴다. DNA 손상을 의도적으로 일으킬 정도로, 인간을 비롯한 동물의 번식 과정에서 유전적 다양성을 확보하는 것이 중요한 문제라는 것이다. 인간의 유전자들 가운데 가장 다양한 변이를 가지고 있는 것은 1장에서 설명한 MHC 유전자다. 각종 병원균의 항원을 우리 몸의 면역 시스템에 신고하는 이 유전자의 인간 집단 내 변이는 무려 2,000개가 넘는다. 때마다 다른 종류의 병원균이 창궐하는 환경에서도 특정한 MHC를 가진 사람이 살아남아 인류가 멸종을 피할 수 있었던 이유다. 또한《사이언스》에 보고된 연구에 따르면, 한때 50억 마리의 개체 수를 자랑하던 여행비둘기가 불과 30여 년 만에 수수께끼처럼 멸종한 것은 바로 진화 과정에서 유전적 다양성이 지나치게 낮아진 데 그 원인이 있다.[276]

이와 같이 집단이 명맥을 이어가기 위해서는 결국 자기 자신의 소멸과 다른 변이의 탄생을 맞바꾸는 유전자들의 '희생'이 필요하다. 이런 방식으로 다양한 변이들이 많이 생겨나야 혹독하고도 변동하는 환경에서 집단이 유지되기 때문이다. 그러나 이는 유전자가 스스로 선택한 이타적인 결정이 아니라, 환경의 압력에 의해 강제된 유전자들의 희생에 따른 결과일 뿐이다. 돌연변이는 유전자의 의도에 반해 무작위적으로 발생하고, 또한 다양성의 확보를 위해 어쩔 수 없이 방치된 것이기 때문이다. (이는 3장에서 언급한 집단선택설, 즉 집단을 위해 이타적으로 행동하게 만드는 변이들이 많은 집단이 그렇지 않은 집단보다 유리하다는 개념과는 전혀 다른 것이다.) 최근 들어 생물 다양성에 대한 논의가 많이 이루어지고 있다. 다양성을 보존하는 것은 생태계 유지의 차원에서 매우 중요하지만, 다양성 그 자체가 선하거나 아름다운 것은 아니다. 이렇게 어마어마한 생물 다양성이 존재한다는 것은 역설적으로 자연이 얼마나 생명체에게 적대적인 환경인지를 말해주는 방증이다.

다양성의 그림자, 질병

유전자들이 다양성을 명분으로 자연에 의해 희생당하고 있다면, 생물 개체들은 질병과 죽음이라는 희생을 강요당하고 있다. 우리 인간은 갖가지 질병이나 건강의 문제를 겪으며 하루하루 죽어가고 있다. 세상에 수많은 질병이 있고 사람마다 감내하는 질병이 다르다는 것은 수많은 변이의 존재와 그 무작위성을 반영한다. 무작위적이기에 질병과 같은 문제가 생기는 것이고, 사람마다 변이가 다르기에 다른 종류의 질병에 취약한 것이다. 희귀 질환, 즉 소수의 사람들에게서 발견되는 질병의 개수는 대략 1만 개로 추산된다.[277] 이러한 질병은 부모의 생식세포에서 발생하는 돌연변이에 기인하며, 그 원인은 한두 개의 유전자혹은 한두 군데의 염색체상의 위치로 설명된다. 이는 부모에서 자식으로 전해지는 유전학 법칙을 처음 발견한 그레고어 멘델의 이름을 따서 '멘델 유전병Mendelian disease'이라고도 한다. 이러한 질병들의 목록을 제공하는 대표적인 데이터베이스인 '온라인 인간 멘델 유전Online Mendelian Inheritance in Man'에는 1년에 200개 이상의 새로운 질환이 추가된다고 알려져 있다.[278] 이런 질환은 희귀하게 발생하기 때문에 연구하기도 어렵고 따라서 진단하기도 어렵다. 미국에는 미진단 희귀 질환 네트워크 Undiagnosed Diseases Network라는 것이 있어서, 전국 각지의 병원들에서 수집한 미진단 환자들의 유전체 변이 분석을 통해 새로운 진단이 내려진다. 따라서 1만 개는 매우 적게 추산된 수치라고 볼 수 있다. 치명적인 돌연변이를 물려받는 경우, 안타깝게도 그 사람은 생식 가능한 시점까지 생존하지 못할 것이다. 어떤 돌연변이는 질환자가 젊을 때는 영향력을 드러내지 않다가 나이가 들면 질병을 발생시킨다. 이러한 돌연변이도 다음 세대로 전해져 집단 내 변이로 존재할 수 있지만, 발병하는 나이가 젊을수록, 즉 생식 시점과 가까울수록 번식에 실패하는 경우가 늘어나므로 집단 안에 퍼지는 정도는 낮을 것이다.

그런데 질병의 발생 위험도를 높임에도 집단 안에 매우 광범위하게 퍼져 있는 변이들도 상당히 많다. 이들은 개별적으로는 인체에 거의 아무런 영향도 주지 않으면서 변이의 형태로 집단 내에 표류하다가, 다른 많은 변이들과 상호작용할 때 특정 질병의 발생 확률을 높이는 경우들이다. 이와 같이 수십 개에서 수백 개의 변이들이 복합적으로 영향을 미치는 질병을 '복잡질환complex disease'이라고 하며, 희귀 질환에 비해 우리 주변에서 훨씬 흔하게 볼 수 있다. 고혈압, 당뇨, 비만, 불면증, 우울증 등 각종 면역질환과 정신질환이 여기에 속한다. 이 경우에도 질병의 개수를 정확히 판단하기 어렵지만, 4장에서 언급한 영국 NHS는 이를 322가지로 구분하고 있으며, 미국 인간유전학회 학술지의 한 문헌에는 언어 처리 기술을 통해 체계적으로 정리한 3,145개의 복잡질환이 정의되어 있다.[279] 복잡질환은 이미 여러 번 언급된 전장유전체 연관분석 기법의 주된 연구 대상이다. 미국 국립보건원 산하의 인간유전체연구소[NHGRI]에서 개발한 전장유전체 연관분석 데이터베이스에는 소화기, 심혈관, 대사, 면역, 신경계 등에 영향을 주는 복잡질환 및 기타 형질 5,000개 이상에 대한 4만 5,000개 이상의 연구 결과가 집대성되어 있다.[280]

이러한 유전학적 연구가 가능했던 것은 당장 치료법이 개발되고 본인에게 혜택이 돌아오는 것이 아님에도 자신의 유전정보를 자발적으로 공유한 이들 덕분이다. (전장유전체 연관분석을 통한 복잡질환 연구에는 수만 명에서 수백만 명의 유전정보가 필요하다.) 희귀 질환 연구도 마찬가지다. 예를 들어, 2022년에 PCSK9이라는 유전자에 대한 유전자 치료 임상시험이 시작되었는데, 만약 이 치료법이 성공하면 사람의 유전정보를 바꾸어 콜레스테롤 수치를 영구적으로 낮출 수 있다. 그런데 이 획기적인 치료는 2003년 《네이처 유전학》 논문으로 거슬러 올라간다. 가족성 고콜레스테롤혈증을 앓던 프랑스 가족 23가구의 유전자 분석 결과로 발견된 것이 바로 PCSK9인 것이다. 이 논문의 말미에 있는 감사의 글은 "연구에 협조해 주신 가족분들께 감사드립니다"로 시작한다.

암의 경우에는 수많은 암환자들의 암세포를 환자 동의하에 분석해 이미 엄청난 치료법의 진전을 이루어 냈다. 기존의 항암 치료는 빠르게 분열하는 세포를 무작위적으로 죽이는 과정에서 정상 세포에도 해를 끼치기에 환자들이 상당한 부작용을 감당해야 했으며, 결국 치료에 대한 저항성이 발생하면 별다른 치료법 없이 죽어가야 했다. 그러나 최근 개발된 표적 치료와 면역 치료는 환자의 암 조직을 분석해 특정 유전자를 공략함으로써, 기존 치료에 반응하지 않던 환자들에게 새로운 치료법을 제공하면서도 부작용을 최소화한다. 혈액암 치료제인 글리벡이 개발된 이후, EGFR, BRAF, MEK1/2, BRCA1/2, PD-L1, CD19 등의 유전자들을 치료 혹은 진단 타깃으로 하는 많은 치료제들이 개발되어 사용되고 있다. 물론 기증자들 자신은 이러한 치료 혜택을 받지 못했겠지만, 그들 덕분에 수많은 환자들의 생명이 연장되었다.

지난 3장에서 우리는 유전자에 대해 생물학적 소유권을 주장할 근거가 없다는 것과 그 경제학적 함의에 대해 논의했다. 질병 진단과 치료의 차원에서도 자신의 유전자를 혼자 '소유'하고 있어봐야 실질적으로 아무런 의미가 없다. 다른 이들과의 '공유'를 통해서만 비로소 가치가 창출된다. 모든 사람이 자기 유전자의 소유권을 고집스럽게 주장하면서 그 누구도 공공의 연구 목적을 위해 유전자를 공유하지 않는 사회가 있다면, 이런 사회에 속한 과학자들은 어떤 유전자가 어떤 질병을 일으키는지에 대한 아무런 단서를 찾을 수 없을 것이다. 23andMe와 같은 유전자 검사 서비스로 경제적 이득을 얻은 자본가들은 물론, 자기 유전자에 담긴 다양한 위험 요소에 대한 정보를 얻어 간 개인 고객들, 그리고 최신 암 치료 기술의 혜택을 얻은 환자들 역시 자신의 유전자를 공유한 기증자들에게 빚지고 있다는 점을 잊지 않아야 한다.

법적으로 누구의 소유도 아닌 것을 고대 로마의 법에서는 '무주물

res nullius'이라고 했다. 무주물은 선점하는 자에게 그것의 이용과 이익의 취득이 허용된다. 이와 반대되는 개념은 '만인공리물res communis'이다. 로마의 위대한 황제로 꼽히는 유스티니아누스가 공화정 이래 제국의 법률, 판례, 칙령 등을 집대성해 성문화한 『로마법 대전Corpus Iuris Civilis』에는 만인공리물이 다음과 같이 정의되어 있다. "자연법에 따르면 공기, 흐르는 물, 바다 및 해안가와 같은 것들은 모든 인류에게 공동으로 속한다."[281] 이러한 개념으로부터 발전한 국제법 원칙 중 하나가 바로 '인류공동유산common heritage of mankind'이다. 이 원칙에 따르면 인류 모두에게 속하는 특정한 지리적 영역이나 자연적, 문화적 요소들은 다음 세대를 위해 보호되어야 하며 특정 국가나 기업에 의한 착취로부터 보호되어야 한다. '해양법에 관한 국제연합 협약'이나 '외기권 우주조약' 등이 바로 이러한 원칙에 입각해 결의된 것들이다.

인간의 유전자군gene pool 역시 이러한 인류공동유산에 해당한다는 견해를 처음으로 제시한 것은 놀랍게도 지중해의 작은 섬나라 몰타의 신학자이자 철학자인 에마누엘 아지우스Emmanuel Agius였다. 그가 이 문제를 성찰하게 된 것이 우연은 아니었을 것이다. '해양법에 관한 국제연합 협약'이 만들어진 계기가 바로 1967년 국제연합UN 총회에서 결의된 '심해저의 인류공동유산' 선언이었는데, 그 안을 발의한 것이 바로 몰타 정부였기 때문이다. 1989년 아지우스가 발표한 짧은 논문에 담긴 내용은 그 자체로 심오하다.[282] 그의 주장에 따르면, 심해저보다 더욱 명백한 인류 전체의 유산이 있다면 그것은 바로 유전정보다. 유전자군은 국적도 국경도 없이 그야말로 전체 인간 종이 공유하는 생물학적 유산으로서, 한 세대에서 다음 세대로 계속해서 전해지므로 인류의 모든 세대에 속한 공통의 것이다. 어느 특정 세대도 인간의 유전자에 대한 배타적인 권리를 가질 수 없으므로 그것에 대한 소유권은 오직 인류 전체에 속한 것으로 보아야 한다는 것이다.

이와 같이 인간의 유전체 정보를 만인공리물 혹은 인류공동유산으로 규정하면, 인간의 유전자 조작이나 편집은 오직 국제 사회의 합의에 의해 도출된 가이드라인에 따라 허용되어야 하며, 이에 어긋나는 특정 개인이나 단체의 사사로운 이용은 제재의 대상이 된다. 고통을 유발하는 질병도, 사회적인 차별을 유발하는 형질도, 남들보다 우월한 재능이나 능력도 모두 개인이 아닌 인류가 함께 짊어지거나 누려야 할 만인공리물이다. 깊은 바다 속 자연의 아름다움이나 희소한 자원은 모두가 동등하게 누릴 수 있어야 하며, 우리는 그곳에서 조난을 당하거나 위험에 빠진 이들을 조건 없이 구조하는 시스템을 가져야 한다. 유전자의 바다도 마찬가지다. 열성유전자에 대해서는 공중 보건과 같은 의료적 구조 체계가 필요하며, 경제력을 비롯한 사회적 특권을 이용해 우성유전자를 획득하고 소유하려는 행위는 규제해야 할 것이다.

번식 경쟁의 대가, 노화

질병이 단지 개인의 문제라면, 죽음은 모든 인간, 사실상 모든 생물이 피할 수 없는 궁극적인 비극이다. 단세포생물들의 경우, 환경적인 요소로 죽는 경우를 제외하면 생물학적으로는 세포 분열을 통해 딸세포의 형태로 생명을 유지한다고 간주된다. 하지만 실제로는 복제할 때마다 DNA에 변이가 발생하므로, 딸세포들은 자신과 유전학적으로 다른 그야말로 자손일 뿐이다. 유전학적 정체성의 상실을 죽음으로 정의한

다면, 단세포생물들에게는 번식 과정 자체가 바로 자신의 죽음을 의미하는 것이다. 따라서 이런 관점에서 보면, 생명은 태초부터 변이라는 형태로 집단의 유지를 위해 개체의 수명을 희생시키는 방향으로 진화되어 왔다.

그런데 인간과 같이 체세포와 생식세포가 구분되어 있는 다세포생물들은 오래 살수록 번식의 기회가 많아지므로 개체의 수명을 늘리는 것이 번식의 입장에서도 유리하지 않을까? 애석하게도 혹독한 자연환경은 이것마저 허락하지 않는다. 영국 뉴캐슬대학교 톰 커크우드Tom Kirkwood 교수가《네이처》논문에서 지적했듯이, 자연 세계에서는 추위, 굶주림, 감염, 포식자와 같은 환경적 위험 요소로 인해 기대 수명이 워낙 낮기 때문에 생물학적으로 수명을 유지하기 위한 불필요한 메커니즘은 진화하지 않았다.[283] 예를 들어, 최근《네이처 생태학과 진화Nature Ecology & Evolution》에 발표된 연구에 따르면 나이가 들수록 정자 형성 과정에서 생기는 돌연변이를 복구하는 능력이 떨어진다.[284] 즉, 자연적인 기대 수명을 벗어나면 더 이상 DNA 복구 기능이 활발하게 사용되지 않는다는 뜻이다. KAIST의 우리 연구실은 자폐증 환자 242명의 가계도 유전체를 분석하는 대규모 연구에 참여한 적이 있는데, 부모의 나이가 많을수록 자녀에게 물려준 변이의 개수도 증가했으며 그 평균 개수는 69개로 나타났다.[285] 앞서 언급한 정상인 가계에서 나타난 변이보다 1.5~2배 정도 많은 수치다.

이렇게 나이에 따라 감소되는 DNA 복구 기능의 문제가 체세포에서 나타나는 것이 바로 노화의 중요한 원인 중 하나다. 1977년에 커크우드 교수가《네이처》에 발표한 '일회용 체세포disposable soma' 이론에 따르면, 제한된 자원과 에너지는 그나마 생식세포의 유지에 사용되고, 번식으로 이어지지 않는 그야말로 일회용일 뿐인 체세포들은 더더욱 관리를 받지 못한다.[286] 실제로 2021년《네이처》에 보고된 2편의 논문을 보면 인간의 체세포에서는 생식세포에 비해 무려 10~20배나 빠른 속도로 돌연변이가 축적된다.[287,288] 또한 2022년《네이처》에 발표된 연구에서는 인간을 포함한 16종의 포유류의 체세포 돌연변이 발생 속도가 야생에서의 기대 수명과 정확히 반비례한다는 것을 발견했다.[289] 즉, 자연 상태에서 사망할 나이에 이르면 종의 종류와 상관없이 거의 비슷한 양의 체세포 돌연변이가 축적된다는 것이다. 다시 말하자면, 체세포 돌연변이는 개체의 노화를 통해 생물학적 죽음을 초래하는데, 이는 세포들이 거의 정확히 야생에서의 기대 수명에 미칠 만큼만 DNA를 복구하고 있다는 것이다.

이와 같이 체세포에 일어나는 돌연변이가 노화를 통해 죽음을 초래하는 가장 대표적인 경로가 바로 암이다. KAIST의 우리 연구실에서도 국제 컨소시엄 참여나 국내 대형 병원과의 협업 등을 통해 암세포에 나타나는 체세포 돌연변이를 분석하는 연구를 여러 차례 수행했다.[290-292] 우리 연구실에서 암유전체학으로 박사학위를 받은 졸업생이 케임브리지대학교에서 참여한 연구가 돌연변이-노화-암의 관계에 대한 매우 중대한 연구라는 평가를 받기도 했다.[293] 2022년《네이처》에 발표된 이 연구에서는 체세포를 대표해 혈액세포, 보다 정확히는 조혈모세포의 돌연변이 분포를 사람의 나이에 따라 조사했다.[294] 여러 돌연변이들 가운데 어떤 것들은 해당 세포를 잘 자라게 만드는데, 이렇게 특정 변이가 빠르게 세포 집단 안에서 퍼져가는 과정을 '클론 확장clonal expansion'이라고 한다. 이 연구 결과에 의하면, 놀랍게도 딱 70세가 넘으면 이러한 클론들이 갑작스럽게 전체 세포 집단의 대부분을 차지한다. 연구진은 이와 같은 세포 집단 구성의 급격한 변화가 다양한 노화 현상을 설명할 수 있을 뿐만 아니라, 암의 진행 경로일 것이라고 설명하고 있다. 다른 세포에 비해 경쟁적으로 빠르게 분열하다가 급기야 조절 능력을 잃고 걷잡을 수 없이 퍼져나가는 것이 바로 암이기 때문이다.

따라서 커크우드 교수의 논리를 따른다면 기대 수명이 낮은 가혹한 자연환경에서는 돌연변이의 증가로 인해 암 발생률이 특히 높을 것이라는 가설을 세워볼 수 있다. 실제로 188개 국가에 대한 17가지 다른 변수들을 통계학적으로 분석해 보니, 연간 평균 기온이 낮을수록 암으로 인한 사망률이 높아진다는 것이 관찰되었다.[295] 특히 알래스카나 그린란드 등 극한의 추위 속에 사는 이누이트나 아메리카 원주민 등의 암 발생률이 월등히 높다는 것도 밝혀졌다.[296] 그런데 기대 수명에 따라 DNA 복구 활성을 조절하는 메커니즘은 무엇일까? 추운 환경을 예로 들자면, 구체적으로 어떻게 낮은 온도가 DNA 복구를 저해하는 것일까?

간단한 추정 중 한 가지는, 추운 환경에서는 체온을 유지하기 위한 높은 대사 스트레스로 인해 DNA 복구에 들어가는 자원과 에너지가 물리적으로 제한되고, 이로 인해 암을 발생시키는 돌연변이의 양이 증가한다는 것이다. 그러나 해석이 이렇게 간단하지는 않다. 최근《네이처》에 발표된 연구에 의하면 추운 조건에 노출되는 것이 오히려 암세포를 굶겨 죽이는 것과 비슷한 효과를 보이기 때문이다.[297] 또한 하버드대학교 의과대학의 데이비드 싱클레어David Sinclair 교수도 『노화의 종말Lifespan』에서 간헐적으로 몸을 추위에 노출시키는 것이 오히려 세포의 노화 방지 메커니즘을 작동시킨다고 주장한다.[298] 무엇보다도 개인들 안에서 일어나는 일시적 현상을 넘어, 수십 세대에 걸쳐 그런 지역에 살아온 사람들이 진화를 겪으며 적응해 온 유전학적 결과를 고려해야 할 필요성이 있다. 다시 말하면, 불리한 환경에서 DNA 복구 기능이 저해되고 암 발생률이 높아지는 것은 애초부터 진화를 통해 유전자에 의해 프로그래밍된 결과일 수 있다는 것이다.

실제로 극히 추운 기후나 높은 고도와 같은 극한 환경에 사는 이들의 진화 양상을 분석한 연구 결과가 있다.[299] 이 연구에서는 우선 1장의 교감신경 유전자 ADRA2C와 4장의 세로토닌 유전자에 일어난 자연선택을 측정한 방법론을 도입해 이런 지역에 사는 사람들의 유전체를 집단유전학적으로 분석했다. 그리고 여러 종류의 암에 대한 240개의 전장유전체 연관분석 연구들의 결과를 종합해 암의 발생을 높이는 변이들을 도출한 후, 이들에게 작용한 자연선택의 양상을 확인했다. 놀랍게도 이 변이들은 조사된 집단에서 양의 선택을 받았다는, 즉 이러한 환경에 적응하는 데 유리하게 작용했다는 사실이 확인되었다. 다시 말하면, 단순히 추운 '날씨'에 의한 '물리적 부작용'으로 암이 발생하는 것이 아니라, 추운 '기후'에서의 '진화적 적합도'를 높인 유전자 변이들이 생물학적으로 암 발생률을 높인다는 것이다.

이러한 현상을 설명할 수 있는 것이 바로 조지 윌리엄스가 1957년에 제안한 '길항적 다면발현antagonistic pleiotropy' 이론이며,[300] 이 이론에 따라 가장 많이 관찰되고 연구된 것이 바로 생식능력과 노화 간의 관계다.[301] 이 이론에 따르면, 젊을 때 번식에 유리하게 작용하던 변이가 나이가 들어서는 반대로 노화를 촉진하는 방향으로 작동할 수 있다. 거칠게 말하면, DNA 복구를 덜 하고 그 대신 세포를 빠르게 분열시키는 것이 젊은 시절의 성장이나 생식세포의 활발한 생산 등 생식기능의 발달에는 유리하지만 장기적으로는 암과 노화를 유발할 수 있다는 말이다. 앞서 예로 들었던 추운 기후에서처럼, 어차피 자연적 기대 수명이 낮은 상황이라면 유전자 입장에서는 사람이 젊을 때 번식을 촉진시키는 것이 유리하다. 즉, 앞선 연구에서 발굴된 변이들은 아마도 DNA를 덜 복구하는 한편 세포를 빠르게 분열시킴으로써 젊은 시기의 번식 성공률을 높였기에, 노년의 암 발생 가능성을 높이면서도 높은 진화적 적합도를 보였을 것이다.

사실, 생식기능과 암 발생 간의 이러한 길항적 관계는 상당히 잘 알려져 있다. 대표적으로 어린 시절이나 성장기에 발육이 빨랐던 이들이 나이가 들어 유방암이나 전립선암에 걸릴 확률이 높다는 결과들이 있다.[302,303] 유방암의 80~90퍼센트는 암세포 자체에 여성호르몬 수용체를 가지고 있어서 사실상 여성호르몬을 먹고 자란다고 말할 수 있다. 젊은 시절 여성의 생식기관을 발달시키고 그 기능을 발현시키는 에스트로겐이, 유관 상피세포를 증식시키는 과정에서 체세포 돌연변이를 축적시켜 유방암을 발생시키는 것이다. 또한 DNA 복구에 관여하는 대표적인 유전자 BRCA1과 BRCA2에 생기는 변이는 DNA 복구 기능을 감소시키며 난소암과 유방암 발생 가능성을 높이는데, 이런 변이를 가진 사람들이 자녀의 수, 유산율, 출산 간격, 초산 나이 등의 측면에서 생식기능이 더 우월하다는 것이 관찰되기도 했다.[304,305] DNA 손상에 대처하는 기능으로 가장 잘 알려진 암 유전자 P53 역시 생식능력의 조절과 관련해 핵심적인 역할을 한다는 것이 드러났고,[306] 실제로 이 유전자에 나타나는 특정 변이들이 수정란 착상 과정에 영향을 미친다는 것도 밝혀졌다.[307] 인간의 암만큼 많이 연구되지는 않지만, 동물에서도 유사한 예들을 찾을 수 있다.[308] 3장에서 동물들의 번식 경쟁의 대표적인 예로 언급된 사슴 뿔의 경우에도, 뿔의 크기가 클수록 암과 같이 비정상적으로 자라는 조직들이 더 많이 관찰된다. 또한 암탉의 경우에는 생식력을 극대화한, 즉 많은 알을 낳도록 개량된 종에서만 높은 빈도의 난소암이 관찰된다.

생존 투쟁의 결과, 노화

지금까지 DNA 복구의 측면에서 노화를 살펴보았는데, 면역학적 측면에서 일어나는 노화 역시 자연환경의 문제로 귀결된다. 노화에 관한 면역학적 이론에 따르면, 면역체계가 점차 자기 자신과 외래 물질을 구별하는 능력을 잃어감에 따라 개체 자신의 정상적인 세포들을 공격하고 파괴하는데, 이것이 노화의 원인 중 하나다. 즉, 병원균과 싸우기 위해 활성화된 면역세포들이 피아 식별 능력을 잃고 그 부작용으로 자신의 숙주세포들을 공격하게 된다는 것인데, 이는 의학에서 이야기하는 자가면역질환의 발단이다. 《네이처》에 발표된 전장유전체 연관분석 결과에 따르면, 대표적인 자가면역질환인 염증성 장 질환을 유발하는 변이들이 오히려 병원균에 의한 감염에 대해 저항성을 높이는 것으로 나타났다.[309]

한편 최근에는 유전체학 기술이 발전하면서 살아 있는 세포가 아닌 화석에서 추출한 DNA를 분석하는 것도 가능해졌다. 2022년《네이처》에는 이에 관한 흥미로운 연구 결과가 실렸는데, 흑사병이 유럽을 휩쓸던 1350년경의 유전체 360건에 대한 진화론적 분석을 통해 그 당시 생존에 유리했던, 즉 양의 선택을 받은 변이들을 발굴한 것이다.[310] 예상대로 다수의 면역 기능 유전자들의 변이가 선별되었는데, 그중에서도 가장 강력한 선택을 받은 것은 ERAP2라는 유전자에서 나타났다. ERAP2는 병원균이 침투했을 때 그 항원을 MHC 단백질에 붙여 면역세포들에 제시해 줌으로써 병원균에 대한 면역반응을 유도하는 역할을 한다. 그런데 흥미로운 것은 KAIST의 우리 연구실에서 밝힌 이 유전자의 다른 얼굴이었다. 한국 질병관리청에서 수집한 코로나19 감염자와 비감염자 총 620명의 면역세포를 분석한 결과, ERAP2의 활성이 높은 경우 코로나19에 대한 감염이나 중증도로 진행되는 정도가 낮은 반면, 자가면역질환에 대해서는 ERAP2의 발현량을 높이는 변이들이 발생 위험도를 높이는 것으로 나타난 것이다. 다시 말해, ERAP2의 기능을 높이는 변이를 가진 경우 감염에 잘 대처할 수 있지만 반대로 자기 몸에서 유래된 항원까지 과도하게 제시함으로써 자가면역반응을 유도할 가능성이 높아진다.

면역계의 노화 문제는 또 있다. 우리 몸에는 흉선 혹은 가슴샘이라는 조직이 있는데, 우리 몸에서 가장 중요한 면역세포의 하나인 T 세포가 양성되는 곳이다. 일단 만들어진 무수히 많은 종류의 T 세포들은 그것이 정상적으로 기능하는 수용체를 가지고 있는지, 함께 일해야 하는 다른 면역세포들과의 상호작용이 제대로 일어나는지, 그리고 자가 세포나 단백질을 타자로 잘못 인식하는지 테스트를 거친다. 이러한 치밀한 훈련 과정에서 문제가 있는 T 세포들은 모두 제거되고 오직 2퍼센트만이 살아남는다. 그러나 어린 시절 활발하게 작동하던 가슴샘 조직은 나이가 들수록 크기가 줄어들고 기능도 위축된다. 물론 우리 몸에는 가슴샘 말고도 T 세포를 훈련시키는 다른 장소들도 있지만, 이때쯤이면 면역 기능이 점차 제약을 받는다. 따라서 가슴샘이 기능하지 않으면 추가적인 T 세포 양성 없이 사실상 그때까지 훈련된 T 세포들만을 가지고 살아야 하기에, 고령자들은 감염 질환에 훨씬 취약해진다.

지난 2장에서는 전염병을 피하기 위해 진화된 행동면역계가 어떻게 혐오와 낙인을 만들어 내는지 살펴보았는데, 이 모든 것은 수많은 감염이 난무하는 적대적인 자연환경에서 살아남기 위해 인간이 고군분투한 결과들이다. 사실 인간뿐 아니라 모든 생물은 감염에 괴롭힘을 당한다. 바이러스는 아무런 물질대사를 하지 않으며 심지어 자신의 DNA를 복제하고 번식하는 데도 숙주의 자원과 에너지를 이용할 정도로 극도의 기생 생활을 하는데, 심지어 세균들도 이러한 바이러스의 공격을 피하기 위해 '크리스퍼CRISPR'나 제한효소와 같은 방어기제를 발달시켰다. 하지만 스스로 물질대사를 하고 복제와 번식을 하더라도, 숙주의 자원을 탈취하며 살아간다는 면에서는 동식물을 감염시키는 많은 세균들도 바이러스와 다르지 않다.

그런데 사실 다른 생명체가 만들어 놓은 자원을 탈취하는 것은 생물계 전체에 만연한 행위다. 감염이라는 것이 몰래 벌이는 탈취라면, 포식은 힘에 의한 강제적인 탈취다. 최초의 포식자는 다름 아닌 세균이었을 텐데, 산소를 이용해 에너지원인 ATP를 만드는 호기성 세균이 혐기성 세균에게 포식당한 후 미토콘드리아라는 형태로 공존하게 된 것이 동물, 식물, 균류의 기원이었을 것으로 추정된다. 이들 중 일부는 다시 광합성하는 세균을 포식해 엽록체까지 갖추게 되는데, 이것이 식물의 기원이다. 최초의 생명체들은 모두 독립적으로 살아갈 수 있었을지 모르나, 머지않아 다른 생명체가 만들어 낸 유기물을 가로채며 살아가는 행위가 생명의 역사에 등장한 것이다. 심지어 엽록체를 통해 스스로 유기물을 만드는 메커니즘을 개발한 후에도 많은 생물들은 여전히 다른 개체의 자원을 탈취하며 살아가고 있다.

탈취는 상대의 영역에 대한 '침범'을 전제하기에 그에는 상당한 대가가 뒤따른다. 감염을 이용해 살아가는 바이러스나 세균은 많은 경우 결국 숙주의 면역세포에 의해 죽는데, 그것을 피하려면 끊임없이 변이를 만들어 가며 번식해야 한다. 그러나 앞서 설명했듯이 이들에게 변이는 유전학적으로는 죽음과 마찬가지다. 포식으로 살아가는 동물들 역시 힘겹게 식물을 찾아다니거나, 많은 에너지를 요구하면서도 실패 확률이 높은 사냥으로 생존하는 수밖에 없다. 초식동물과 육식동물을 막론하고 많은 동물들이 굶주림으로 죽어가며 추운 겨울에는 아예 동면을 취하기도 한다. 이는 인간이 왜 그토록 위험한 전쟁을 상습적으로 벌여왔는지를 설명한다. 『문명과 전쟁』에서 아자 가트는 "사람들이 싸움에 목숨을 거는 이유는 간단히 말해 그들과 친족의 생존 및 번식의 성공을 좌우하는 유무형의 재화를 (자연으로부터) 얻고 잃는 문제가 싸움의 위험성보다 중대할 수 있기 때문이다"라고 말한다.[25] 이 모든 것은 애초에 자연환경이라는 것이 생명에 최적화되어 있지 않은 탓에 일어나는 일들이다.

한편, 면역학적인 노화와 연관이 깊은 대표적인 질환이자 인간이 겪는 가장 비극적인 질병 중 하나가 알츠하이머병Alzheimer's disease, 즉 치매다.[311] 뇌에서 일어나는 퇴행성 질환을 면역학적으로 설명하는 이러한 새로운 관점에 근거를 제시한 것은 알츠하이머병에 대한 전장유전체 연관분석 연구들이었다. 각각 2014년과 2015년에 《사이언스》와 《네이처》에 발표된 연구들에서 알츠하이머병의 위험도를 증가시키는 유전자 변이들을 분석해 보니, 이들이 주로 면역세포에서 작용하는 변이들이라는 점이 밝혀진 것이다.[312·313] 이후 다른 두 연구진에서도 더 많은 전장유전체 연관분석 데이터를 통합해, 알츠하이머병의 유전학적 원인이 역시 면역체계에서 문제를 일으킨다는 것을 《네이처 유전학》을 통해 발표했다.[314·315] 흥미롭게도, 자연선택의 크기와 방향성을 측정하는 유전학 방법들을 도입해 보니 알츠하이머병 발병을 높이는 변이들이 인간의 진화에서 유리한 방향으로 작용한 흔적이 관찰되었다.[316] 예를 들어, 알츠하이머병의 가장 강력한 유발 인자로 알려진 APOE4 변이는 염증 반응을 통해 감염에 대한 면역반응을 강화해 생존에 유리하게 작용하지만,[317] APOE4가 일으키는 만성적인 염증 반응이 장기적으로는 뇌신경의 노화라는 결과로 돌아오게 된다.[318·319] 게다가 최근의 RNA 연구들은 알츠하이머 유전자들이 면역학적 측면뿐만 아니라 뇌의 발달이라는 측면에서도 적합도를 높이는 데 도움이 되었을 것이라는 가설을 제시하고 있다.[320·321] 이뿐만이 아니다. 최근 《사이언스 어드밴스》에 발표된 연구에 따르면, APOE4 변이는 암 유전자들과 유사하게 길항적 다면발현의 양상을 보인다.[322] 즉, 감염 위험성이 높고 피임을 사용하지 않는 자연 생식에 의존하는 환경에서는 APOE4 변이를 가진 여성들이 자녀의 수가 더 많고, 초산 나이는 더 어리며, 출산 간격은 더 짧다는 것이 관찰된 것이다. 3장에서 공작의 꼬리와 칠면조의 스누드를 이야기하며 면역학적으로 건강한 수컷들은 자신의 자원과 에너지를 과시 행위에 쏟을 수 있다고 했는데, 마찬가지로 APOE4가 제공하는 면역학적 건강은 여성들로 하여금 젊은 시절 성장과 생식에 더 많은 투자를 하도록 만들 수 있다. 그러한 영향이 감염의 위험도가 높고 인위적인 생식 통제가 이루어지지 않는 환경에서 두드러지게 나타나는 것이다. 즉, 치매는 생존을 위해 개발된 면역 기능의 부작용으로 나타나는 결과 중 하나인데, 그 와중에 우리의 유전자는 번식을 촉진하는 방향으로 진화해 온 것이다. 그 결과, 암 유전자와 마찬가지로 치매 유전자는 인간 집단에서 사라지지 않고 계속 유지되고 있다.

문명 탓이라는 착각

적대적인 자연환경으로 인해 일어나는 이러한 일련의 비극들은 직관적으로 이해하기 어려울 뿐만 아니라 이해하는 데도 상당한 과학적 지식이 필요하다. 질병과 노화, 암, 전염병의 원인에 대해 인간의 직관에 보다 쉽게 다가오는 것은 산업의 발달로 인한 환경오염, 흡연이나 운동 부족 혹은 건강하지 못한 식습관, 생태계 교란으로 인한 새로운 바이러스와의 접촉과 같은 인간의 잘못들이다. 특히 최근에는 코로나19로 인해 인간의 생태계 파괴 행위가 크게 부각되었다. 그러나 인류의 진화는 병원균과의 싸움 그 자체라고 할 만큼, 인간은 오랜 과거부터 수많은 바이러스와 세균과 싸웠으며 그 전쟁에서 수많은 생명을 잃어왔다. 2,000가지가 넘는 MHC 유전자의 다양성은 인간과 수많은 병원균 간의 진화 전쟁이 얼마나 치열했는지를 말해준다. 잘 알려진 대표적인 바이러스만 추려도, 호흡기를 감염시키는 감기, 인플루엔자, 폐렴 바이러스, 위장관 감염을 일으키는 노로바이러스와 로타바이러스, 간을 파괴시키는 간염 바이러스들, 신경계를 공격하는 광견병 바이러스, 웨스트 나일 바이러스, 뇌수막염 및 소아마비를 일으키는 바이러스들이 있고, 그 외에도 수두-대상포진 바이러스, 지카 바이러스, 풍진 바이러스, 거대세포 바이러스, 콕사키바이러스, 에코바이러스 등이 있다. 과거 수많은 인명을 앗아 간 흑사병, 콜레라, 결핵은 바이러스가 아닌 세균에 의한 것인데, 항생제의 개발로 세균과의 전쟁에서는 많은 진전을 이루었지만 바이러스는 우리의 세포 안으로 침투하기 때문에 치료제 개발이 더욱 어렵다. 게다가 바이러스는 암의 원인이기도 하다.

　　DNA를 손상시키며 암을 유발하는 방사선은 또 어떠한가. 인간이 만들어 낸 인공 방사선을 차치하더라도 방사선은 이미 자연환경에 항상 존재한다. 지구에는 다양한 방사성 원소들이 안정한 상태로 변하기 위해 여러 종류의 방사선을 내뿜기 때문이다. 우주도 마찬가지다. 매우 빠른 속도로 지구에 쏟아지고 있는 우주 방사선은 대기 중 질소 또는 산소와 반응해 삼중수소를 만든다. 이렇게 만들어진 삼중수소는 다른 자연 방사성물질들과 함께 빗물에 섞여 지표로 낙하하며, 직접 혹은 동식물의 호흡이나 먹이사슬을 거쳐 인체에 흡수된다. 나라와 지역마다 다르지만 평균적으로 사람이 1년간 노출되는 이러한 자연 방사선의 양은 약 3밀리시버트mSV다. 인공 방사선은 자연 방사선과 달리 관리가 가능하기 때문에 한국의 경우 의학 목적의 방사선을 제외한 인공 방사선의 연간 노출량을 1밀리시버트로 규제하고 있다. 원자력발전소 주변의 방사선 노출량의 목표치는 0.05밀리시버트인데, 실제 노출량은 0.01밀리시버트 미만으로서 자연 방사선의 양에는 비할 바가 못 된다.

2015년《사이언스》에 발표된 논문 하나가 의학계를 떠들썩하게 만들었다. 이른바 '불운 이론bad luck theory'으로도 알려진 이 연구는 한마디로 암이 생기는 이유가 다름 아닌 '자연적으로' 운이 나빠서라는 것이다.[323] 우리 몸에는 성체 줄기세포라는 것들이 있는데, 우리의 장기를 이루는 체세포들은 이들이 계속 분열함으로써 만들어진다. 연구진은 각 장기에서 암이 발생하는 정도와 해당 줄기세포의 분열 횟수가 정확히 비례한다는 것을 토대로, 결국 DNA 복제 시마다 생기는 오류의 축적이 돌연변이를 통한 암의 발생을 설명한다는 이론을 제시했다. 예를 들어, 대장과 소장을 비교해 보면 그것들이 서로 연결되어 있는 장기들임에도 대장암의 발생 빈도가 압도적으로 높은 것이 줄기세포의 분열 정도와 일치한다는 것이다. 반대로 실험용 쥐에서는 대장보다 소장의 줄기세포 분열이 더 많이 일어나는데, 역시나 소장에서의 암 발생률이 더 높다.

사실 이와 연관된 분자생물학적 기작이 다른 연구진에 의해 같은 해《네이처》에 발표된 바 있다.[324] 염색체는 그 크기가 매우 크기에 DNA 복제가 일어날 때 위치별로 상당한 시차가 생긴다. 즉, DNA 중합효소는 어느 지점에서 복제 작업을 개시해야 하는데 이러한 복제 개시점에서 멀리 떨어진 지역은 복제가 뒤늦게 이루어진다. 앞서 설명한 대로, DNA 중합효소가 잘못 결합 지은 뉴클레오티드를 DNA 복구 유전자들이 따라다니며 뒤처리를 하는데, 문제는 복제 개시점에서 멀리 있는 부분일수록 이 유전자들이 복구 기능을 수행할 시간이 부족하다는 것이다. 이는 복제가 종료되면 염색체가 압축되어 2개의 딸세포로 이동할 준비를 하기 때문이다. 이 연구진이 대규모 암 유전체 데이터를 분석해 보니,

염색체 위치에 따른 체세포 돌연변이의 발생 비율이 바로 이 복제 시차와 일치하며, 해당 복구 유전자가 망가진 환자의 경우에는 복제 시차에 따른 돌연변이 빈도의 차이가 사라진다는 것이 발견되었다. 간단히 말해, 대부분의 암 돌연변이는 체세포 DNA의 복제 중에 일어난 오류를 제대로 복구하지 못해 비롯된 문제라는 것이다.

한편 불운 이론을 내세운 연구진은 미국을 제외한 69개국의 데이터를 추가 분석했을 때도 이전 연구와 동일한 결과를 얻었고, 이를 2년 후 또다시 《사이언스》에 발표했다.[325] 수치적으로 보면, 전체 암 유발 돌연변이의 약 3분의 2는 체세포 DNA 복제 시의 오류로 설명되며, 나머지 3분의 1은 부모의 생식세포로부터 물려받은 선천적 변이와 후천적 환경으로 설명된다. 그런데 따지고 보면 이 3분의 1도 대부분 자연적인 원인들로 생겨난다. 선천적 변이의 대표적인 예가 앞서 언급한 BRCA1, BRCA2 유전자 변이인데, 이는 같은 종류의 문제, 즉 DNA 복제 시의 오류와 복구 유전자들의 불완전한 기능이 체세포가 아닌 부모의 생식세포에서 일어난 것뿐이다. 후천적인 환경 요인도 대부분 자외선이나 바이러스에 의한 감염 등 자연환경적 문제다. 대표적으로, 간암은 술을 많이 먹는 사람에게서 발생한다고 여겨지지만 간암의 중요한 위험 요인은 간염 바이러스다.

인간 문명에 의한 주된 발암 원인은 흡연이 유일하다. 흔히 생각하는 산업화에 따른 오염이나 식품 첨가제 따위가 암을 유발한다는 증거는 거의 없다.[270] 미국암학회에서 1930년부터 최근까지의 역학 데이터를 분석한 결과에 따르면, 흡연의 유행에 따른 폐암의 증가를 제외하고는 암으로 인한 사망률은 대체로 감소했다.[326] 한편 한국의 삼성서울병원이 참여한 2023년 《네이처》 연구에 따르면, 대기 중 미세먼지가 폐암을 유발하는 정도는 흡연의 영향에 비해 매우 미미했다.[327] 즉, 흡연이 폐암의 위험성을 8.18배 증가시켰다면 미세먼지에 의한 증가율은 1.08배에 불과했다. 나이의 영향(1.10배)이나 남성에 비한 여성의 위험도(1.09배)에도 못 미치는 수치였다. 또한 미세먼지는 돌연변이를 유발하지도 못하는 것으로 나타났다. 면역체계의 잘못된 작용을 유발해 '자연적으로' 발생한 돌연변이를 가진 세포들이 암으로 진행되는 데 영향을 주는 정도였다. 흡연은 어디까지나 개인의 선택처럼 보이지만, 심지어 여기에도 유전학적인 요소가 숨어 있다. 《네이처 유전학》에 발표된, 130만 명에 대한 전장유전체 연관분석 결과를 보면, 흡연자들은 니코틴 수용체나 보상과 중독에 관련된 뇌신경 회로에 특정한 변이들을 가지고 있어서 흡연 중독에 더 취약하다는 것을 알 수 있다.[328] 《네이처》에 보고된, 무려 340만 명에 대한 유사한 연구에서도 흡연과 음주에 취약하게 만드는 유전 변이들이 발굴되었다.[329]

특정 암의 발생률이 특정 인구 집단에서 증가하는 경우들에 대해서는 지역 문화에서 그 원인 요소를 찾을 수 있을까? 대표적인 사례로 우리나라에서 급증하고 있는 젊은 여성들의 유방암을 보자. KAIST의 우리 연구실에서 국립암센터와 함께 수행한 연구에 의하면, 젊은 환자들의 유방암에는 유방, 난소, 자궁 등의 생식기관에 많이 존재하는 특정 섬유아세포의 활성이 강하게 나타났는데, 특히 이 세포들에서는 여성호르몬의 대사에 관여하는 효소가 발현된다는 것이 관찰되었다. 또한 주요하게 발견된 MYC 역시 에스트로겐에 반응하는 유전자였다.[330] 짐작하건대, 한국이 급격한 경제 성장을 이루면서 영양 상태가 개선되고, 생활 습관이 바뀜에 따라 초경이 빨라지고, 초경이 빨라짐에 따라 에스트로겐에 대한 노출이 일찍부터 시작되는 것이 젊은 유방암이 증가하는 이유 중 하나일 것이다. 그렇다고 암의 원인이 경제 성장이나 발전이라는 것은 어불성설이다. 과학의 발전과 영양 상태 개선으로 인해 얻게 되는 의학적 이득이 이를 상쇄하고도 남기에 인간의 전체적인 수명이 크게 증가하는 것이다.

마찬가지로 현대사회에서 비만, 당뇨, 고지혈증, 고혈압 등 성인병이 급증한 이유를 두고 농업혁명과 기술 발전을 탓할 수 없다. 여전히 전 세계의 많은 이들이 굶주림을 겪고 있는 상황에서는 특히 그렇다. 대사성 질환들의 궁극적 원인은 단것을 최대한 많이 먹고 지방으로 축적해 저장하고자 하는 생존 프로그램이 발달할 수밖에 없었던(칼로리 흡수가 제한되면 우리 몸은 자동적으로 그렐린과 같은 식욕 촉진 호르몬을 분비해 뇌로 하여금 음식을 섭취하도록 자극한다), 굶어 죽는 것이 너무나도 흔했던 혹독한 자연환경이다.

생명 친화적 자연의 가능성

여기서 질문을 하나 던질 수 있다. 현실과 달리 생명 친화적인 자연환경에서 생명이 진화했다면 진화의 역사는 어떻게 달라졌을까? 진화생물학의 대가였던 스티븐 제이 굴드Stephen Jay Gould는 "생명의 역사가 담긴 비디오테이프를 쭉 되감아 45억 년 전부터 다시 시작한다면 지금과 같은 생명계가 탄생할까?"라는 질문을 던졌는데, 여기에 생명 친화적 자연환경이라는 요소까지 추가해 보면 어떨까? 즉, 풍요롭고 안정적인 자연환경에서 생명체들이 수많은 변이를 발생시킬 필요도 없이 유전자를 보존하며 번식했다면 어땠을까? 한 가지 가능한 답변은 변이가 없는 상황에서는 지금과 같은 (인간을 포함한) 다양한 생물들이 나타나지 않았으리라는 것이다. 진화에 대해 일반인들이 가지고 있는 인식과는 달리, 진화라는 것은 단순한 생명체에서 복잡한 생명체로 발전해 나가는 것이 결코 아니다. 그랬더라면 단순한 생물들은 지구상에 더 이상 남아 있지 않았을 것이다. 진화의 유일한 방향성은 다양화다. 단순한 생명체에서 시작해 다양성이 증가하다 보니 인간과 같이 복잡한 생명체도 탄생한 것뿐이다. 다시 말해, 변이를 최소화하는 안정적인 번식이 이루어지는 상황이었다면, 지구는 여전히 세균과 같은 단순한 생명체만이 넘실거릴 뿐 인간과 같은 존재는 태어나지 못했을지도 모른다.

그런데 사실, 변이를 의도적으로 만들어 내는 것은 얼마든지 가능하며 실제로도 지금 우리 몸에서 일어나고 있다. 가장 대표적인 예는 항체를 만들어 내는 B세포에서 찾을 수 있다. 우리 몸에 침투하는 수많은 종류의 다른 항원들에 대항하기 위해 인간의 면역계는 천문학적인 가짓수의 항체를 만들어 내야 한다. 항체를 만드는 유전자는 V, D, J 세그먼트segment라는 DNA 조각들로 나뉘어 있는데, 이 조각들을 다르게 조합해 만들어 낼 수 있는 항원 결합 부위의 가짓수는 이론적으로 1.6×10^6가지에 달한다. 그뿐만 아니라 활성화된 B세포에서만 발현되는 AID라는 효소는 이 항원 유전자에 일부러 돌연변이를 일으킨다. '체세포 과돌연변이somatic hypermutation'라고 불리는 이 메커니즘은 이렇게 특정 세포의 특정한 유전자 부위에 의도적으로 다양성을 부여한다. 이러한 DNA 변이가 생식세포에 일어나면 다양한 자손을 생산할 수 있고, 발달 과정 중 성체 줄기세포나 체세포에 일어나면 개체 간의 차이를 만들어 낼 수 있다. 물론 세포 분열을 촉진해 암을 일으키는 유전자들은 변이로부터 보호해야 하지만 말이다.

DNA를 변화시키지 않으면서도 다른 차원에서 다양성을 증가시키는 방법들도 있다. 대표적으로 후성유전학 메커니즘은 주변 환경에 따라 DNA가 다르게 발현되게 함으로써 형질을 바꿀 수 있다. 예를 들어, 우리 몸의 세포들은 체세포 돌연변이를 제외하면 거의 동일한 유전체를 가지고 있음에도 그 기능이나 형태가 너무나 다르고 다양하다. 신경, 혈액, 근육, 피부, 뼈 등을 이루는 서로 다른 종류의 세포들을 보면 이들이 동일한 DNA를 가지고 있다는 것을 믿기 어려울 정도인데, 이는 후성유전학적 기제에 의해 어떤 유전자가 켜지고 꺼질 것인지가 세포의 종류마다 다르게 결정되기 때문이다. 많은 후성유전학적 요소들은 세포 분열 중에 복사되어 딸세포에 그대로 전달된다. 심지어 한 세대에서 획득된 후성유전학적 요소들 중 일부가 유성생식 과정에서 보존되어 다음 세대에 전달되기도 한다. 라마르크의 용불용설, 즉 획득형질의 유전에 해당하는 이러한 현상은 지금과 다른 자연환경에서는 훨씬 더 중요한 진화 메커니즘이 되었을지도 모른다.

또한, RNA 접합RNA splicing이라는 유전자 발현 조절 기제도 있다. 동일한 유전자에서 나온 RNA가 접합 방식에 따라 매우 다른 단백질에 대한 정보가 되는 이 기작 역시 서로 다른 세포들 간의 차이를 만들어 내는 데 기여한다. 후성유전학 메커니즘과 RNA 접합과 같이 DNA를 변화시키지 않는 조절 기작들의 장점은 이들이 가역적이기 때문에 변화를 되돌릴 수도 있다는 점이다. 어쨌거나 이러한 여러 기제들을 통해 오류나 손상에 의한 무작위적 변이가 아닌 정교하게 조절된 인위적인 변이들을 만들 수도 있었을 것이다.

더군다나 생명 친화적인 자연환경 자체가 다양성을 증대하는 데 일조했을 수 있다. 자연선택에 의한 진화 과정은 유전자에 희생을 감수시키며 유전학적으로 늘려놓은 다양성이 자연환경에 의해 감소되는 방향으로 진행된다. 한정된 자원 속에서 오직 경쟁력 있는 변이들만 살아남기 때문이다. 풍부한 자원이 제공되는 이상적인 환경에서라면, 거의 모든 변이가 살아남아 번식할 기회를 가지게 되므로 오히려 다양성이 크게 증가할 수 있다. 지금과 같이 이기적인 개체만이 살아남는 것이 아니라, 다양한 정도의 이기성과 이타성을 갖춘 많은 변이들이 공존하게 되는 것이다. 현재의 자연환경에서는 이기성이 생존 적합도와 경쟁력을 의미하는 핵심적인 척도이지만, 생명 친화적인 환경에서는 수많은 형질들 중 하나일 뿐 특별히 중요한 척도는 아닐 것이다.

인간에게 누명 씌우기

지금까지 많은 분자생물학적 지식과 연구 결과들을 동원해, 척박한 자연환경이 우리 인간에게 일으킨 생물학적 문제들을 살펴보았다. 하지만 사실 이러한 과학적 지식 없이도 명백하게 이해할 수 있는 자연환경의 문제가 있는데, 그동안 수많은 종이 멸종해 왔다는 사실이다. 그런데 놀라운 것은 이런 문제에서도 우리 인간은 감히 자연을 탓하기보다 인간 종을 돌아보며 반성하기를 즐긴다는 것이다. 물론 자기 자신이 아니라 과거나 현재의 다른 이들을 탓하기에 반성이나 개선으로 이어지지는 못하지만 말이다.

한 가지 예로 인간은 많은 생명체의 멸종에 책임이 있다고 비난을 받는다. 앞서 말한 대로 여행비둘기의 멸종은 유전적 다양성의 부족으로 인한 것이었지만, 이것도 인간의 탓이라고 여겨진 적이 있었다. 유발 하라리Yuval Harari는 자신의 저서 『사피엔스Sapiens』에서,[331] 인류가 아프리카를 벗어나 세계 곳곳으로 이주하면서 이들이 지나간 자리에 희생자들의 흔적도 길게 남았다고 표현했다. 특히 인류가 약 4만 5,000년 전 호주에 도착해 정착하는 과정에서 거대 동물들을 사냥하고 서식지를 파괴함으로써 이들을 멸종에 이르게 했다는 학설을 소개했다. 그러나 2017년《네이처》에 발표된 고고학 연구 결과에 의해, 인간이 6만 5,000년 전부터 호주에 살고 있었으며 호모 사피엔스의 이주가 동물들의 멸종을 불러일으킨 것이 아니라 그보다 훨씬 뒤에 멸종이 시작되었음이 확실해졌다.[332]

이러한 세부적인 사실 관계를 떠나, 사실 인간이 그동안 전 지구에 미친 영향은 극히 미미했다. 인간이 선하기 때문이 아니라 그들의 영향력이 광대한 자연의 규모와 역사에 비해 극도로 별 볼 일 없었기 때문이다. 지구에 생명이 탄생한 이후로 다섯 번의 대멸종이 있었는데, 그때마다 75~95퍼센트의 종이 멸종했다. 주된 원인은 대규모 화산 폭발과 소행성 충돌이었다. 피터 브래넌Peter Brannen의 저서 『대멸종 연대기 The Ends of the World』에 따르면 이 각각의 대멸종은 오르도비스기 말, 데본기 후기, 페름기 말, 트라이아이스기 말, 백악기 말로서, 인간이 지구상에 나타나기 6,000만 년에서 4억 5,000만 년 전의 일들이다.[333] 고생물학적으로 볼 때 포유류 한 종의 평균 지속 기간은 100만 년에 불과하다.

스반테 페보 박사의 노벨상 수상으로 관심을 받은 우리의 형제 종족인 네안데르탈인의 멸종은 어떠한가. 호모 사피엔스가 아프리카에서 나왔을 때 유럽과 중동 지역에는 이미 네안데르탈인이 살고 있었고, 따라서 이 둘은 같은 시대 같은 지역에서 살았었다. 서로 다른 두 종이 공존하다가 한 종은 살아남고 다른 한 종은 멸종한 사실을 두고, 하라리는 기존의 가설에 따라 '형제 살해범' 사피엔스가 인종 학살을 범했을 가능성을 언급한다. 그런데 페보 박사가 네안데르탈인의 화석으로 유전체 분석을 수행해 2010년 《사이언스》와 2014년 《네이처》에 발표한 연구에서 호모 사피엔스와 네안데르탈인 간에 교배가 이루어졌다는 사실이 발견되었으며,[334·335] 2022년 《사이언스 어드밴스》에 보고된 고고학 연구에서도 호모 사피엔스가 기존에 추정된 것보다 수천 년에서 1만 년 이상 일찍 유럽에 진출해 네안데르탈인과 훨씬 오랜 기간 공존했음이 밝혀졌다.[336]

인종 학살의 가능성은 배제할 수 있지만, 남녀 간의 성관계가 있었고 오랜 기간 공존했다고 두 종이 평화롭게 지냈다고 단정 지을 수는 없다. 한 종이 지배적인 위치에서 군림하며 상대 종의 여성들을 강제적으로 유린했을 수도 있기 때문이다. 그러나 유전학적 분석은 이 가능성조차 매우 낮을 것으로 예측한다.[337] 먼저 현재의 호모 사피엔스에 네안데르탈인의 DNA가 들어오게 된 원인은 고작 150회의 성관계로 설명된다. 수천 년 이상을 공존하며 상습적으로 침탈했다고 보기에는 너무나 적은 횟수다. 이뿐만이 아니다. 현생 인류가 보유하고 있는 네안데르탈인 DNA의 분포를 염색체별로 살펴보면, 특히 X 염색체에 그 양이 적다는 것이 발견된다. 우리의 다른 염색체에 비해 왜 X 염색체만 네안데르탈인의 영향을 적게 받은 것일까? 이에 대해 대부분의 인류학자들은 염색체 XX를 가진 호모 사피엔스 여성과 염색체 XY를 가진 네안데르탈 남성이 주로 관계했을 것이라는 가설을 지지한다. 이것이 사실이라면, 후손들이 가지는 X 염색체에는 호모 사피엔스 유래 DNA의 비율이 높아지고 네안데르탈인의 지분은 낮아진다. 그런데 호모 사피엔스는 생존했고 네안데르탈인은 멸종했으므로, 지배종인 호모 사피엔스의 여성과 피지배종인 네안데르탈 남성의 관계를 강제 유린으로 설명하기는 어렵다. 이와 같이 성폭력으로 설명할 수 없는 비대칭적인 생식 사례는 수렵채집인과 농경인 사이에서도 관찰된 현상인데, 이는 단지 한 집단의 남성과 다른 집단의 여성 사이의 불균등한 호감의 문제로 생각된다.[337]

결론적으로, 호주의 동물 멸종 사례와 마찬가지로, 우리 인류의 선조들은 과학적 연구 결과가 누명을 벗겨줄 때까지 '인종 학살범'이라는 근거 없는 비난을 받아온 것으로 보인다. 호모 속에 속하는 종은 호모 사피엔스와 네안데르탈인 이외에도 호모 하이델베르겐시스, 호모 에렉투스, 호모 에르가스터, 호모 하빌리스, 호모 루돌펜시스, 호모 날레디와 같이 분류학적으로 잘 정립된 것만도 여럿이었다. 중요한 것은 이들 호모 종들이 살았던 시대가 호모 사피엔스가 등장하기 전이었음에도 이들 모두가 멸종했다는 점이다. 이들의 멸종마저 우리 선조의 탓으로 돌릴 길은 전혀 없다.

기후변화는 분명 멸종의 커다란 요인 중 하나였을 것이다. 호모 종들이 살았고 또 현재 우리가 살고 있는 신생대 제4기는 약 260만 년 전 시작되었다. 신생대 동안 지구의 기후는 점차 냉각되었는데, 4기로 접어들어서는 중생대 이후로 온도가 가장 낮아졌다. 또한 이 시기의 특징은 빙하기가 반복적으로 되풀이된다는 것이었다. 호모 사피엔스 역시 20~30만 년 대부분을 빙하기에 상대적으로 따뜻한 아프리카에 갇혀 지내다가, 약 1만 년 전에 간빙기로 접어들며 농업이 가능해지자 그제서야 본격적으로 번성하기 시작해 지금에 이른 것이다. 최근의 기후 위기를 우리 인간이 초래했다는 것은 분명한 과학적 사실이다. 하지만 지질시대라는 시간 척도에서 보면 기후변화는 훨씬 더 큰 스케일로 지구상의 모든 생명체를 괴롭혀 왔고, 우리 인류 역시 이번의 기후 위기를 벗어난다고 하더라도 다음 빙하기 때 멸종에 가까운 엄청난 타격을 입을 수 있다. 피터 워드Peter D. Ward와 도널드 브라운리Donald Brownlee는 『지구의 삶과 죽음The Life and Death of Planet Earth』에서 "인간은 예외적으로 조용하고 따뜻한 1만 년 정도의 시기에 현혹되어 현실을 보지 못하고 있다. 이러한 시기는 예외적이며 따라서 금방 지나가고, 그 뒤에 평균 9만 년에 이르는 춥고 건조한 기간이 도사리고 있는 것이 현실이다. 지금이 낙원인 것이다. 이 시기가 끝나면 끝이 없을 것처럼 보이는 혹독한 겨울이 시작되리라고 과학자들은 내다보고 있다"라고 말한다.[338]

우주적인 시간 척도에서 본다면, 태어났다가 죽어가는 다른 모든 별들과 마찬가지로 태양과 지구도 수명이 다하는 날이 올 것이고 그러면 인류가 태양계에서 살아갈 방법은 없다.[338] 약 10억 년 후, 지구는 부풀어 오른 태양에 의해 달아올라 지금의 금성과 같이 뜨거운 행성이 되어 있을 것이다. 하지만 《네이처 지구과학Nature Geoscience》에 발표된 시뮬레이션 결과에 따르면, 그 전에 이미 산소의 양이 너무 적어져서 혐기성 미생물들만이 살아남는다.[339] 궁극적으로는 이 우주 자체에도 수명이 있으며, 과학자들은 몇 가지 우주 종말의 시나리오들을 제시하

고 있다.[340]

우리와 당장 관련 없는 멀고도 먼 미래의 일들을 미리 걱정하자는 것이 아니다. 형이상학적인 관점에서 이 우주는 생명을 위해 존재하는 공간이 아니라는 것이다. 이 장에서는 주로 모든 생명체가 생물학적 죽음을 맞이할 수밖에 없는 이유들을 살펴보았지만, 보다 근본적으로는 모든 것이 우주와 함께 죽음을 맞이할 수밖에 없는 운명이라는 것이다. 사실 우주를 이루는 원자들의 양자역학적 불안정성은 이미 생명이 시작한 순간부터 바로 지금까지 문제를 일으키고 있다. 한 예로, DNA 자체의 양자 요동에 의해 특정 뉴클레오티드가 순간적으로 다른 서열로 바뀌었다가 원래대로 돌아가는 현상이 관찰되어《네이처》에 보고된 바 있다.[341·342] 즉, DNA 중합효소가 순간적으로 바뀐 뉴클레오티드를 인지해 그에 대응하는 서열을 결합시키고 바뀌었던 뉴클레오티드가 원래대로 돌아가면 바로 거기에서 오류가 발생하는 것이다. 이렇게 발생하는 오류는 DNA 구조의 근본적인 불안정성에 의한 것으로, 생체 분자들이 물리학적으로 극복할 수 없는 근원적인 한계다.

진보를 가로막는 두려움

하지만 자연의 법칙에 저항하는 지구상의 유일한 생명체가 바로 인간이기도 하다. 2020년 노벨 화학상은 미국 캘리포니아 버클리대학교의 제니퍼 다우드나Jennifer Doudna와 독일 막스플랑크연구소의 에마뉘엘 샤르팡티에Emmanuelle Charpentier에게 돌아갔는데, 그 공로는 바로 유전자 편집 기술의 개발이었다. '유전자 가위genetic scissors'라고도 불리는 이 기술은 세균이 보유하는 '크리스퍼'라는 면역 시스템을 과학자들이 변형해 활용하는 것이다.[343-345] 모든 생명체의 유전물질인 DNA의 화학적 구조를 밝혀낸 지 고작 60여 년 만에,[346] 인류는 이러한 생명 정보를 원하는 대로 바꾸는 능력을 손에 쥔 것이다. 모든 생명체와 인류의 역사를 지배했던 유전자들을 이제는 반대로 인간이 다스리고 통제할 수 있게 되었다는 의미다.

다우드나 교수가 쓴 2023년《사이언스》논문에는 이 기술의 현재와 미래가 상세히 소개되어 있다.[347] 가장 높은 활용 우선순위는 역시 인간의 질병이다. 이미 척수성 근위축증이나 유전성 망막 질환 등 몇 가지 희귀 질환의 치료에 사용되고 있고, 앞으로도 그 활용 범위가 더욱 넓어질 것이다. 앞서 언급한 PCSK9 유전자를 교정함으로써 원숭이에서 혈중 콜레스테롤을 감소시키는 데 성공시킨 연구가《네이처》에 소개되고,[348] 이제 사람을 대상으로 하는 유전자 가위 임상시험이 시작되었다.[349] 현재는 관련 질병을 가진 이들이 시험 대상이지만, 향후에는 콜레스테롤이 그 원인인 치매와 심혈관 질환 등을 예방하는 목적으로도 사용될 수 있다.[350] 비만에 대한 몇 가지 가능한 유전자 교정 치료 방안도 제시되고 있다.[351] 사람의 몸에 직접 유전자 가위를 주입하는 대신 몸에서 채취한 세포를 프로그래밍한 후 이 세포들을 다시 몸 안에 넣을 수도 있는데, 이런 방법은 이미 암 치료 목적으로 실제로 병원에서 사용되고 있다. KAIST의 우리 연구실에서《네이처 생명공학Nature Biotechnology》에 소개한 스마트 면역세포 시스템은 사람의 T 세포를 유전자 편집해 암세포만을 정밀하게 인식하도록 만드는 기술이다.[352]

유전자 가위 기술은 농작물의 수확량 증대, 가축이나 작물의 영양도나 맛의 개선 그리고 다양한 형질 변환에도 활용될 수 있으며,《네이처 생명공학》에 소개되었듯이 일본에서는 이렇게 변형된 토마토와 생선의 판매가 이미 승인되었다.[353·354] 인간에게 이식할 장기를 동물에서 배양할 때도 유용하게 사용될 수 있다.[355] 그뿐만 아니라 유전자 드라이브gene drive는 생태계와 진화 과정을 통제하는 것마저도 가능하게 한다.[356] 유전자 드라이브는 우리가 원하는 특정 유전자가 세대를 거듭해 후손들에게 우선적으로 유전되도록 하며 결국에는 특정 생물 종 개체군 전체의 유전형질을 바꿀 수 있다는 개념인데, 이는 자연에서 일어나는 진화 과정조차 인간이 원하는 대로 유도할 수 있음을 의미한다. 대표적인 예로, 유전자 가위를 이용해 말라리아에 저항성을 띠는 유전자를 모기에 집어넣어 야생 집단에 퍼뜨리면, 이 모기의 후손들은 말라리아에 감염되지 않으므로 사람들에게 말라리아를 옮기지 못하게 된다.

　단지 일부 유전자를 편집하는 정도가 아니라 특정 생물의 유전체 전체를 합성해 내는 것도 가능하다. 프랜시스 콜린스Francis Collins와 함께 인간게놈프로젝트를 성사시킨 크레이그 벤터Craig Venter는 비영리 기관인 크레이그벤터연구소를 설립하고 이곳에서 이 같은 인공 생명체를 만드는 연구를 진행해 왔다. 그가 2010년《사이언스》에 발표한 합성세포는 현존하는 세균의 유전체를 복사해 다른 세포에 이식한 것이다.[357] 그러나 이후 2016년《사이언스》에 발표한 합성세포는 그야말로 처음부터 뉴클레오티드 하나하나를 인공적으로 이어붙여 473개의 유전자를 가지고 스스로 번식하는, 진정한 의미에서의 인공 생명체를 창조한 것이었다.[358] 이는 무에서 생명을 설계하겠다는 야심 찬 목표를 달성하는 데 있어서 하나의 이정표가 된 것으로 평가된다. 그가 2022년《셀》

에 기고한 글에는 바이러스, 세균, 효모 등의 유전체뿐 아니라 이보다 규모가 훨씬 큰 동식물의 염색체를 통째로 합성해 어떤 일들을 할 수 있는지가 제안되어 있다.[359]

사실 인간이 자연에 저항하고 맞서고 개척하기 위해 넘어야 할 가장 큰 장애물은 능력이 아니라 의지다. 특히 자연 친화적인 본능은 기술의 진보에 대한 의심과 경계를 유발한다. 예를 들어, 사람들은 인위적으로 합성된 약을 가급적 안 먹는 것이 최선이라고 생각하는 반면, 자연이 제공하는 것은 거의 다 안전하다고 생각한다. 식품이나 화장품에 '자연', '천연', '유기농'과 같은 말이 붙어 있으면 가격이 올라간다. 여기에는 두 가지 착각이 존재한다. 첫째는 약이라는 것이 인공물로서 근본적으로 자연물과 다르다는 착각이다. 하지만 약도 지구상에 존재하는 자연의 원소들로 만들어진 것이다. 사실 따지고 보면 합성물이나 천연물이나 모두 화학물질로서 그 경계 자체가 불분명하다. 단지 그러한 조성이 지금까지 자연에서 발견되었는지 아닌지에 따른 차이일 뿐이다. 둘째는 자연 그 자체가 순수하고 건강한 자원을 제공한다는 착각이다. 역시 잘못된 생각이다. 주변에서 흔히 볼 수 있는 예로, 알레르기의 주된 요인은 모두 자연에서 유래한 것들이다. 또한 꽃가루, 동물의 털, 진드기와 함께 가장 빈번한 원인 중 하나는 음식물이다. 우유, 달걀, 견과류, 콩, 밀, 생선, 갑각류 등이 알레르기를 유발하는데, 특히 땅콩 알레르기 같은 경우는 사망을 초래할 정도로 위험하다. 식중독도 있다. 날로 먹는 고기나 해산물의 위험성에 대해서는 말할 필요도 없지만, 자연에 존재하는 수십만 종의 식물 중에서도 사람이 먹고 탈나지 않거나 죽지 않을 수 있는 것은 극소수에 불과하다.

일부 버섯은 독성이 매우 강해 치명적이다. 일부 아몬드와 사과, 체리, 복숭아, 살구 등의 씨에는 아미그달린이라는 성분이 있는데, 이것이 몸에 들어가 대사가 되면 청산가리가 된다. 우리나라에는 흔치 않지만 세계 여러 나라에서 주식으로 먹는 카사바에 들어 있는 리나마린역시 청산가리로 변하기 때문에 과량을 날로 먹으면 중독된다. 그래서카사바는 껍질을 벗기고 한동안 물에 담가놓았다가 고온에서 쪄서 먹어야만 안전하다. 헤마글루티닌 또는 적혈구응집소는 많은 콩과식물에 천연적으로 존재하는 독성 물질로서 적혈구 세포를 응집시킨다. 붉은 강낭콩은 네 알만 날로 먹어도 소화기관의 내벽이 손상되어 메스꺼움, 구토, 설사, 그리고 장이 뒤틀리는 고통이 따라온다. 섭씨 80도 정도의 온도에 노출되면 독성이 약 5배 증가하기 때문에 어설픈 가열은금물이다. 반드시 끓는 물로 10분 이상 끓여야 한다. 감자를 햇볕에 오래 노출시키거나 오래 보관하면 표면이 초록색으로 변하기도 하는데, 이러한 부분에는 솔라닌이라는 독성 물질이 생긴다. 감자의 싹에도 들어 있는 솔라닌은 구토, 설사, 위경련, 신경학적 문제 등을 유발하며, 심한 경우에는 호흡곤란을 일으키므로 다량 섭취하면 상당히 위험하다. 감자의 독성을 몰랐던 초기 유럽인들은 감자를 먹고 탈이 나는 경우가 많아 감자를 악마의 음식이라고 불렀다.

식물이 동물에게 음식을 제공하기 위해 존재한다는, 혹은 인간을위해 창조되었다는 생각은 다분히 순진한 착각에 불과하다. 모두가 생존하고 번식하기 위해 치열하게 싸우고 경쟁하는 곳이 바로 자연이다. 식물 역시 동물에게 먹히는 것을 피하기 위해 항상 노력하며, 독성도바로 그러한 방편 중 하나다. 《사이언스》에 발표된 잘 알려진 생태학

이론에 따르면 식물들은 특히 가용한 자원이 부족한 경우 성장을 늦춤과 동시에 초식동물에 대한 방어 물질의 생산에 더 많이 투자한다.[360] 이후 이 가설을 아프리카 사바나 생태계에서 검증한 연구가《네이처》에 발표되기도 했다.[361] 대표적인 예가 사바나의 아카시아 나무인데, 이들은 기린에게 잎이 먹히기 시작하면 단 몇 분 만에 탄닌과 같은 유독성 물질을 생성해 스스로를 보호할 뿐 아니라 가스를 발생시켜 주변에 위험을 알린다. 단풍나무의 경우에도 곤충의 공격을 받으면 유독성 방어 물질을 만들어 내며, 휘발성 물질을 배출해 주변 나무에게도 신호를 전달한다. 식물은 심지어 소리를 '들을' 수도 있다.[362-364] 일련의 실험 결과를 통해 애벌레들이 잎을 씹을 때 발생하는 진동이 잎과 가지를 통해 전달되고, 그것이 잎사귀가 닿아 있는 인접한 식물까지 전달될 수 있다는 것이 발견되었다. 그런데 이 진동 소리를 녹음해 식물에 노출시키면 글루코시놀레이트나 안토시아닌과 같은 방어 물질의 농도가 높아져 애벌레들이 먹기 힘들게 된다. 우리의 일상에서 직접 경험할 수 있는 식물의 방어 전략은 마늘이나 양파를 썰거나 상처를 냈을 때 분비되는 매운 성분이다.

동물들도 그저 당하지만은 않는다. 아카시아의 맛이 없어지기 시작하면 기린은 먹던 나무에서 움직여 다른 나무를 향해 가는데, 이때 바람이 불어오는 방향을 거슬러 움직인다. 그래야 아직 경고를 받지 못한 나무의 잎을 먹을 수 있기 때문이다. 인간의 간이라는 장기에는 수많은 효소들이 있어서, 외부에서 들어오는 독성 물질들을 변형해 몸 밖으로 배출되도록 돕는다. 인체에서 가장 큰 장기가 이러한 역할을 하고 있다는 것은 우리 조상들이 천연물에 존재하는 수많은 독성 물질에 노출되었기에 이에 대한 강력한 진화적 압력이 작동했음을 의미한다. 그리고 식물에 존재하는 독성 물질들은 대개 쓴맛을 가지고 있으므로, 사람들이 쓴맛을 싫어하도록 진화한 것 역시 타당한 결과다. 인간이 장내세균과 공생하며 진화한 이유 가운데 하나도 여러 미생물들이 천연 음식물에 들어 있는 해로운 물질들을 처리하는 데 도움이 되기 때문이다.

인간의 본능이 기술의 진보를 거부하게 만드는 또 다른 예로는 유전자변형작물GMO에 대한 반발이 있다. 지난 20여 년간 GMO 사용 과정에서 어떠한 부작용도 나타나지 않았고, 위험하다는 주장에도 과학적 근거가 전혀 없다는 것이 각국 정부와 국제 기구들의 공식적인 입장이다. 실제로 오늘날 우리가 먹는 밥상에 올라오는 수많은 음식물은 이미 GMO에서 유래된 것이다. 4대 곡물 생산국인 미국, 브라질, 아르헨티나, 캐나다에서 재배 면적을 기준으로 볼 때 GMO 옥수수와 콩이 차지하는 비중은 무려 82~96퍼센트에 이른다. 옥수수는 가축 사료로 사용되고 콩은 식용유를 만드는 데 사용되므로, 콩이나 옥수수를 먹든, 식용유를 먹든, 식용유가 들어간 가공식품을 먹든, 사료를 섭취한 가축의 고기를 먹든, 직간접적으로 GMO를 다량으로 섭취하고 있는 셈이다. GMO의 위험성을 보여주는 날조된 연구 결과를 동료평가도 받기 전에 언론에 먼저 터뜨리기까지 했으나 결국 수많은 과학자들의 반론으로 논문이 철회되었던 질-에릭 세랄리니Gilles-Eric Seralini의 사례는 현대 과학의 역사에서 가장 수치스러운 사건 중 하나다.[365] 어쨌든 이렇게 GMO가 이미 우리의 식문화를 지배하고 있는 상황에서 이를 피하고 싶다면 날것의 자연으로 돌아가는 방법밖에 없다. 자연산 음식물이 가지고 있는 식중독과 알레르기 등으로 죽을 위험을 감수하고 말이다.

황금쌀은 베타카로틴을 합성하는 유전자를 옥수수와 미생물에서 추출해 쌀에 이식한 GMO 곡물이다. 쌀을 황금색으로 보이게 하는 베타카로틴은 체내에서 비타민 A로 전환된다. 자연적인 쌀에는 비타민 A가 많이 들어 있지 않기 때문에, 다른 음식 없이 쌀만 먹는 아시아와 아프리카의 가난한 사람들은 비타민 A의 부족으로 사망하거나 실명에 이르게 되는데, 아직도 매년 그 사망자의 수가 200만 명, 실명하는 사람의 수가 50만 명에 이른다. 세계보건기구 등에 따르면, 아시아와 아프리카를 중심으로 전 세계 1억 9,000만 명의 미취학 어린이들이 비타민 A 결핍에 따른 건강 문제를 안고 있다. 따라서 GMO 황금쌀은 수많은 이들의 사망과 심각한 장애를 예방할 수 있는 잠재력을 지니고 있는 것이다. 그럼에도 있지도 않은 GMO의 부작용에 대한 우려와 반발 때문에 GMO 황금쌀은 개발 후 20년이 지난 지금까지도 상품화되지 못하고 있다. 목숨을 잃는 것이나 실명보다 더한 부작용이 대체 무엇인지 상식적으로도 이해할 수 없는데, 미국의 과학저술가 에드 레지스 Ed Regis는 자신의 저서에서 그린피스를 비롯한 환경단체의 집요한 방해와 GMO 반대 목소리에 맞선 정부의 소극적 대응이 주된 문제임을 밝힌다.[366] 황금쌀이 대기업을 앞세운 제국주의적 음모라고 주장하는 농민 단체의 반발에도 명분이 없다. 매년 종자를 공급해 수익을 가져다주는 다른 GMO 작물과는 달리, 황금쌀은 현지 농민들에게 처음 한 번만 공급되면 이후에도 지속적인 재배가 가능하다. 실제로 2004년 신젠타라는 회사가 상업적 이익을 포기한 후 황금쌀 개발 연구비 대부분은 인도적인 차원에서 비영리 단체의 지원으로 이루어졌다.

DDT에 대한 논란도 빼놓을 수 없다. 알기 쉽고 서정적인 문체로 쓰인 레이철 카슨의 『침묵의 봄Silent Spring』은 DDT가 생태계에 미칠 수 있는 피해를 세상에 알리는 데 기여했다.[367] DDT가 계속 사용되면 해충만이 아니라 먹이사슬을 따라 마침내 새들도 죽게 되어 봄이 오더라도 새소리가 들리지 않을 것이라는 일종의 '예언서'였다. 하지만 이 책을 필독서로 읽는 많은 환경운동가들은 DDT가 모기를 비롯한 해충으로부터 수많은 인명을 구한 덕분에 1948년 노벨 생리의학상까지 받았다는 사실을 간과한다. 티모시 와인가드Timothy Winegard의 책 『모기The Mosquito』를 보면, 모기라는 이 치명적인 살인마가 어떻게 말라리아를 비롯한 다양한 경로로 수많은 인간을 죽여가며 인류의 역사까지 바꾸었는지를 세세히 보여주고 있다.[368] 2000년대 이후에도 매년 200만 명이 모기로 인해 사망한다는 통계도 있다. 말라리아와 싸우는 아프리카Africa Fighting Malaria, AFM의 리처드 트렌Richard Tren은 말라리아가 창궐하는 나라들에서는 DDT를 조금이라도 사용하는지 또는 전혀 사용하지 않는지에 따라 하루에도 수천 명의 생사가 갈린다고 호소했다. 그뿐만 아니라, DDT는 농사를 망치는 해충을 억제하는 데도 효과적이기 때문에 식량 증산에도 엄청난 기여를 했다. 결국 세계보건기구도 DDT 사용을 금지한 지 2년 만에 다시 승인하게 되었다. 자신들의 번식을 위해 울부짖는 새들의 노랫소리를 듣자고 수많은 사람이 죽어가는 것을 외면할 수는 없었던 것이다.

2012년, 『침묵의 봄』 발간 50주년을 기념하며 롭 던Rob Dunn이라는 생물학자가 기고한 글에 대해, 에든버러대학교의 식물학자 앤서니 트레오바스Anthony Trewavas 교수는 옥스퍼드대학교의 식물학자 크리스토퍼 리버Christopher Leaver 교수, 캘리포니아대학교 버클리캠퍼스의 생화학자이자 분자생물학자인 브루스 에임스Bruce Ames 교수, 케임브리지대학교의 면역학자 피터 라크만Peter Lachmann 교수, AFM의 리처드 트렌 등과 함께 『침묵의 봄』을 '이성의 등대'라고 칭하는 것은 마땅치 않다는 반박문을 《네이처》에 발표했다.[369] 잘못된 과학적 근거에 기반한 DDT에 대한 지나친 두려움 때문에, 수많은 어린이를 포함해 6,000만 명에서 8,000만 명이라는 불필요한 사망자가 발생했기 때문이다.

인간의 진화 과정에서 생긴 이와 같은 두려움을 논리로 설득하기는 어렵다. 본능이기 때문이다. 스반테 페보와 에마뉘엘 샤르팡티에를 비롯해 20명이 넘는 노벨상 수상자를 배출한, 미국 하버드대학교와 세계 1, 2위를 다투며 '노벨상 사관학교'로 불리는 독일 막스플랑크연구소는 위대한 물리학자 막스 플랑크Max Planck의 이름을 딴 곳이다. 플랑크상수의 발견자이기도 한 막스 플랑크는 양자역학의 성립에 핵심적인 기여를 했으며, 특허청 공무원 신분으로 연구 활동을 하던 아인슈타인을 발굴해 내기도 했는데, 그런 그가 남긴 유명한 말이 있다. "새로운 과학적 진리는 반대자들을 설득하거나 감화시키지 않는다. 그보다는 반대자들이 다 죽고 나서 새로운 진리에 익숙한 새로운 세대가 나타날 때 비로소 승리한다." 이것이 과학만의 이야기는 아닌 것 같다. 인간 사회도 마찬가지다. 종교는 더더욱 그렇다.

5장 의학: 아프고 늙고 죽어야만 하는 이유

유전자는 이기적이다. 그러나 이기성이 유전자의 본래적 속성은 아니다. 그저 우연히 생겨난 이기적인 변이들만이 진화 과정에서 경쟁을 통해 살아남은 것이다. 각 유전자의 입장에서는 변이의 발생이 자신의 죽음을 의미하지만, 생명의 진화는 혹독한 자연 속에서 일부 개체라도 살리기 위해 불가피하게 변이를 통해 다양성을 확보하는 방식으로 진행되었다. 자연에 의해 유전자들이 '다양성'이라는 이름으로 당하는 희생이, 인간에게서는 질병과 노화와 죽음으로 나타난다. 질병과 마찬가지로 노화와 죽음도 변이의 문제로 귀결되는데, 그것은 우리 몸이 야생에서의 기대 수명에 미칠 만큼만 DNA 복구에 에너지를 사용하고 나머지는 생식 기능에 투자하기 때문이다. 즉, 적대적인 자연환경에서의 기대 수명은 어차피 제한되어 있기에, 우리는 건강을 챙겨 장수하는 대신 젊을 때 더 많은 자식을 낳고 일찍 죽는 방향으로 진화한 것이다. 다시 말해, 개체들 간에 일어나는 약육강식의 생존 투쟁과 사회적 갈등뿐만 아니라 개체 안에서 일어나는 생물학적 비극 역시 궁극적으로 자연의 문제다. 그럼에도 인간은 본능적으로 자연을 경외하고 선망하며, 많은 문제에 대해 인간 자신을 탓하는 가운데 문명의 진보에 대한 막연한 거부감을 갖는다. 특히, 인간보다 자연을 우선시하는 극단적인 생태주의와 환경운동은 경계할 필요가 있다.

6장

―

종교
인간은 태어나지 않는다

자연 숭배와 반자연 사상

기독교, 이슬람교, 유대교는 구약성서에 등장하는 아브라함이라는 인물에 그 기원을 두는 대표적인 종교들이다. 다른 종교들과 비교해 이들의 가장 큰 차별점은 유일신 창조주에 대한 신앙이다. 그러나 진화론의 과학적 위상이 점점 높아짐에 따라 창조 설화의 사회적 영향력은 급속하게 약해져 왔다. 다수의 기독교 신학자들을 비롯해 분별력을 가진 신앙인들이 그 대안으로 취하고 있는 입장은 창조주의 존재와 진화론을 동시에 인정하는 것이다. 쉽게 말해, 창조주가 우주와 지구와 자연환경을 조성하고 나아가 진화라는 자연법칙을 통해 다양한 생명을 창조해 왔다는 것이다. 그러나 진화론이 드러낸 자연과 생명의 본래적인 속성과 그로 인해 나타난 결과들(우주의 근본적인 불안정성, 수많은 생명체를 멸종시킨 적대적인 자연환경, DNA에 발생하는 무작위적인 오류 그리고 실패를 반복하는 복구 기능, 유전자의 무한한 이기성, 개체들 간에 벌어지는 무자비한 경쟁, 기만, 혐오, 착취와 탈취, 폭력과 전쟁, 그리고 모든 생명체가 생물학적으로 겪어야 하는 고통들) 속에서 선하고 자비롭고 전지전능한 신의 손길을 찾는다는 것은 어불성설이다.

게다가 진화론과 기존 교리 간의 충돌로 인해 발생하는 신학적 난제들도 골치거리다. 기성 기독교의 핵심 교리는, 신에 의해 창조된 인간이 타락하여 죄를 범하고 그 결과 모두가 죽을 수밖에 없게 되었는데 이는 오직 예수를 믿음으로써만 구원받을 수 있다는 것이다. 그러나 앞서 열거한 진화의 근본적인 속성과 그로 인한 결과들이 신에 의해 고안된 것이고, 따라서 이를 죄와 벌이라고 부를 수 없다면 도대체 기독교에서 죄와 벌이라고 할 수 있는 것은 무엇인가? 또한, 지난 장에서 깊이 논의했듯이, 죽음이란 유전자들이 이 혹독한 자연환경에서 번식을 유지하기 위해 불가피하게 선택한 진화 기제로서 사실상 모든 생명체에게 닥친 비극이다. 다시 말해, 인간의 죄가 죽음을 초래한 것이 아니라, 무수히 많은 생명체의 죽음 위에 인간이 도래한 것이다. 이러한 이유만으로도 진화론과 창조주 교리를 모두 인정하는 것은 불가능해 보인다. 기존의 교리를 포기할 수 없다면, 진화론이 드러낸 과학적 사실들을 거부하는 길밖에 없는데 이것은 현실을 부정하는 것과 다름 없다. 이러한 종교는 현실 세계와는 아무런 상관 없이 그저 허구의 가상 세계에서 자기들끼리 벌이는 천국 잔치일 뿐이다.

하지만 구약성서의 창세기가 창조 설화를 통해 인류의 사상에 미친 진정한 영향은 다른 측면에서 찾을 수 있다. 성서학자들은 성서를 해석할 때 본문이 쓰인 당시의 1차 독자들에게 주어지는 의미를 파악하는 것이 중요하다고 강조한다. 지난 4장에서 종교의 진화적 기원에 대해 논의한 바와 같이, 자연에 대한 과학적 지식이 없던 인류의 선조들에게 자연은 두렵고 신비로운 신성한 존재였다. 창세기의 저자와 1차 독자들이 살던 고대사회 역시 자연 숭배와 점성술적 세계관이 판치던 곳으로서, 그곳에서 인간은 자연의 지배를 받는 존재에 불과했다. 그에 비해 성서의 창조 이야기는, 자연이란 신의 일부가 아니라 창조주에 의해 만들어진 피조물일 뿐이며, 인간 역시 피조물의 하나로서 그 세계의 일원이라는 전혀 새로운 세계관을 제시한다. 즉, 창조 설화에 담긴 히브리적 세계관이 추구한 것은 바로 자연의 탈신성화라고 할 수 있다. 자연 자체는 신성을 지니고 있지 않으며, 신은 자연과 구별될 뿐만 아니라 존재론적으로 그보다 우월하다. 심지어 인간은 신의 특별한 피조물로서 감히 자연을 정복하고 다스릴 권한까지 부여받는다.

하나님이 그들에게 복을 주시며 그들에게 이르시되 생육하고 번성하여 땅에 충만하라, 땅을 정복하라, 바다의 물고기와 하늘의 새와 땅에 움직이는 모든 생물을 다스리라 하시니라 (「창세기」 1:28)

이는 자연이라는 무시무시한 존재의 노예로 스스로를 종속시키던 결박의 사슬에서 인간을 해방했을 뿐 아니라, 자연을 객관적 대상으로서 두려움 없이 있는 그대로 대면하고 탐구하며 활용하게 함으로써 오늘날의 자연과학을 추구할 수 있는 사상적 발판을 제공해 주었다.

「창세기」에 이어서 등장하는 구약성서의 주된 이야기 중 하나는 아브라함의 후손인 히브리 민족이 이집트를 탈출해 지금의 팔레스타인에 해당하는 가나안 땅에 정착하는 과정이다. 이 과정에서 히브리 민족의 신인 야훼(여호와)는 그 땅에 살던 정착민들을 하나도 남김없이 전멸시킬 것을 명령한다. 이러한 가나안 정복 서사가 역사적 사실이었는가, 실제로 당시 그곳에 살던 민족들은 누구였는가, 야훼가 정말 그토록 호전적이고 비도덕적인 신이었는가 하는 점들은 중요하지 않다. 이 이야기가 전하고자 하는 핵심은 자연 숭배를 거부하고 탈신성화하는 새로운 히브리적 세계관과 문화의 정착이 얼마나 중요한 문제인가 하는 점이다. 가나안 정착민들이 믿었다고 성서가 묘사하고 있는 대표적인 신은 바알이다. 바알은 다른 고대 농경 사회의 신들과 마찬가지로 농경지에 풍요를 가져다주는 신으로 여겨졌기 때문에, 그와 관련된 자연현상들, 즉 폭풍우, 비, 태양 등으로 형상화되었고 천기를 주관하는 하늘의 신으로 섬겨졌다. 바알의 신전에서는 풍요와 번식을 상징하는 난잡한 성행위뿐 아니라 어린아이를 산 채로 태워 제물로 바치는 인신 공양까지 벌어졌다. 한마디로, 히브리 민족이 깨끗하게 전멸시켜야 했던 것은 생존과 번식이라는 진화적 욕구와 자연에 대한 두려움을 달래기 위해 약자들을 희생시켜 가며 이루어진 자연 숭배의 문화였던 것이다. 이 치열한 세계관 전쟁에서 바알이라는 무시무시한 자연의 신에 맞서기 위해서는 자연보다 위대한 창조주인 야훼에 대한 신앙이 필수적이었을 것이다.

또한 이들이 창조주 신앙을 유지하는 데는 야훼가 일으킨 기적에

6장 종교

대한 이야기가 중요한 역할을 했을 것이다. 자연이 신성시되는 세계에서는 자연현상 그 자체가 신들의 현현이었고 활동이었다. 그러나 자연을 창조한 조물주가 존재한다면, 이러한 신은 자신의 뜻에 따라 얼마든지 자연의 법칙을 거스를 수 있어야 하며 그것은 바로 기적으로 나타나야 한다. 히브리 민족이 이집트를 탈출하는 이야기에서부터 바로 이 신들의 전쟁이 시작된다. 나일강이 피로 변하고, 엄청난 수로 번식한 개구리, 파리, 메뚜기 따위가 온 나라를 덮치고, 이집트의 가축들에게만 선택적으로 전염병이 돌고, 우박이 쏟아지고, 3일 동안 해가 가려져 흑암이 세상을 뒤덮는다. 그들의 지도자인 모세가 지팡이를 들자 홍해가 갈라지고, 사막에서는 불기둥과 구름 기둥이 나타나 백성들을 인도하며, 날마다 만나라는 음식이 자연히 생겨난다. 한마디로 자연은 신이 아니며 야훼의 지배를 받는 대상일 뿐이다.

그러나 성서 전체에서 자연의 탈신성화를 가장 모범적으로 이행한 이는 다름 아닌 예수다. 그가 자연의 법칙을 깨뜨린 주된 목적은 사람들을 고통에서 해방시키는 것이었다. 예수는 자신의 사역을 시작할 때 구약성서 이사야의 내용을 인용하며, 그것이 그가 이 땅에서 행할 사명임을 선포한다.

예수께서 그 자라나신 곳 나사렛에 이르사 안식일에 늘 하시던 대로 회당에 들어가사 성경을 읽으려고 서시매 선지자 이사야의 글을 드리거늘 책을 펴서 이렇게 기록된 데를 찾으시니 곧 주의 성령이 내게 임하셨으니 이는 가난한 자에게 복음을 전하게 하시려고 내게 기름을 부으시고 나를 보내사 포로 된 자에게 자유를, 눈먼 자

에게 다시 보게 함을 전파하며 눌린 자를 자유롭게 하고 주의 은혜
의 해를 전파하게 하려 하심이라 하였더라 책을 덮어 그 맡은 자에
게 주시고 앉으시니 회당에 있는 자들이 다 주목하여 보더라 이에
예수께서 그들에게 말씀하시되 이 글이 오늘 너희 귀에 응하였느
니라 하시니 (「누가복음」 4:16-21)

예나 지금이나 종교인들은 신약성서에 기록된, 예수가 일으킨 기
적들을 그의 신성에 대한 근거로 받아들이고 싶어 한다. 그러나 전능
자로서의 신성을 과시할 만한 기적들은 오히려 구약성서에 많이 등장
한다. 이집트 탈출에서 보인 기적들도 그렇지만, 성이 스스로 무너져
내리고, 하늘에서 불이 내려와 사람들을 태워 죽이고, 심지어 하늘의
해와 달이 멈추는 그야말로 엄청난 일들이 벌어진다. 예수의 신성을
주장하기 위해서였다면 이러한 극적인 기적들로 이야기를 만드는 것
이 훨씬 효과적이었을 것이다.

하지만 오히려 신약성서에 나타나는 예수의 기적은 철저하게 사람
을 고치는 것에 집중되어 있다. 남녀노소 다양한 계층의 사람들이 여
러 종류의 질병이나 장애로부터 치유되고 해방된다. 치유가 아닌 다른
기적으로는 물을 포도주로 변화시킨 것, 폭풍을 가라앉히고 바다 위를
걸어간 것, 적은 양의 음식을 기증받아 몇천 명의 군중을 먹인 것 정도
인데, 이 기적들 역시 능력의 과시가 아니라 사람들의 필요를 채워주
는 차원에서 행해진 것이었다. 특히 「요한복음」 9장에 소개되는 선천
적인 시각장애인의 치료 이야기는 인상적이다.

예수께서 길을 가실 때에 날 때부터 맹인 된 사람을 보신지라 제자들이 물어 이르되 랍비여 이 사람이 맹인으로 난 것이 누구의 죄로 인함이니이까 자기니이까 그의 부모니이까 예수께서 대답하시되 이 사람이나 그 부모의 죄로 인한 것이 아니라 그에게서 하나님이 하시는 일을 나타내고자 하심이라 때가 아직 낮이매 나를 보내신 이의 일을 우리가 하여야 하리라 밤이 오리니 그때는 아무도 일할 수 없느니라 내가 세상에 있는 동안에는 세상의 빛이로라 이 말씀을 하시고 땅에 침을 뱉어 진흙을 이겨 그의 눈에 바르시고 이르시되 실로암 못에 가서 씻으라 하시니 이에 가서 씻고 밝은 눈으로 왔더라 이웃 사람들과 전에 그가 걸인인 것을 보았던 사람들이 이르되 이는 앉아서 구걸하던 자가 아니냐 어떤 사람은 그 사람이라 하며 어떤 사람은 아니라 그와 비슷하다 하거늘 자기 말은 내가 그라 하니 그들이 묻되 그러면 네 눈이 어떻게 떠졌느냐 대답하되 예수라 하는 그 사람이 진흙을 이겨 내 눈에 바르고 나더러 실로암에 가서 씻으라 하기에 가서 씻었더니 보게 되었노라 그들이 이르되 그가 어디 있느냐 이르되 알지 못하노라 하니라 그들이 전에 맹인이었던 사람을 데리고 바리새인들에게 갔더라 예수께서 진흙을 이겨 눈을 뜨게 하신 날은 안식일이라 그러므로 바리새인들도 그가 어떻게 보게 되었는지를 물으니 이르되 그 사람이 진흙을 내 눈에 바르매 내가 씻고 보나이다 하니 바리새인 중에 어떤 사람은 말하되 이 사람이 안식일을 지키지 아니하니 하나님께로부터 온 자가 아니라 하며 어떤 사람은 말하되 죄인으로서 어떻게 이러한 표적을 행하겠느냐 하여 그들 중에 분쟁이 있었더니 (「요한복음」 9:1-16)

지난 5장에서 지적했듯이, 자연이 일으키는 여러 문제들에 대해 인간은 감히 자연을 탓하지 못하고 서로를 향해 삿대질을 하기에만 바쁘다. 특히 4장에서 언급했듯이, 종교인들은 자연재해나 질병과 같은 문제들에 대해 죄라는 단어를 들먹이기를 좋아한다. 죄악이라는 이름으로 여전히 인간 스스로를 자연 앞에 제물로 바치고 있는 것이다. 앞서 인용한 「요한복음」 9장에서도 예수의 제자들은 한 사람이 가지고 태어난 장애에 대해 이미 그 원인이 죄라고 단정 짓고 그것이 누구의 죄인지 묻는다. 그러나 예수는 그것이 누구의 죄 때문도 아니며 '하나님이 하시는 일'을 나타내는 것이 중요하다고 답한다. 그리고 바로 그 일을 스스로 행한다. 그런데 공교롭게도 그날은 유대교에서 중요하게 지키는 안식일이었고, 당시의 기성 종교인들은 안식일에 사람을 고친 것은 하나님의 일이 아니라고 비난하기에 이른다. 그런 비난을 무릅쓰고 예수는 사람을 고쳤다.

오늘날 많은 종교인들은 왜 더 이상 치유의 기적이 일어나지 않는지 궁금해한다. 하지만 예수가 신의 대리인으로서 이 땅에서 '하나님이 하시는 일'을 행한 것은 우리 인간들이 질병에서 해방되기를 원한다는 '신의 뜻'을 보여준 것이지, 인류의 역사 내내 우리를 따라다니며 기적을 베풀어 주겠다는 것은 아닐 것이다. 그러한 면에서 오늘날 '하나님이 하시는 일'은 안식일, 주일 예배와 미사, 라마단과 같은 종교적 규례를 지키는 이들이 아니라, 세계 곳곳의 병원과 연구소에서 환자를 돌보고 치료하거나 의학 기술을 개발하는 사람들에게서 일어나고 있을 것이다. 그러나 이러니저러니 해도 자연으로부터의 궁극적인 해방은 죽음을 극복하는 것이다. 그것이 예수의 부활이 상징하는 진정한 의미일 것이고, 의학이 추구하는 궁극적인 목적일 것이다. 예수의 부활에 대해 많은 기독교인들이 그것의 역사적 사실성에 목을 매지만, 예수의 이야기를 관통하는 진정한 핵심은 이 세상에서 '하나님이 하시는 일'은 바로 자연으로부터의 인간 해방이며 그 끝에 죽음의 정복이 있다는 것이다.

인간 본능이라는 작은 자연

그러나 자연 탈신성화의 오랜 역사에도 불구하고, 자연에 대한 경외와 숭배의 본능은 인간의 본성 안에 끈질기게 남아 있다. 현대사회에서 자연을 종교적으로 숭배하는 사람을 찾아보기는 어렵지만, 대부분 인간은 무의식적으로 자연을 아름답고 경이롭고 신비로우며 숭고한 것으로 여긴다. 심지어 어떤 이들은 노화와 죽음조차 극복해야 하는 대상이 아니라 인간이 품고 받아들여야 하는 아름답고 고귀한 것으로 미화한다. 특히 현대인들은 자신들이 문명의 보호막 아래 온실 속 화초라는 사실을 망각하며 살아간다. 자연을 감상하고 누릴 수 있는 것은 어디까지나 문명의 통제 안에서나 가능하다는 사실 말이다. 누군가 모든 문명의 산물을 뒤로하고 날것의 자연 속으로 들어간다면, 고작 몇 시간 만에 그 사실을 피부로 깨닫고 불과 며칠 만에 자연을 저주하며 비참한 죽음을 맞이할 것이다.

　미국의 과학사학자인 로레인 대스턴Lorraine Daston이 그녀의 저서 『도덕을 왜 자연에서 찾는가?Against Nature』에서 지적했듯이, 여러 다른 시기와 문화 속에 살았고 살고 있는 많은 이들이 공통적으로 자연으로부터 질서를 찾고 그 질서를 인간 사회에 적용함으로써 도덕적 규범을 이끌어 내려고 했으며 지금도 그렇게 하고 있다.[370] 이에 대한 사회과학적인 논의는 대스턴의 저서에서 상세하게 다루어진다. 반면 그것의 생물학적 근원에 대해 우리는 지난 4장에서 보수주의와 관련해 나타나는 체제 정당화와 자연 신격화라는 차원에서 살펴보았다. 자연이라는 체제를 정당화할 뿐만 아니라 신격화하는 경향은 진화 과정을 통해 인간 본성의 뿌리에 심어진 본능이며, 이는 인간 진화의 과거 상태를 보여주는 보수주의에서 보다 잘 드러난다.

자연의 탈신성화는 자연과학이 태동하는 토대가 되었다. 과학자들은 개인적으로 자연에 대한 호기심을 연구 동기로 삼을 수 있지만, 그들의 사회적 책무는 자연을 고발하는 것이어야지 자연을 찬미하는 것이어서는 안 된다. 하지만 역설적으로 자연을 연구하는 직업의 특성상 과학자들은 오히려 자연에 대한 경외심을 품기도 한다. 양자역학의 확률적 불확실성에 대해 "신은 주사위 놀이를 하지 않는다"라고 불평한 아인슈타인의 말이나, 외계 생명체의 존재를 기대하며 "이 우주에서 지구에만 생명체가 존재한다면 엄청난 공간의 낭비다"라고 한 칼 세이건의 말에는, 이 우주에 질서와 목적이 있어야 한다는 당위에 대한 인식이 깔려 있다. 2장에서 언급한 제인 구달을 비롯한 초창기 침팬지 연구자들 중 일부는 자연 상태에서의 인간의 본성이 평화주의자였다는 것을 야생의 침팬지들에게서 확인하고 싶어 했다. 인간게놈프로젝트를 이끈 저명한 유전학자이자 독실한 기독교 신자인 프랜시스 콜린스는 인간의 유전체를 일컫는 표현으로 자신의 책 제목을 '신의 언어The Language of God'라고 지었다.[371]

진화생물학자들 중에는 에드워드 윌슨과 리처드 르원틴을 예로 들

수 있다. 에드워드 윌슨이 출간한 『사회생물학』은 윌리엄 해밀턴의 포괄 적합도 개념에 기반해 모든 사회행동을 유전자의 작용으로 설명하는 사회생물학의 기초가 되었는데,[372] 이에 시민 단체들과 손잡고 반대 운동을 펼친 것이 리처드 르원틴이었다. 과학자가 과학 이론에 대해 반대하는 사회운동을 벌인다는 점이 고개를 갸웃하게 하는데, 그만큼 르원틴도 자연현상이 인간 윤리의 기준이 된다는 사고방식에 사로잡혀 있었던 것이다. 2장에서 논의했듯이 인종 문제에 대해서도 르원틴은 인종이 아예 생물학적으로 정의되지 않는다는 입장을 취했는데, 이것 역시 같은 맥락이다. 그런데 그로부터 35년 뒤인 2010년, 윌슨 역시 2명의 다른 저자와 함께 포괄 적합도 이론을 부정하는 논문을 발표했다.[373] 이 파장으로 《네이처》에는 무려 130여 명의 진화생물학자들이 저자로 참여한 논문을 비롯해 총 다섯 편의 반박 논문이 실리기도 했다.[374-378] 이와 같은 학계의 반발에도 불구하고 2012년에 출간된 『지구의 정복자The Social Conquest of Earth』에서 윌슨은 유전자가 아니라 집단의 형질들이 유전될 수 있으며 서로 협동하는 이타적 집단이 살아남는 데 유리하다는 집단선택론을 지지하는 입장을 표명하고야 말았다.[379] 개미와 같은 사회성 동물들을 오랜 기간 연구하면서, 자연으로부터 이타적인 행동에 대한 모범을 찾고자 하는 충동을 끝내 떨쳐내지 못한 것으로 보인다.

과학자들뿐 아니라 일반 대중도 과학이 밝혀내는 자연의 질서와 원리를 인간이 따라야 할 규범으로 착각하는 경향이 있다. 이에 대한 가장 나쁜 예가 나치의 우생학에 이론적 토대를 마련한 허버트 스펜서의 사회 다윈주의다. 당시 영국은 한창 제국주의적 팽창을 하고 있던 상황이었기에, 영국과 같은 '적자' 국가가 도태되어야 하는 미개한 민족들을 식민지로 삼는 것은 자연의 순리라는 관념이 쉽게 받아들여졌다. 마찬가지로, 한 국가 안에서도 사회적으로 불리한 위치에 있는 사람들은 자연스럽게 도태되는 것이 순리라는 생각 역시 진화론적 관점에서 설득력을 얻었다. 심지어 지금 한국 사회에도 위안부와 강제징용을 비롯한 제국주의 일본의 지배를 정당화하는 비뚤어진 생각을 가진 이들이 있지 않은가. 실제로 다윈의 이론이 사회진화론에 일종의 탄탄한 생물학적 기초를 제공해 준다고 생각한 세간의 오해가 진화론의 인기를 높이는 데 한몫한 것이 사실이다. 그러나 말할 것도 없이, 사회진화론은 자연주의적 오류naturalistic fallacy의 대표적 사례 중 하나다.

'자연주의적 오류'라는 용어를 만든 사람은 조지 에드워드 무어George Edward Moore이며, 그는 자연적 속성과 윤리적 속성이 별개라는 차원에서 자연주의적 오류를 정의했다.[380] 하지만 오늘날에는 보통 그가 정의한 것과는 약간 다른 의미, 즉 어떤 사실로부터 부당하게 당위를 이끌어 내는 것을 의미하기 위해 쓰인다. 데이비드 흄David Hume이 그런 오류를 비판한 적이 있는데, 그는 그렇다/존재한다is 또는 그렇지 않다/존재하지 않는다is not 등의 사실 명제로부터 그래야 한다/마땅하다ought 또는 그래서는 안 된다/마땅하지 않다ought not 등의 가치 명제를 도출할 수 없다는 점을 지적했다.[381] 2장에서 논의한 인종 문제를 다루는 방식도 한 가지 예가 된다. 리처드 르원틴이 취한 방식, 즉 인종차별에 대한 대응으로써 아예 인종을 생물학적으로 존재하지 않는 개념으로 보고자 하는 것은 '자연에 인종은 존재하지 않으므로(사실 명제), 우리도 인종을 구분하는 것은 마땅하지 않다(가치 명제)'는 논리에 기대는 것이다.

진화론을 과학적 사실로 받아들이면서도 사실과 당위를 구별하고 자연주의적 오류를 극복해야 함을 명확하게 인지한 대표적인 이가 바로 토머스 헉슬리Thomas Huxley다. 그는 진화론에 반대하는 이들과의 격한 논쟁을 감수하면서까지 다윈의 이론을 널리 알리고 발전시키고자 하면서도, 자연에는 도덕적 목적이 없으며 도덕은 철저히 인간이 만들어 낸 것이라고 주장했다. 진보적이며 개방적인 사고를 지닌 헉슬리는 제도적으로 사회를 개선하고 올바른 윤리를 확립해야 함을 설파했고, 실제로도 정치 제도의 개선, 과학 교육의 발전 등을 위해 사회 여러 방면에서 활발히 활동했다. 헉슬리는 그의 죽음을 두 해 앞두고 옥스퍼드대학교 강연에서 "사회의 윤리적 진보는 우주의 과정을 모방함으로써 얻어지는 것이 아닙니다. 우주의 과정으로부터 도피함으로써 얻어지는 것은 더군다나 아닙니다. 윤리적 진보란 우주의 과정과 싸워가면서 얻어내는 것입니다"라고 역설했다.[382] '자연이 그러하므로 우리도 그래야 한다'가 아니라, '자연이 그럼에도 불구하고', 한발 더 나아가 '자연이 그러하므로 오히려 우리는 그러지 않아야 한다'가 되어야 한다는 것이다. 즉, 자연은 우리의 모범이 아니라 반면교사다. 다시 한번 인종주의를 예로 들자면, 자연에는 인종 간의 차이와 그로 인한 차별이 존재하므로 오히려 우리는 인종에 따른 차별을 행하지 않아야 한다.

그런데 최근 기후위기가 중요한 문제로 대두되면서, 앞서 인용한 「창세기」,1:28의 정복 명령은 인간의 환경 착취와 생태계 파괴를 정당화하는 독소적 구절이라는 비판을 받는다. 이는 심각하게 고려해야 하는 정당한 비판이다. 하지만 극단적 생태주의는 인간을 중심으로 환경

문제를 해결하고자 하는 것이 아니라 인간의 생존보다 자연의 생태를 우선시하며 자연과 생태계의 회복을 위해 인간을 사라져야 하는 존재로 묘사한다. 하지만 인간 없는 자연이 과연 무슨 의미가 있을까? 20세기의 대표적인 신학자인 카를 바르트Karl Barth는 "하나님 없는 인간은 있을 수 있으나 인간 없는 하나님은 있을 수 없다"라고 했다. 우주에 대해 사유하고 의미를 부여하는 존재 없이 그저 거기에 있는 우주는 무한한 공허의 공간일 뿐이다.

지난 4장의 말미에서 지적했듯이 진보 진영의 사람들은 자연을 인간보다 약하고 착취받는 대상으로 바라보는 측면에서 환경이나 생태 문제에 관심을 기울이는 경우가 많은데, 이는 자칫 극단적 생태주의로 치달을 수 있다. 보수주의자들은 어떨까? 유대인을 혐오해 수백만 명을 학살한 아돌프 히틀러는 채식주의자이자 굉장한 애견인으로서 최초의 현대적인 동물보호법을 만들기까지 한 인물이다. 이 동물보호법이 동물을 이용한 생체 실험을 금지했다는 사실은, 나치가 자행한 인체 실험을 더욱 끔찍한 범죄로 만든다. 미국에서 설문조사와 암묵적 연합검사를 통해 연구한 결과에 따르면, 보수적인 사람들은 고양이에 비해 개를 선호하는데 이는 법과 질서를 중시하는 그들의 권위주의적 경향과 강한 연관성을 보였다.[383] 지시를 잘 따르는 애완견에 대한 개인적인 정서의 확장으로써 동물 복지에 대한 보수주의자들의 관심을 설명할 수 있을 것이다. 어느 쪽 진영의 동기이든, 환경과 생태계에 대한 관심과 염려가 인간 혐오나 자연 앞의 굴복으로 이어지는 것은 옳지 않다.

또한, 과학기술을 통해 영생을 추구하는 트랜스휴머니즘에 대해서도 생각해 볼 필요가 있다. 성서가 예수의 부활을 통해 죽음에서의 해방에 대해 이야기하고 있다면, 이를 믿는 이들은 트랜스휴머니즘을 전적으로 지지해야 할까? 이러한 비판과 질문들에 대해 우리는 우리가 맞서야 하는 자연에 인간의 본성도 포함되어 있다는 점에 주목해야 한다. 5장에서 설명한 바와 같이, 유전자는 자연에 굴복했고 인간은 유전자에 굴복하며 살고 있다. 성서가 자연을 개척하고 정복하라고 말할 때 거기에는 자연에 적응한 인간의 진화적 본성도 반드시 포함되어야 할 것이다.

솔로몬의 영광, 신이 된 시장

이제부터 살펴보겠지만 성서는 자연의 개척보다는 인간의 본성에 대해 훨씬 더 많은 이야기를 하고 있고, 특히 그 점에서 반진화적인 사상의 결정체처럼 보이기까지 한다. 여기서 '반진화적'이란 보수 기독교인들처럼 진화론에 반대한다는 것이 아니라, 자연에 의해 생겨난 인간의 모든 진화적 속성에 저항하고 그것들을 극복할 것을 주장한다는 뜻이다.

　그중에서도 특히 3장에서 논의한 경제는 성서에서 상당히 많은 부분을 할애하고 있는 영역이다. 먼저 「누가복음」 12장과 「마태복음」 6장에 등장하는 "무엇을 먹을까 무엇을 입을까 염려하지 말라"라는 상당히 자주 인용되는 구절이 있다.

　　그러므로 내가 너희에게 이르노니 너희 목숨을 위하여 무엇을 먹을까 몸을 위하여 무엇을 입을까 염려하지 말라 목숨이 음식보다 중하고 몸이 의복보다 중하니라 까마귀를 생각하라 심지도 아니하고 거두지도 아니하며 골방도 없고 창고도 없으되 하나님이 기르시나니 너희는 새보다 얼마나 더 귀하냐 또 너희 중에 누가 염려함으로 그 키를 한 자라도 더할 수 있느냐 그런즉 가장 작은 일도 하지 못하면서 어찌 다른 일들을 염려하느냐 백합화를 생각하여 보라 실도 만들지 않고 짜지도 아니하느니라 그러나 내가 너희에게 말하노니 솔로몬의 모든 영광으로도 입은 것이 이 꽃 하나만큼 훌륭하지 못하였느니라 오늘 있다가 내일 아궁이에 던져지는 들풀도 하나님이 이렇게 입히시거든 하물며 너희일까 보냐 믿음이 작은 자들아 너희는 무엇을 먹을까 무엇을 마실까 하여 구하지 말며 근심하지도 말라 이 모든 것은 세상 백성들이 구하는 것이라 너희 아버지께서는 이런 것이 너희에게 있어야 할 것을 아시느니라 다만 너희는 그의 나라를 구하라 그리하면 이런 것들을 너희에게 더하시리라 적은 무리여 무서워 말라 너희 아버지께서 그 나라를 너희에게 주시기를 기뻐하시느니라 너희 소유를 팔아 구제하여 낡아지지 아니하는 배낭을 만들라 곧 하늘에 둔 바 다함이 없는 보물이니 거기는 도둑도 가까이 하는 일이 없고 좀도 먹는 일이 없느니라 너희 보물 있는 곳에는 너희 마음도 있으리라 (「누가복음」 12:22-34)

비유적 표현을 담고 있는 예수의 이 가르침은 마치 가난한 자들을 위한 위로의 말처럼 들린다. 까마귀나 백합화와 같은 자연을 돌보는 창조주에 대한 신앙을 붙들고 신의 돌봄을 믿고 안심하라고 초청하는 것처럼 보인다. 그러나 인류의 역사를 통틀어, 심지어 예수의 가르침 이후로도 2,000여 년간 굶주리고 헐벗은 이들이 수없이 많았다는 사실을 상기한다면 이러한 위로는 그다지 미덥지 않다. 오히려 이 말의 진정한 의미는 뒷부분에 명확히 나타나 있다. 바로 "너희 소유를 팔아 구제하라"라는 것이다. 다시 말해, 이 가르침은 굶주림과 헐벗음에 직면한 자들을 향한 것이 아니라 재물을 소유한 자들을 향한 것으로서, 스스로를 위해 먹고 마시고 입을 것을 염려하지 말고 가난한 자들을 돌보라는 것이다.

또한 「누가복음」과 「마태복음」 모두에서 해당 본문은 "그러므로 내가 너희에게 이르노니"라고 시작된다. 즉, 이 가르침을 시작하는 동기가 이 앞부분에 있다는 것이다. 그런데 두 복음서 모두 그 앞부분은 바로 재물을 쌓아 두는 것에 대한 이야기다. 3장에서 말했듯이 생물학적 인간의 한계효용은 절대 체감하지 않는데, 인간의 그러한 모습을 여기에서 볼 수 있다.

또 비유로 그들에게 말하여 이르시되 한 부자가 그 밭에 소출이 풍성하매 심중에 생각하여 이르되 내가 곡식 쌓아 둘 곳이 없으니 어찌할까 하고 또 이르되 내가 이렇게 하리라 내 곳간을 헐고 더 크게 짓고 내 모든 곡식과 물건을 거기 쌓아 두리라 또 내가 내 영혼에게 이르되 영혼아 여러 해 쓸 물건을 많이 쌓아 두었으니 평안히 쉬고 먹고 마시고 즐거워하자 하리라 하되 하나님은 이르시되 어리석은 자여 오늘 밤에 네 영혼을 도로 찾으리니 그러면 네 준비한 것이 누구의 것이 되겠느냐 하셨으니 자기를 위하여 재물을 쌓아 두고 하나님께 대하여 부요하지 못한 자가 이와 같으니라 (「누가복음」 12:16-21)

재물을 쌓을 만큼 부유한 이들이 무엇을 먹고 마시고 입을지 염려하는 이유는 무엇인가? 우리는 3장에서 베블런의 『유한계급론』까지 거론하며 왜 대대로 인간 사회에서 과시적 소비가 횡행해 왔는지를 진화론적 관점에서 논의했다. 오늘날 SNS에 부지런히 사진을 찍어 올리는 현대인들을 보면, 어느 고급 식당이나 카페에서 무엇을 먹고 마시며, 어느 휴양지에서 어떤 옷을 입고 휴가를 즐기며, 어떤 차를 타고 어떤 집에 살며, 어떤 귀금속을 하며, 어떤 성공한 사람이나 유명인을 만나야 나의 재력과 성취와 사회적 지위를 보여줄 수 있을까 고민하게 만드는 유전자들의 활동을 엿볼 수 있다. 예수는 먹고 입는 것만이 아니라 사회적 지위로 허세를 부리는 것에 대해서도 다음과 같은 말을 남겼다.

청함을 받은 사람들이 높은 자리 택함을 보시고 그들에게 비유로 말씀하여 이르시되 네가 누구에게나 혼인 잔치에 청함을 받았을 때에 높은 자리에 앉지 말라 그렇지 않으면 너보다 더 높은 사람이 청함을 받은 경우에 너와 그를 청한 자가 와서 너더러 이 사람에게 자리를 내주라 하리니 그때에 네가 부끄러워 끝자리로 가게 되리라 청함을 받았을 때에 차라리 가서 끝자리에 앉으라 그러면 너를 청한 자가 와서 너더러 벗이여 올라 앉으라 하리니 그때에야 함께 앉은 모든 사람 앞에서 영광이 있으리라 무릇 자기를 높이는 자는 낮아지고 자기를 낮추는 자는 높아지리라 (「누가복음」 14:7-11)

예수가 인간들의 과시 행위에 대한 비유로 사용한 표현이 '솔로몬의 모든 영광'인데, 그는 히브리 민족의 역사에서 가장 부유했다고 알려진 왕 솔로몬의 화려한 치장이 백합꽃 하나보다 못하다고 말한다. 3장에서 언급한 것처럼 생물학적 개체들은 경제학적 가치를 생산하지 못한다. 까마귀가 심지도 거두지도 못하며 백합화가 실을 만들거나 짜지 못함은 당연한데, 그럼에도 창조주 신앙에 따르면 신은 이들을 보살피고 기른다. 사실상 이 구절은 경제학적 가치를 생산하지 못하는 무력한 이들도 보살핌 받을 만한 가치가 있다는 것을, 듣는 이들이 가지고 있던 창조주 신앙에 호소해 전달하고 있는 것이다. 즉, 예수가 "목숨이 음식보다 중하고 몸이 의복보다 중하니라"라고 했을 때, 이는 '가난한 이들의 목숨이 과시를 위해 먹는 너희의 음식보다 중하고, 가난한 이들의 몸이 과시를 위해 입는 너희의 의복보다 중하다'는 뜻이었다.

그러나 예수의 입을 빌려 전달되는 성서의 가치관은 개인적 실천을 다루는 차원에서 끝나지 않고, 사회가 만들어 낸 경제체제를 향한다. 종교인들은 성서를 자신들의 교리 혹은 입맛에 맞게 해석하고는 한다. 너무나 분명한 과학적 오류들에도 불구하고 창세기는 문자 그대로 받아들이기를 고수하면서도, 자신들을 불편하게 하는 가르침은 변형해 해석한다. 대표적인 것이 예수가 달란트를 사용해 천국을 묘사한 대목이다.

천국은 마치 … 어떤 사람이 타국에 갈 때 그 종들을 불러 자기 소유를 맡김과 같으니 각각 그 재능대로 한 사람에게는 금 다섯 달란트를, 한 사람에게는 두 달란트를, 한 사람에게는 한 달란트를 주고 떠났더니 다섯 달란트 받은 자는 바로 가서 그것으로 장사하여 또 다섯 달란트를 남기고 두 달란트 받은 자도 그같이 하여 또 두 달란트를 남겼으되 한 달란트 받은 자는 가서 땅을 파고 그 주인의 돈을 감추어 두었더니 오랜 후에 그 종들의 주인이 돌아와 그들과 결산할새 다섯 달란트 받았던 자는 다섯 달란트를 더 가지고 와서 이르되 주인이여 내게 다섯 달란트를 주셨는데 보소서 내가 또 다섯 달란트를 남겼나이다 그 주인이 이르되 잘하였도다 착하고 충성된 종아 네가 적은 일에 충성하였으매 내가 많은 것을 네게 맡기리니 네 주인의 즐거움에 참여할지어다 하고 두 달란트 받았던 자도 와서 이르되 주인이여 내게 두 달란트를 주셨는데 보소서 내가 또 두 달란트를 남겼나이다 그 주인이 이르되 잘하였도다 착하고 충성된 종아 네가 적은 일에 충성하였으매 내가 많은 것을 네게 맡기리니 네 주인의 즐거움에 참여할지어다 하고 한 달란트 받았던 자는 와서 이르되 주인이여 당신은 굳은 사람이라 심지 않은 데서 거두고 헤치지 않은 데서 모으는 줄을 내가 알았으므로 두려워하여 나가서 당신의 달란트를 땅에 감추어 두었었나이다 보소서 당신의 것을 가지셨나이다 그 주인이 대답하여 이르되 악하고 게으른 종아 나는 심지 않은 데서 거두고 헤치지 않은 데서 모으는 줄로 네가 알았느냐 그러면 네가 마땅히 내 돈을 취리하는 자들에게나 맡겼다가 내가 돌아와서 내 원금과 이자를 받게 하였을 것이니라 하고 그에게서 그 한 달란트를 빼앗아 열 달란트 가진 자에게 주라 무릇 있는 자는 받아 풍족하게 되고 없는 자는 그 있는 것까지 빼앗기리라 이 무익한 종을 바깥 어두운 데로 내쫓으라 거기서 슬피 울며 이를 갈리라 하니라 (「마태복음」 25:1-30)

6장 종교

달란트는 당시의 화폐 단위로서 예수는 분명히 돈에 대해 이야기하고 있음에도 종교인들은 이것을 신이 부여한 재능^{talent}을 성실하게 사용할 것에 대한 난해한 교훈으로 왜곡시켰다.

'천국은 마치'로 시작하는 천국에 대한 이 비유에서 가장 논란이 되는 부분은 바로 세 번째 종의 행위와 그에 대한 주인의 반응이다. 앞의 두 사람과 달리 이 세 번째 종은 자신이 받은 달란트를 땅에 묻어두었다가 고스란히 주인에게 바치면서 '당신은 심지 않은 데서 거두는 분인 줄 알았다'고 변명한다. 그러자 주인은 그 달란트마저 빼앗고 지옥을 연상시키는 '바깥 어두운 데'로 그를 내쫓으며 이가 갈릴 만큼 슬피 울게 될 것이라고 저주를 퍼붓는다. 여기서 '달란트'를 재능으로 해석하면 단순히 재능을 사용하지 않은 게으름에 대한 신의 처벌이 지나치게 가혹할 뿐만 아니라, '심지 않은 데서 거두는 줄 알았다'는 표현이나 '돈을 취리하는 자들에게나 맡겨 이자라도 만들어 내지 그랬느냐'는 꾸중의 의미가 논리적으로 전혀 맞지 않는다. 그러나 돈에 대한 많은 이야기와 경고를 담고 있는 성서의 전체적인 맥락을 고려하고, 굳이 화폐 단위를 천국을 비유하는 데 사용한 예수의 의도를 살린다면, 처음 두 사람은 자신들이 부여받은 자본을 사업에 투자하고 노동을 통해 가치를 만들어 낸 반면, 문제의 세 번째 종은 그 돈으로 땅을 사두고 불로소득을 기대하며 아무것도 하지 않은 것이다. 성서는 고리대금에 대해서도 매우 비판적이지만, 예수의 이 이야기에서 지대 착취는 그보다 더 악질적인 행위로서 심각한 저주의 대상이다.

하버드대학교에서 종교학을 가르쳤던 신학자 하비 콕스^{Harvey Cox}는 『신이 된 시장^{The Market as God}』에서 현대의 자본주의가 시장을 어떻게 신과 같은 존재로 만들었는지를 비판한다.[384] 이렇게 자본주의 시장을 신 혹은 주인으로 섬기는 이 세상에서는 심지 않은 데서 거두는 원리가 실제로 작동해 땅에 돈을 묻어두기만 해도 정말로 이득이 발생한다. 그러나 3장에서 자세히 논했듯이, 이것은 누군가로부터 착취한 가치일 뿐이지 생산된 가치가 아니다. 애덤 스미스는 『국부론』에서 "나라의 토지가 모두 사유재산이 되자마자, 지주들은 씨를 뿌리지 않은 곳에서 거두기를 좋아하고 심지어 자연 산물에 대해서조차도 지대를 요구한다. 숲의 목재들, 들의 풀들 그리고 그 토지가 공유지였을 때는 노동자가 그것들을 모으는 비용만 치렀던 땅의 모든 자연적 열매들조차도 그 위에 추가적인 가격이 매겨진다"라고 비판했다.[139] 예수의 비유에 나오는 '심지 않은 데서 거두는 일'과 애덤 스미스가 말한 '씨를 뿌리지 않은 곳에서 거두는 일'의 정확한 대구는 우연의 일치일까.

『신이 된 시장』에서 콕스는 흔히 '경제학의 아버지'라고 일컬어지는 애덤 스미스가 현대 주류 경제학의 관점에서 보면 경제학의 창시자가 아니라 오히려 신학자에 가까웠다고 이야기한다. 자유시장 신봉자들은 애덤 스미스가 말한 '보이지 않는 손'을 자신들의 이데올로기를 위해 도용했지만, 『국부론』의 토대가 된 그의 전작 『도덕감정론The Theory of Moral Sentiments』에 나타난 도덕철학자로서의 그의 진정한 경제 사상은 결코 그러한 시장 만능주의를 지지하지 않았다는 것이다.[385] 애덤 스미스가 예수의 이 비유를 정확히 어떻게 받아들였는지는 알 수 없으나, 땅에 돈을 묻어두었다고 어떤 이득이나 가치가 발생하지는 않는다는 지극히 당연한 말이 당연하게 여겨지는 곳이 바로 예수가 말하는 '천국'이라는 점에는 분명 동의했을 것이다. 예수의 달란트 비유에 따르면, 그곳은 심지 않은 데서 거두는 지주들, 오늘날 다양한 방식으로 지대 착취를 행하는 이들이 슬퍼 울며 이를 갈게 되는 곳이다.

땅에 대한 성서의 관점은 단지 땅을 차지하고 앉아 지대를 착취하는 지주들에 대한 비판에서 끝나지 않는다. 그보다 훨씬 혁신적이다. 구약성서에 기록된 희년은 안식년이 일곱 차례 지나고 50년마다 돌아오는데, 이 해가 되면 한시적으로 매매되었던 모든 땅은 원래의 소유주에게 돌아가도록 했다. 그렇다면 원래의 소유주는 어떻게 정해졌을까? 앞서 설명했듯이, 히브리 민족은 이집트를 탈출하고 가나안 땅에 당도해 그곳의 자연숭배 문화를 폐기하고 거기에 정착했는데, 이 과정에서 땅은 야훼의 명령에 따라 공정하게 분배된 것이다. 이렇게 분배된 땅은 사정에 따라 일시적으로 다른 이에게 대여할 수는 있지만 영구적인 소유는 바뀌지 않는다. 이로써 기본적으로 토지의 사유화와 상품화는 금지되며 토지에 대한 투기도 이루어질 수 없다. 희년이 되면 어차피 원래의 주인에게 소유권이 돌아가므로, 땅의 가격이 희년까지 그 땅에 투자해 생산할 수 있는 가치를 넘어서는 수준으로 책정되지 않기 때문이다.

3장에서 이야기한 것처럼, 헨리 조지는 1800년대 후반에 그의 저서 『진보와 빈곤』과 『사회문제의 경제학』에서 토지의 사유화 문제와 개혁의 필요성을 역설한 바 있는데,[182,183] 그보다도 훨씬 앞서 기록된 한 소수 민족의 경전에 이러한 제도가 제시되어 있다는 것이 놀랍다. 같은 3장에서 예로 들었던 구글이나 23andMe와 같은 회사들에게 희년의 규정을 적용한다면, 그들이 선점한 검색 공간이라는 '땅', 유전자 검사 서비스라는 '땅'에서 정당한 부분의 이득만을 취한 후 나머지는 공공의 이익을 위해 사용할 수 있도록 환원해야 할 것이다. 23andMe의 경우에는 정당한 이득은 개인 고객에게서 받는 유전자 검사 서비스의 비용으로 한정되어야 한다. 제약사에 넘긴 데이터의 가치는 유전자 정보 자체에서 나온 것이지 이를 단순히 취합하는 데에서 나온 것이 아니기 때문이다. 이러한 데이터의 생산은 질병의 진단과 치료라는 공공의 목적을 위해 과학계에서 이미 해오던 작업이다.

착취의 생물학적 배경에 대해서도 역시 3장에서 다루었다. 거기서 지적했듯이, 생물학적 개체들은 경제학적 가치를 생산하지 못하며 다만 주어진 자원을 놓고 소비 경쟁을 벌일 뿐이다. 이 경쟁의 목적은 분명하다. 다른 개체들보다 더 잘 생존하고 더 성공적으로 번식하는 것이다. 그런데 우리가 사는 자연에는 매우 한정된 자원만이 가용하므로, 이 소비 경쟁은 누군가의 성공이 누군가의 실패를 의미하는 착취 기반의 제로섬 게임이 된다. 이것을 멈추는 유일한 방법은 집단 전체의 자원의 양에 따라 자기 이익을 조절하고 자신의 포괄 적합도 계산에 포함되지 않는 비혈연 개체들도 돌볼 줄 아는 변이들이 많이 있는 집단이 자연으로부터 우호적 선택을 받는 것인데, 불행히도 에드워드 윌슨과 같은 선량한 과학자들이 소망했던 이러한 집단선택에 의한 진화는 불가능하다. 자연선택의 대상은 집단이 아닌 개체이기 때문이다.

한편, 천국에 대한 예수의 가르침 가운데 실제로 재능에 대해 이야기하는 구절은 달란트 비유가 아니라 포도원 비유다.

천국은 마치 품꾼을 얻어 포도원에 들여보내려고 이른 아침에 나간 집 주인과 같으니 그가 하루 한 데나리온씩 품꾼들과 약속하여 포도원에 들여보내고 또 제삼시에 나가보니 장터에 놀고 서 있는 사람들이 또 있는지라 그들에게 이르되 너희도 포도원에 들어가라 내가 너희에게 상당하게 주리라 하니 그들이 가고 제육시와 제구시에 또 나가 그와 같이 하고 제십일시에도 나가보니 서 있는 사람들이 또 있는지라 이르되 너희는 어찌하여 종일토록 놀고 여기 서 있느냐 이르되 우리를 품꾼으로 쓰는 이가 없음이니이다 이르되 너희도 포도원에 들어가라 하니라 저물매 포도원 주인이 청지기에게 이르되 품꾼들을 불러 나중 온 자로부터 시작하여 먼저 온 자까지 삯을 주라 하니 제십일시에 온 자들이 와서 한 데나리온씩을 받거늘 먼저 온 자들이 와서 더 받을 줄 알았더니 그들도 한 데나리온씩 받은지라 받은 후 집 주인을 원망하여 이르되 나중 온 이 사람들은 한 시간밖에 일하지 아니하였거늘 그들을 종일 수고하며 더위를 견딘 우리와 같게 하였나이다 주인이 그 중의 한 사람에게 대답하여 이르되 친구여 내가 네게 잘못한 것이 없노라 네가 나와 한 데나리온의 약속을 하지 아니하였느냐 네 것이나 가지고 가라 나중 온 이 사람에게 너와 같이 주는 것이 내 뜻이니라 내 것을 가지고 내 뜻대로 할 것이 아니냐 내가 선하므로 네가 악하게 보느냐 이와 같이 나중 된 자로서 먼저 되고 먼저 된 자로서 나중 되리라 (「마태복음」 20:1-16)

이 비유에서 포도원 주인은 몇 차례에 걸쳐 장터에 나가 일꾼을 고용해 그들에게 일을 시키는데, 여기서 논란이 되는 부분은 아침 일찍부터 일한 이들이나 심지어 해가 저물 때나 되어 고용된 품꾼들에게까지 모두 똑같이 한 데나리온이라는 품삯이 지급되었다는 점이다. 당연히 자신들이 품삯을 더 받을 줄 알았던 자들이 포도원 주인을 원망하기 시작하는데, 이 상황이 공정하지 않다고 생각하는 것이 보통 인간의 자연스러운 반응일 것이다. 그런데 왜 어떤 이들은 일찍부터 고용되어 일을 시작해 많은 포도를 수확할 수 있었던 반면, 어떤 이들, 즉 포도원 주인이 "어찌하여 종일토록 놀고 여기 서 있느냐"라고 물었던 이들은 뒤늦게서야 일을 시작하게 된 것일까? 우리가 흔히 가난한 사람들은 게으르기 때문에 가난하다라고 생각하는 것처럼 이들은 그저 그곳에서 놀고 있었을까? 포도원 주인의 질문에 대한 그들의 대답에 그 열쇠가 있다. "우리를 품꾼으로 쓰는 이가 없음이니이다." 다시 말해, 신체 건강하고 젊은 일꾼들은 아침 일찍부터 고용되었지만, 기력이 쇠한 늙은이들이나 몸이 건강해 보이지 않는 이들은 누구도 일꾼으로 쓰려고 하지 않았기에 애타는 심정으로 해가 저물도록 그곳에서 서성이고 있었던 것이다. 그러므로 예수가 전하고자 한 '천국'이란 바로 사람들이 생산해 내는 가치가 단순히 양적인 개념이 아니라 공정의 개념으로 취급되는 곳이다.

우리는 생물학적으로 우리에게 유전자에 대한 소유권이 없다는 점, 경제학적으로도 유전자가 부여하는 재능 혹은 생산능력에 대한 소유권을 주장할 수 없다는 점을 명확히 했다. 그리고 뛰어난 재능의 소유자라고 해도 평범한 사람과 동등한 몫을 벌어들이는 것이 공정하다는 프루동의 주장도 살펴보았다. 마르크스적 잉여가치와는 다른, 타고난 재능에 의해 추가 생산되는 비교우위적 잉여가치가 특권으로 가장된 일종의 착취라는 점에 대해서도 논의했다. 이러한 관점으로 포도원

6장 종교

비유를 다시 보면, 아침 일찍 일을 시작했는데도 같은 임금을 받았다고 불평하는 일꾼들에게서 사회의 한 단면, 특히 본인이 처한 입장에서의 편협하고 단편적인 시각만으로 '공정'을 외치는 요즘 일부 젊은 이들의 모습이 떠오른다.

안식일에 치유를 행한 예수의 또 다른 이야기에서도 성서가 말하고자 하는 공정의 모습을 찾아볼 수 있다.

> 그 후에 유대인의 명절이 되어 예수께서 예루살렘에 올라가시니라 예루살렘에 있는 양문 곁에 히브리 말로 베데스다 하는 못이 있는데 거기 행각 다섯이 있고 그 안에 많은 병자, 맹인, 다리 저는 사람, 혈기 마른 사람들이 누워 물의 움직임을 기다리니 이는 천사가 가끔 못에 내려와 물을 움직이게 하는데 움직인 후에 먼저 들어가는 자는 어떤 병에 걸렸든지 낫게 됨이러라 거기 서른여덟 해 된 병자가 있더라 예수께서 그 누운 것을 보시고 병이 벌써 오래된 줄 아시고 이르시되 네가 낫고자 하느냐 병자가 대답하되 주여 물이 움직일 때에 나를 못에 넣어주는 사람이 없어 내가 가는 동안에 다른 사람이 먼저 내려가나이다 예수께서 이르시되 일어나 네 자리를 들고 걸어가라 하시니 그 사람이 곧 나아서 자리를 들고 걸어가니라 이날은 안식일이니 유대인들이 병 나은 사람에게 이르되 안식일인데 네가 자리를 들고 가는 것이 옳지 아니하니라 (「요한복음」 5:1-10)

'자비의 집'이라는 뜻을 지닌 베데스다라는 곳은 연못이라고 묘사되어 있지만, 사실은 물 저장고였던 것으로 보인다. 또한 '천사'라고 쓰여 있지만 실제로 사람들이 믿었던 것은 그리스 신화에 등장하는 의술의 신 에스클리피우스였을 것이다. 그런데 이 전설 속에서 이해할 수 없는 것은 가끔씩 이 의술의 신이 나타나 자비를 베풀 때 오직 가장 먼저 뛰어드는 사람만이 치유를 받는다는 점이다. 그러니 다리를 사용하지 못하는 장애인은 그 경쟁에서 뒤처질 수밖에 없다. 오늘날에는 신비의 연못에 빠르게 뛰어드는 물리적 능력이 아니라 약값을 지불할 수 있는 경제적 능력을 지닌 이들이 다른 이들보다 우선적으로 치료를 받고 있다. 5장에서 언급한 바와 같이 유전자 치료나 면역항암 치료와 같은 여러 첨단 기술이 개발되고 있지만, 이러한 혜택을 받으려면 수억 원을 지불할 수 있는 경제적 능력이 필요하다. 인간들이 믿은 신화 속 신조차도 경쟁에서 이긴 승자의 편을 들어주는 이 현실에서, 예수는 이러한 경쟁에서 가장 뒤처진 이를 특별히 치료하는 자비를 베푼 것이다. 이것이 성서가 말하는 공정의 실현이다.

초대 교회의 잃어버린 꿈과 스티그마타

경제학적 공정의 실현이라는 관점에서 볼 때 소위 '초대교회'라고 불리는, 초창기 기독교가 추구한 경제 공동체의 모습은 암시하는 바가 크다.

> 믿는 사람이 다 함께 있어 모든 물건을 서로 통용하고 또 재산과 소유를 팔아 각 사람의 필요를 따라 나눠주며 (「사도행전」 2:44-45)

신약성서에서 '교회'라고 번역되는 헬라어 '에클레시아ekklesia'는 사실 일반적인 모임이나 공동체를 지칭하는 말이다. 그런데 기독교 신학의 기초를 놓았다고 평가받는 사도 바울은 자신의 여러 서신에서 기독교 공동체를, 예수를 머리로 하는, 신자들이 이루는 하나의 몸이라고 표현한다.

> 우리가 한 몸에 많은 지체를 가졌으나 모든 지체가 같은 기능을 가진 것이 아니니 이와 같이 우리 많은 사람이 그리스도 안에서 한 몸이 되어 서로 지체가 되었느니라 (「로마서」 12:4-5)

> 눈이 손더러 내가 너를 쓸 데가 없다 하거나 또한 머리가 발더러 내가 너를 쓸 데가 없다 하지 못하리라 그뿐 아니라 더 약하게 보이는 몸의 지체가 도리어 요긴하고 우리가 몸의 덜 귀히 여기는 그것들을 더욱 귀한 것들로 입혀주며 우리의 아름답지 못한 지체는 더욱 아름다운 것을 얻느니라 (「고린전도서」 12:21-23)

비유적으로 만약 생물학적 개체들이 모인 집단이 마치 하나의 유기적인 몸, 즉 개체처럼 움직인다면 이들은 집단으로서 선택의 대상이 될 수 있다. 몸의 일부, 즉 몇몇 약한 개체가 손상되거나 실패하면 몸 전체, 즉 집단의 적합도는 약화되고, 반대로 취약한 개체들을 돌보면 집단의 적합도는 향상된다. 상당히 생물학적인 비유다.

앞서 인용한 「고린도전서」 12장에서 바울은 공동체 내 구성원들의 서로 다른 역할과 기능에 대해 논하다가 "가장 좋은 길을 너희에게 보이리라", 즉 가장 중요한 기능에 대해 말하겠다는 언급과 함께 13장으로 넘어간다. 「고린도전서」 13장은 "사랑은 오래 참고 사랑은 온유하며"로 잘 알려진 사랑에 관한 아름다운 묘사를 담고 있다. 1장에서 논한 것처럼 생물학적 사랑은 단지 유전자의 번식을 위한 자기 만족 메커니즘이지만, 사도 바울은 사랑을 공동체를 묶어주고 성장하고 기능하게 하는 필수적인 요소로 제시하고 있다.

오직 사랑 안에서 참된 것을 하여 범사에 그에게까지 자랄지라 그는 머리니 곧 그리스도라 그에게서 온몸이 각 마디를 통하여 도움을 받음으로 연결되고 결합되어 각 지체의 분량대로 역사하여 그 몸을 자라게 하며 사랑 안에서 스스로 세우느니라 (「에베소서」 4:15-16)

바울에게 이러한 공동체주의는 특히 유대인이 아닌 이방인에 대한 포교라는 차원에서 중요했던 것으로 보이지만, 넓게 보면 인종, 신분, 성별의 차이를 포용하는 공동체를 강조하고 있다.

몸은 하나인데 많은 지체가 있고 몸의 지체가 많으나 한 몸임과 같이 그리스도도 그러하니라 우리가 유대인이나 헬라인이나 종이나 자유인이나 다 한 성령으로 세례를 받아 한 몸이 되었고 또 다 한 성령을 마시게 하셨느니라 (「고린전도서」 12:12-13)

우리는 2장에서 인종, 신분, 성별 따위를 넘어서는 사랑의 정반대 개념, 즉 혐오의 진화적 기원이 생존을 위해 작동하는 두려움이라는 것을 살펴보았다. 「고린도전서」 13장과 함께 사랑에 대한 대표적인 장이라고 할 수 있는 「요한일서」 4장에는 이와 관련한 상당히 심오한 묘사가 담겨 있다.

사랑 안에 두려움이 없고 온전한 사랑이 두려움을 내어 쫓나니 두려움에는 형벌이 있음이라 두려워하는 자는 사랑 안에서 온전히 이루지 못하였느니라 (「요한일서」 4:18)

물론 그 맥락은 다르겠지만, 인간의 진화와 심리에 대한 생물학적 지식 없이 기록된 성서에서 사랑의 반대편에 도사리고 있는 것이 미움이나 증오가 아닌 두려움이라는 것을 지적하는 점은 매우 흥미롭다. 조금 더 구체적으로, 성서는 특별히 사회적 낙인의 대상을 상징하는 과부, 고아, 나그네에 대한 보호와 배려를 이곳저곳에서 강조한다.

나그네는 외지에서 온 낯선 이방인, 외부인, 이민자, 다른 인종을 상징할 수 있으며, 그들에 대한 낙인의 기저에 있는 생물학에 대해서는 2장에서 행동면역계 등의 개념을 통해 상세히 살펴보았다. 이민자나 다른 인종에 대한 차별이 현대사회의 문제에 더 가깝다면, 과거 기독교 역사에서 종교인들이 행한 가장 끔찍한 죄악은 과부에 대해서 행해졌다. 14세기에서 17세기에 걸쳐 유럽의 여러 지역에서 4~6만 명의 희생자를 남긴 마녀사냥에서, 당시 지배계급이자 지식인이었던 기독교 성직자들은 악마가 공동체를 파괴한다는 신념을 만들고 많은 사람을 마녀로 낙인찍어 화형으로 몰아갔는데, 그 주된 공격 대상은 다름 아닌 과부였다. 이는 기독교 교리가 만들어 낸 원죄로 각인된 존재가 여성인 데다가, 특히 과부에 대한 사회적 낙인이 작용했기 때문이다.

과부에 대한 낙인은 과거 중세의 이야기만이 아니다. 불과 10여 년 전만 하더라도, 한국에서 과부들은 '남편 잡아먹는 여자'라든지 '팔자가 세다'라든지 하는 말을 들어야 했다. 인도에서는 특히 교육을 받지 못한 빈곤층에서 여전히 종교적 관습에 따라 조혼이 이루어지고 있는데, 어린 나이에 결혼한 여성들이 남편을 일찍 잃고 나면 불길한 존재라는 사회적 낙인이 찍혀 자식의 결혼식에도 참석할 수 없을 정도로 공동체 활동에서 철저하게 배제된다. 특히 아이가 딸려 있을 경우 재혼은 거의 불가능하다. 연구가 필요하기는 하지만, 남편이 죽었다는 사실이 성관계로 전파되는 질병을 연상시킴으로써 행동면역계에 의한 혐오 반응을 자극할 가능성이 있다.

하지만 중세 시대보다도 훨씬 오래전에 기록된 구약성서에서 과부에 대해 어떤 이야기를 하고 있는지를 보면, 도대체 기독교는 성서로부터 무엇을 배우고 그러한 죄악을 범한 것인지 이해하기조차 어렵다. 눈여겨볼 만한 것이 「창세기」 38장 1-26절로, 여기에는 히브리인들이 가지고 있던 '레비레이트levirate'라는 혼인제도를 둘러싸고 벌어지는 이야기가 나온다. 레비레이트는 일종의 과부 보호법의 일환으로, 결혼한 형제 중 하나가 그 아내를 홀로 두고 먼저 죽을 경우 생존해 있는 동생들 중 가장 맏이가 과부 된 형수를 아내로 맞게끔 하는 제도다. 이 이야기 속 유다에게는 세 아들이 있는데, 그중 맏아들의 아내가 다말이다. 맏아들이 죽자 아버지 유다는 레비레이트에 따라 과부가 된 다말을 둘째 아들에게 시집을 보낸다. 그런데 둘째는 아들을 낳아도 자기 아들이 되지 않으므로 다말을 임신시키지 않기 위해 질 외 사정을 한다. 그러자 신은 둘째 아들을 죽여버린다. 막내마저 그렇게 될까 두려웠던 유다는 막내에게는 형수를 취하도록 하지 않는다. 그러자 다말은 시아버지에게 복수하기 위해 유다가 가는 길목에 윤락녀처럼 변장을 하고 기다렸다가 그와 관계를 맺고 임신을 한다. 나중에 그 사실을 알게 된 유다는 자신의 잘못을 인정한다. 이 이야기는 형수에게 상속자를 만들어 주지 않기 위해 계략을 부린 둘째 아들이나, 자신의 남은 아들이 성인이 되었음에도 다말에게 내주지 않고 그녀를 과부로 남겨둔 유다의 행위를, 윤락녀로 분장하여 시아버지와 관계를 갖는 다말의 변태적인 행위와 의도적으로 비교한다. 성서적 관점에서는 한 과부가 벌인 처절한 저항이 과부를 보호하지 않은 남자들의 처사보다 차라리 의롭다는 것을 유다의 입을 빌려 말하고 있다.

또한 신약성서에서 예수도 비유를 이용한 자신의 가르침에 과부를 등장시킨다.

예수께서 그들에게 항상 기도하고 낙심하지 말아야 할 것을 비유로 말씀하여 이르시되 어떤 도시에 하나님을 두려워하지 않고 사람을 무시하는 한 재판장이 있는데 그 도시에 한 과부가 있어 자주 그에게 가서 내 원수에 대한 나의 원한을 풀어주소서 하되 그가 얼마 동안 듣지 아니하다가 후에 속으로 생각하되 내가 하나님을 두려워하지 않고 사람을 무시하나 이 과부가 나를 번거롭게 하니 내가 그 원한을 풀어주리라 그렇지 않으면 늘 와서 나를 괴롭게 하리라 하였느니라 주께서 또 이르시되 불의한 재판장이 말한 것을 들으라 하물며 하나님께서 그 밤낮 부르짖는 택하신 자들의 원한을 풀어주지 아니하시겠느냐 그들에게 오래 참으시겠느냐 내가 너희에게 이르노니 속히 그 원한을 풀어주시리라 그러나 인자가 올 때에 세상에서 믿음을 보겠느냐 하시니라 (「누가복음」 18:1-8)

역시나 기성 기독교인들은 이 가르침을 개인화하고 종교화해 자신들을 과부의 입장에 놓고 신이 자신의 탄원을 들어줄 때까지 항상 기도하고 낙심하지 않을 것을 다짐한다. 그러나 예수는 어디까지나 "밤낮 부르짖는", 즉 살아가면서 항상 원통한 일을 당하는 과부와 같은 사람들에 대해 이야기하고 있다. 오늘날의 관점에서 보면 평생을 일상적인 차별과 배제를 겪으며 살아가는 이민자나 동성애자, 장애인, 미혼모들과 같은 사회적 소수자들을 변호해야 한다고 말하는 것이다. 특히 구약성서 「시편」 68장 5절에서 "하나님은 과부의 재판장이시라"라고 표현한 것처럼, 예수 역시 과부를 법적으로 변호해야 하는 이로서 재판장을 등장시킨다. 한마디로 예수는 차별금지법을 주장했지만, 그를 따른다는 한국의 개신교는 그것을 결사적으로 반대하고 있는 것이다. 중세 기독교의 재판장들이 과부들을 마녀로 몰아 사냥했던 것처럼 말이다.

심지어 예수는 이런 자들을 대변해 십자가 처형을 당하기까지 했다. 헬라어 '스티그마stigma'는 원래 불에 달군 뒤 가축의 엉덩이에 찍어 소유자를 표시하는 데 사용되었던 쇠 인장을 말하는데, 이것이 고대사회들에서 노예나 죄수, 특히 반란자나 파렴치범 등 가장 천대받는 신분을 나타내는 징표로 그들의 신체를 지지는데 사용된 것에서 유래해 사회적 낙인을 의미하게 되었다. 즉, 치욕, 오명, 결점 등을 상징하는 단어로서 외면과 배척을 받는 상태를 가리키는 데 쓰이게 된 것이다. 그런데 『교회용어사전』을 보면 기독교적 관점에서 동일한 단어가 사용되는 것을 알 수 있다.[386] 로마 가톨릭에서 '스티그마'의 복수형인 '스티그마타stigmata'는 성흔, 즉 예수가 십자가에 못박혀 생긴 상처들을 나타낸다. 즉, 기성 종교인들에게 신성을 모독하는 급진적 사상가라는 이유로 예수가 당한 십자가 처형은, 인간의 진화 역사 내내 계속되었고 오늘날 현대사회에서도 지속되고 있는 사회적 낙인들을 상징한다. 다시 말하면, 중세의 마녀사냥은 예수를 따른다는 자들에 의해 수만 차례 재현된 예수의 십자가 처형이다. 하지만 오늘날 제도권의 교회와 성당에 걸려 있는 크고 작은 십자가들은 기독교인들로 하여금 자신의 죄를 씻고 구원해 준 예수의 희생을 되새기며 감격에 젖어들게 하는 장식물에 불과하다.

자연을 거스르는 사랑

사랑에는 두려움이 없으며 온전한 사랑이 두려움을 내쫓는다는 성서의 선언은, 2장에서 논한 생존을 위한 두려움에서 비롯된 혐오를 극복하는 길에 사랑이 있다고 말한다. 그렇다면 성서는 1장에서 이야기한 번식을 위한 사랑을 어떤 관점에서 바라볼까? 특히 보수적인 기성 종교인들은 이성애적 취향이야말로 신이 마련한 거룩한 욕구라고 간주하며 이성애자 간의 짝짓기를 통해 '정상적인' 가정을 꾸리고 많은 자식을 낳는 것을 신성한 것이라고 본다. 하지만 실제 성서의 관점은 전혀 그렇지 않은데, 먼저 예수의 경우 성적 욕구 자체에 대해 엄청난 수준의 윤리적 잣대를 들이댄다.

또 간음하지 말라 하였다는 것을 너희가 들었으나 나는 너희에게 이르노니 음욕을 품고 여자를 보는 자마다 마음에 이미 간음하였느니라 만일 네 오른 눈이 너로 실족하게 하거든 빼어 내버리라 네 백체 중 하나가 없어지고 온몸이 지옥에 던져지지 않는 것이 유익하며 또한 만일 네 오른손이 너로 실족하게 하거든 찍어 내버리라 네 백체 중 하나가 없어지고 온몸이 지옥에 던져지지 않는 것이 유익하니라 (「마태복음」 5:27-30)

진화의 결과로 수컷들에게 생긴 성욕은 너무나 '자연스러운' 욕구이지만, 예수는 그 욕구가 너를 지배할 것이라면 차라리 눈을 빼버리고 손을 잘라내 버리라는 과격한 표현을 사용함으로써, 이성애라고 '자연스럽고' 고상한 사랑으로 미화되지 않는다는 것을 강한 어조로 전달하고 있다. 또한 「마태복음」 19장 11-12장에도 기록되었듯이, 결혼에 대해서도 예수는 그것이 반드시 모든 사람이 따라야 하는 제도라고 말하지 않는다. 사실 기독교 신학의 토대를 놓았다고 하는 바울 역시, 다른 이들도 자신과 같이 독신으로 살 것을 추천하며 결혼은 욕구 때문에 어쩔 수 없이 하는 것이라는 견해를 보였다.

기독교인들이 결혼식에서 흔히 축복의 의미로 자주 사용하는 '하나님이 짝지어 주신 것을 사람이 나누지 못할지니라'라는 구절도 문맥과 상관없이 자신들의 구미에 맞게 사용하고 있음을 알 수 있다. 이를 두고 프리드리히 니체Friedrich Nietzsche는 '자신이 짝지어 주지 않은 자들을 축복해 주겠다고 절뚝거리며 다가오는 신'이라고 풍자한 바 있다. 성서의 원래 맥락은 다음과 같다.

바리새인들이 예수께 나아와 그를 시험하여 이르되 사람이 어떤 이유가 있으면 그 아내를 버리는 것이 옳으니이까 예수께서 대답하여 이르시되 사람을 지으신 이가 본래 그들을 남자와 여자로 지으시고 말씀하시기를 그러므로 사람이 그 부모를 떠나서 아내에게 합하여 그 둘이 한 몸이 될지니라 하신 것을 읽지 못하였느냐 그런즉 이제 둘이 아니요 한 몸이니 그러므로 하나님이 짝지어 주신 것을 사람이 나누지 못할지니라 하시니 (「마태복음」 19:3-6)

여기서 예수는 히브리 율법이 이혼을 허용하고는 있지만 남편이 함부로 아내를 저버리는 것이 결코 신의 뜻이 아니라는 것을 분명히 한다. 사람이 남자와 여자로 지어지고 서로 만나 한 몸이 되는 자연의 섭리를 말하거나, 결혼제도를 정당화하거나, 사랑하는 두 남녀가 영원히 헤어지지 않으리라는 낭만을 이야기하는 것이 아니다. 예수는 당시의 청자와 독자가 가지고 있던 창조주 신앙에 호소해 부부 관계에서 약자에 속하는 아내 쪽의 인권을 보호하고 있는 것이다. 신이 짝지은 것을 남자들 마음대로 나누지 못하리라는 것이다.

지난 1장에서 살펴보았듯이, 진화적 측면에서의 짝짓기는 암수가 서로 동등한 관계가 아니라 암컷 쪽이 불리한 불평등한 거래다. 그나마 자연 세계에서 암컷은 출산과 양육의 책임을 떠안는 대신 짝짓기 선택이라는 권리를 통해 대항할 수 있다. 그러나 문제는 인간이다. 인간은 사회와 문화를 형성하며 남녀의 진화적 줄다리기에 인위적인 제도를 개입시켰다. 인류학자 클로드 레비스트로스Claude Lévi-Strauss는 결혼이 남편과 아내 사이의 계약을 넘어 이들 주변의 사회적 관계를 통해 작동하는 남자들 간의 거래라고 주장한 바 있다.[387] 이는 다른 동물들과 다른 인간만의 특징으로서, 사회적, 문화적 제도와 규약을 통해 진화적 약자로서의 여성을 상품화하고 매매하는 양태를 띠게 된다. 『종의 기원』이후 약 10년 뒤에 출간된『인간의 유래와 성선택』은 사실 『종의 기원』만큼 당장의 반향을 일으키지 못했고 과학적으로 재조명되기까지도 수십 년의 시간이 걸렸다. 수컷들이 구애 행위를 하고 암컷들이 수컷을 선택한다는 개념이 남성 중심의 사회에서, 심지어 과학계에서조차 쉽게 받아들여지지 못했던 것이다.

이러한 남성 중심의 인간 사회에서 남자들은 여성에 대한 자존심 상하는 구애 행위를 당당한 거래 행위로 바꾸었다. 즉, 여성을 상품화하고 그 상품의 주인인 다른 남성에게 값을 지불해 여성을 사기로 한 것이다. 오늘날의 결혼식에서 아버지가 다른 남자에게 딸을 내주는 풍습이 남아 있듯이, 대다수의 과거 인간 사회에서도 남자들은 아내를 사기 위해 직접 돈을 지불하거나 노동을 했다. 게다가 여자가 임신을 하지 못해 자녀를 생산하지 못하는 경우, 즉 거래의 목적을 달성하지 못하는 경우, 환불을 요구하거나 자매라는 새 상품과 교환할 것을 요구하기까지 했다. 이런 관점에서 번식 경쟁을 다시 보면, 남성의 경제력과 사회적 지위는 자신이 얻고자 하는 여성뿐 아니라 그 여성에 대한 권리를 갖고 있는 남성들을 향해서도 과시할 수 있다. 예수는 신이 짝지은 것을 '사람'이 나누지 못한다고 선언했지만 실은 '남자들'이라고 말하고 있는 것이다. 성서는 이렇게 진화적인 힘의 관계로 구축된 인간 사회의 제도들에 맞서 아내를 지킬 뿐만 아니라 한발 더 나아가 아내를 사랑하라고 명령한다.

남편들아 아내 사랑하기를 그리스도께서 교회를 사랑하시고 그 교회를 위해 자신을 주심같이 하라. 이는 곧 물로 씻어 말씀으로 깨끗하게 하사 거룩하게 하시고 자기 앞에 영광스러운 교회로 세우사 티나 주름 잡힌 것이나 이런 것들이 없이 거룩하고 흠이 없게 하려 하심이라 이와 같이 남편들도 자기 아내 사랑하기를 자기 자신과 같이 할지니 자기 아내를 사랑하는 자는 자기를 사랑하는 것이라 (「에베소서」5:25-28)

이 구절 역시 예수와 교회의 관계를 나타내는 종교적 치장으로 가득하지만, 아내를 사랑하되 자기 자신을 사랑하듯 사랑하라는 표현은 주목할 만하다. 1장에서 이야기했듯이, 진화적으로 보면 부부는 유전학적으로 상당히 거리가 먼 두 남녀가 각자의 유전적 이득을 위해 공조하는 일종의 거래 관계다. 이 계약 공동체의 일원이 사랑해야 하는 대상은 그 거래의 목적이자 산물, 즉 자기 유전자의 50퍼센트를 공유하는 자식이지 결혼 상대가 아니다. 그런데 이러한 거래 상대를 내 몸과 같이, 즉 나와 100퍼센트 동일한 유전적 조성을 가진 개체인 것처럼 사랑한다는 것은 생물학적으로는 상당히 비합리적인 행위다.

자식에 대한 사랑은 어떨까? 흔히 기독교에서 신과 신앙인의 관계를 아버지와 자녀로 비유해 나타내는데, 바울의 신학이 잘 집약되어 있다는 「로마서」 8장에는 이와 관련한 매우 흥미로운 개념이 등장한다.

너희는 다시 무서워하는 종의 영을 받지 아니하고 양자의 영을 받았으므로 우리가 아빠 아버지라고 부르짖느니라 (「로마서」8:15)

여기서 바울은 신이 우리 인간을 자신의 양자로 삼았다고 표현하고 있다. 인간에 대한 신의 사랑을 표현하고자 했다면, 이왕이면 인간의 본능에 와닿는 친자식이 훨씬 나았을텐데, 여기서 바울은 굳이 입양의 개념을 사용한다. 1장에서 캐나다 붉은다람쥐의 사례와 인간 집단에 대한 연구에서 보았듯이, 유전적으로 무관한 남의 자식을 자기 자식처럼 키우고 돌보는 입양이라는 행위는, 경쟁에서 오직 자기 유전자의 승리만을 도모하는 진화의 세계에서는 있을 수 없는 일이다. 그러나 성서에서는 자연에서 볼 수 없는, 혈연관계를 뛰어넘는 사랑을 이야기하고 있다. 이는 또한 성서에서 끊임없이 강조하는 고아에 대한 관심과도 일맥상통하는 대목이다.

신에게 입양된 인간

그러나 물론 바울의 신학적 관점에서 입양은 생물학적인 이야기나 고아에 대한 특별 대우를 말하고자 하는 것이 아니라, 예수의 형상image을 본받고자 하는 많은 이들이 예수를 맏아들로 두는 하나의 거대한 가계도에 편입되는 과정을 상징한다.

> 하나님이 미리 아신 자들을 또한 그 아들의 형상을 본받게 하기 위하여 미리 정하셨으니 이는 그로 많은 형제 중에서 맏아들이 되게 하려 하심이니라 (「로마서」 8:29)

한편, 신이 인간의 몸을 입고 인간 세상에 들어왔다는 믿음은 기독교 역사 내내 수많은 이들의 종교적 신념을 고취시켰다. 하지만 사실 그 주인공인 예수가 스스로 본인의 신성을 주장했을 때 기성 종교인들은 그것을 신성모독이라 비난하며 그를 돌로 쳐 죽이려 했다. 마침내는 십자가에 못 박아서 죽였지만 말이다.

그런데 이 과정에서 예수가 남긴 "하나님의 말씀을 받은 사람들을 신이라 하셨거든"(「요한복음」 10:34-35)이라는 말은 매우 의미심장하다. 자기 자신뿐 아니라 다른 많은 이들을 신이라고 말하고 있기 때문이다. 이 구절은 예수가 구약성서의 「시편」 82편에서 인용한 것이다.

하나님은 신들의 모임 가운데에 서시며 하나님은 그들 가운데에서 재판하시느니라 너희가 불공평한 판단을 하며 악인의 낯 보기를 언제까지 하려느냐 가난한 자와 고아를 위하여 판단하며 곤란한 자와 빈궁한 자에게 공의를 베풀지며 가난한 자와 궁핍한 자를 구원하여 악인들의 손에서 건질지니라 하시는도다 그들은 알지도 못하고 깨닫지도 못하여 흑암 중에 왕래하니 땅의 모든 터가 흔들리도다 내가 말하기를 너희는 신들이며 다 지존자의 아들들이라 하였으나 그러나 너희는 사람처럼 죽으며 고관의 하나같이 넘어지리로다 하나님이여 일어나사 세상을 심판하소서 모든 나라가 주의 소유이기 때문이니이다 (「시편」 82:1-8)

여기서 '신들이며 지존자의 아들들'이라 일컬어지는 이들에게 주어지는 사명은 가난한 자와 고아를 위해 판단하며, 곤란한 자와 빈궁한 자에게 공의를 베풀며, 가난한 자와 궁핍한 자를 구원해 악인들의 손에서 건지는 것이다. 그러나 이들은 불공평한 판단을 멈추지 않고 악인의 낯 보기를 계속하므로 신이 아니라 사람처럼 죽어 넘어진다.

결국 성서가 우리에게 말하는 것은 무엇인가? 그렇다. 성서는 자연을 신으로 섬기던 인간들을 불러내 예수를 모범으로 삼아 스스로 신이 되라고 말한다. 하지만 인간의 자연적 본능은 여전히 종교적인 신을 만들어 내거나 추종하려고 한다. 어떤 이들은 사이비 교주를 따르고 숭배하기를 주저하지 않고, 어떤 이들은 이런 자들 가운데에서 "나는 신이다"라고 선언하며 그들을 지배한다. 이것이야말로 신성모독이다. 성서가 말하는 '신성'은 이와는 완전히 다른 것이다. 인간으로서 예수가 보여준 것과 같은 신성을 발휘하려면, 자연에서 신성을 벗겨낼 뿐만 아니라 인간의 본성에서 자연성을 벗겨내고 그것에 저항해야 한다. 번식욕과 혐오를 넘어서는 사랑, 차별과 배제가 아닌 포용과 연대, 착취와 탈취가 아닌 가치의 창조와 나눔을 추구해야 한다. 자연의 속박에 고통스러워하는 많은 이들을 해방시키고, 우리의 후손에게 더 공정하고 진보된 세상을 물려주며, 인류가 오래도록 생존하고 번성하도록 해야 한다. 또한 이러한 신성은 예수를 머리로 하는 몸, 즉 예수의 사상에 공명하는 공동체로써 비로소 발휘되는 것이지 교주와 같은 어느 한 명의 '전지전능한' 인간에게서 발휘되는 것이 아니다.

이 장의 서두에서 선언한 바와 같이, 우리가 살고 있는 이 자연의 창조주 따위는 없다. 적어도 기독교, 이슬람교, 유대교를 비롯해 인간이 만들어 낸 어떤 종교에서도 자연과학이 밝혀낸 우주와 생명의 진화 법칙에 따라 세계를 창조한 신은 발견할 수 없다. 사실 그런 신이 있다면 그것은 차라리 악마일 것이다. 그런데 성서에서 '종교적 도금'을 벗겨내고 나면, 우리는 그곳에서 진짜 주인공을 만나게 된다. 그렇다. 그

것은 바로 인간이다. 인간이 바로 창조주다. 아담으로 대표되는 자연적 인간이 아니라, 예수의 형상을 본받아 따르려는 신적 인간이 그들이다.

인간이 신의 형상을 따라 창조되었다는 「창세기」 1장의 선언은 예수의 형상을 본받는 이들을 통해 비로소 실현된다. 예수가 역사적 인물이건 가상의 인물이건, 예수라는 한 인간을 통해 드러나는 정신을 따라 자연의 모든 것을 다스리며 생육하고 번성하고 충만하고 정복하는 창조의 사명을 부여받은 것이 인간이다. 그러므로 창조란 태초에 일어난 일회적 사건이 아니라, 오히려 지금 바로 이 세상에서 일어나고 있으며 인류가 존재하는 한 끝없이 진행되어야 하는 과정이다. 그리고 이는 진화라는 과정을 거치며 이 자연 속에 우연히 던져진 우리 인간이 이 무의미한 우주에서 의미를 만들어 나가는 과정이다.

6장 종교: 인간은 태어나지 않는다

종교는 보수적 성향, 특히 자연에서 도덕과 규범을 찾으려는 인간 본능의 극단적 발현이다. 자연의 창조주에 대한 유일신 신앙의 근간은 성서의 창세기다. 그러나 창조 신화는 자연을 탈신격화하고 자연신을 숭배하던 고대 원시종교에서 인간을 해방시킴으로써 과학의 태동에 결정적인 역할을 했다. 그럼에도 과학자들조차 종종 자연주의적 오류에 발목이 잡히며, 「창세기」를 비롯한 성서 역시 자연주의적 종교로 왜곡되고 제도화되어 그 진정한 의미가 퇴색되기에 이르렀다. 구약성서에 담긴 여러 이야기들과 히브리인들의 사회제도, 그리고 신약성서에 나타난 예수의 행위와 가르침은 자본주의적 착취로부터 경제 정의가 실현되고, 혐오와 사회의 낙인으로부터 소수자와 약자가 보호받으며, 질병과 죽음으로부터 인간이 해방되는 새로운 세상의 모습을 그리고 있다. 다시 말해, 성서가 말하는 창조란 태초에 일어난 일회적 사건, 즉 자연 세계의 발생이 아니라 이러한 인간 세상을 만들어 가는 진보적 창조다. 그러한 의미에서 진정한 창조주는 초월적 신이나 조물주가 아니다. 그것은 인간이다. 성서는 자연의 노예였던 인간들을, (역사적 인물이건 가상의 인물이건) 예수를 본보기 삼아 스스로 신이 되는 해방의 길로 초청하는 것이다. 이러한 신성은 어떤 절대적인 초인을 통해서가 아니라 인류 공동체로서만 발휘된다.

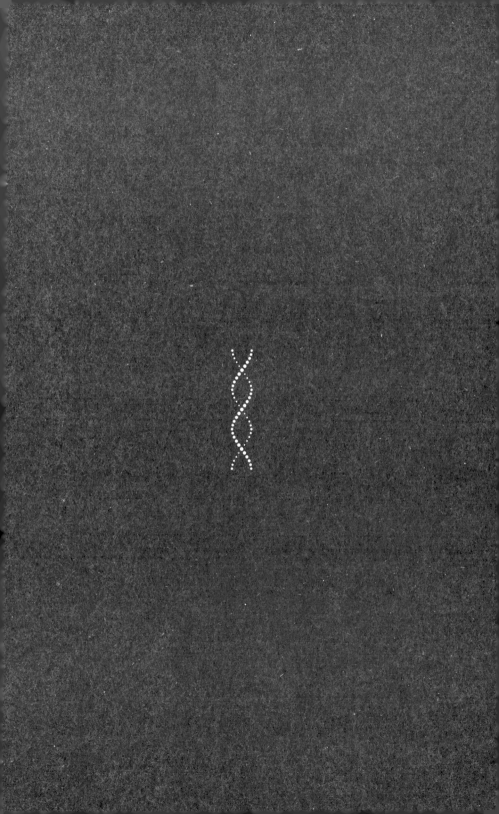

나가며

진리를 알지니 진리가 너희를 자유롭게 하리라 (『요한복음』 8:32)

우리를 자유롭게 하는 진리란 무엇일까? 기성 종교인들은 물질의 영역에 대한 과학적 사실을 뛰어넘는 어떤 영적인 진리를 상정하고, 그것을 아는 것이 우리를 구원에 이르게 한다는 의미로 이 구절을 받아들인다. 의미 있는 해석일 수 있다. 과학은 영적인 영역을 다루지 않으며, 과학의 이론은 절대적인 진리가 아니기 때문이다. 하지만 이 책에서 우리는 그 무엇보다 인간을 여러 형태로 속박하고 있는 것이 다름 아닌 자연이라는 것을 여러 측면에서 살펴보았다. 자연으로부터 해방되기 위해 필요한 진리는 영적이고 절대적인 것이 아니다. 당장 우리에게 필요한 것은 비록 상대적이고 불완전하다고 할지라도 물질로 이루어진 바로 그 자연에 대한 과학적 지식이다. 오늘날 자연과학과 공학이 다른 어떤 학문보다도 인류에게 큰 영향을 미치고 있다는 사실은 누구도 부정하기 어려울 것이다. 이렇게 과학과 기술이 인간 사회에서 특별한 지위를 누릴 수 있는 것은 과학이라는 학문 체계가 완전하거나, 과학적 지식과 발견이 절대적이거나, 과학자나 공학자가 사회적 존경을 받을 만하기 때문이 아니라, 거부할 수 없는 실질적인 증거들과 그것이 우리 인간에게 가져다주는 수많은 혜택 때문이다.

그러나 우리가 알아내고 싸워야 할 자연이라는 적이 외부에만 있는 것은 아니다. 우리 안에 있는, 유전자가 심어놓은 본성 역시 자연의 일부다. 어쩌면 과학의 힘으로 외부의 자연과 싸우는 것보다 우리 자신을 발견하고, 이를 토대로 자기 자신과 벌이는 내적 갈등과 도덕적 투쟁이 훨씬 힘든 작업일 수 있다. 서문에서 이야기했듯이, 이 책의 주된 목표 가운데 하나는 우리가 가정, 사회, 경제, 정치 등의 영역에서 부지불식간에 벌이는 행위들의 근간에 놓인 이기적 유전자들에 관한 진리(우리말로는 '진실'이라는 단어가 더 적합할지 모르겠다)를 파헤치는 것이었다. 이 과정에서 우리의 의식적인 노력을 통해서만 발휘되는 이타적인 행위와는 달리, 무의식중에 행해지는 이기적인 유전자들의 작동은 우리의 윤리 의식에 감지되지 않는다는 점을 강조한 바 있다.

인간의 윤리 의식이 어디서 어떻게 기원해 진화했는지는 그 자체로 어렵고도 방대한 주제로서, 이 책의 논의 그리고 현대 자연과학의 범위를 한참 벗어난다. 하지만 우리는 유전자의 관점으로 이 책에서 논의한 다양한 형태의 행동이나 현상이 옳지 않다는 것을 어느 정도 이미 '알고' 있다. 우리가 '결혼'이라고 부르는, 혹은 수컷과 암컷 간에 벌어지는 유성생식이라는 거래에서 벌어지는 갖가지 기만, 부모가 필요에 따라 자식을 선별해 살리고 죽이는 행위, 다른 인종이나 사회적 소수자 혹은 약자에 대한 차별과 혐오 그리고 편견과 고정관념과 낙인, 마녀사냥을 비롯한 여성 탄압이나 현대사회에서도 끈질기게 지속되는 성차별, 공격성과 전쟁, 학교 폭력이나 교권 침해, 다른 이의 경제적 기회나 그들이 생산한 가치를 탈취하거나 착취하는 행위, 능력주의에서 비롯된 심각한 불평등, 과시적 소비와 유흥, 과학기술의 진보에 대한 근거 없는 두려움으로 수많은 인명을 간접적으로 살해하는 것이 그러한 예다. 마이클 셔머Michael Shermer는 『도덕의 궤적The Moral Arc』에서 과학과 이성의 발달이 미신이나 잘못된 믿음을 깨뜨림으로써 인류의 도덕적 진보가 가능해졌다는 점을 상세하게 보여준다.[388] 한 가지 예로, 이 책의 2장에서는 동성애에 대한 혐오가 부당하다는 것을 설명하기 위해 동성애가 생물학적 현상이라는 것을 보여주는 과학적 사실들을 열거했다.

그러나 윤리적 판단의 대상이 되는 객체에 비해 윤리적 판단을 내리는 주체의 역할에 대한 인식이 부족했던 것이 사실이다. 다시 말해, 동성애에 대한 과학적 사실을 열거하는 것만으로는 그에 맞는 윤리적 판단과 행위가 자동적으로 따라 나오지 않는다. 그 판단과 행위의 주체들로 하여금 이런 사실들을 거부하게 만드는, 혹은 행동으로 실천하기 어렵게 만드는 진화적 본능들 때문이다. 동성애의 경우, 그 진화적 본능에는 혐오라는 행동면역계의 작용과, 자연적이라고 생각되는 상태를 도덕 규칙의 기준으로 삼으려는 이데올로기적 성향이 포함될 것이다. 마찬가지로 앞에 열거한 여러 행동들에도 각각 그 나름의 진화적 기원과 유전자의 작용이 있음을 이 책에서 살펴보았는데, 그것이 바로 판단을 내리고 실천으로 옮겨야 하는 행동 주체들이 윤리 의식을 발휘하는 것을 훼방한다. 때로는 윤리적 판단의 대상이 되는 객체들에 대한 과학적 사실들이 이미 드러났음에도 그렇다.

그렇다면 이러한 깨달음, 즉 인간 자신에 대한 통찰이 실제로 우리가 윤리 의식을 발휘하고 실천하는 데 도움을 줄 수 있을까? 동성애자들을 보며 거부감을 느끼는 이들이나 코로나19와 같은 상황에서 아시아인을 비롯한 다른 인종에게 혐오 반응을 보이던 이들이 그 혐오의 배경을 깨우친다면 그것을 떨쳐낼 수 있을까? 아무런 가책 없이 주식, 금융, 부동산 시장 등에서 가치를 착취하는 이들이나 과시적인 소비와 여가를 즐기는 이들이 그 행동 뒤에 놓인 번식이라는 낯뜨거운 욕구를 자각한다면, 그것이 긍정적인 변화로 이어질 수 있을까? 자식 교육에 모든 것을 쏟아붓는 문화나 타고난 재능에 기반한 능력주의를 당연하게 여기는 사회에서 자식 사랑이 신성한 것이 아니라 혈연선택의 본능일 뿐이며, 유전자에 대한 소유권을 주장하는 것이 부당한 욕망이라는 사실을 깨닫는다면 이로부터 벗어날 수 있을까? 물론 각 개인의 계몽으로 충분한 경우도 있을 것이다. 특히 다음 세대에 대한 교육은 사회 전체의 계몽을 매우 효과적으로 실현할 수 있는 방안이다. 그러나 대개 개인의 실천을 기대하는 것만으로는 불충분할 것이다. 다시 말해, 지역, 국가, 국제사회의 구성원들의 합의와 그에 기반한 법적, 제도적 장치가 마련되지 않고는 많은 경우 충분한 효과를 기대하기 어려울 것이다. 또한 잘 확립된 법과 제도는 그 자체로 효과적인 계몽의 도구가 되기도 한다.

물론 그것에 이르는 길은 평탄하지 않으며 많은 경우 정치적 투쟁을 필요로 하겠지만, 먼저 깨친 선구자들의 투쟁은 억압된 자들에게 자유를 가져다줄 뿐만 아니라 궁극적으로는 사회 전체의 인식을 통째로 바꾸어 놓을 것이다. 대표적인 것이 여성운동이다. 이 책에서 살펴보았듯이, 유전자의 이해관계에 따라 우리는 유성생식을 통해 최대한 다양한 자식을 낳고 여자로 하여금 출산과 양육을 도맡도록 진화해 왔으며, 이 진화적 역사의 영향은 현대사회에서도 지속되고 있다. 아이의 출산과 양육에 특화되도록 여성의 뇌와 신체는 생물학적으로 변하게 되는데, 이는 직업인으로서의 현대 여성들의 능력을 훼손시키며 차등적 차이를 만들어 낸다. 우리는 이러한 생물학적 변화를 '자연의 섭리'라는 이름으로 그저 군말 없이 받아들여야 할까? 아니, 오히려 생물학적 취약성을 깨닫고 이에 대항해 함께 힘을 합쳐 싸우는 것이야말로 문명의 존재 목적이며, 오늘날 우리가 자연이 아닌 문명사회에 살고 있는 이유일 것이다. 페미니스트 인류학자 세라 블래퍼 허디는 『여성은 진화하지 않았다』에서 남성과 평등한 권리를 갖는 여성은 결코 자연적으로 진화하지 않았다는 것, 그 권리는 진화가 아니라 깨달음과 불굴의 의지, 용기로 얻어지는 것이며 우리가 싸워서 쟁취해야 하는 것이라고 명확하게 말하고 있다.[105]

1960년 5월 9일, 미국 식품의약국FDA은 이전까지 세상에 없었던 새로운 약의 판매를 승인했다. 현대사회의 구조를 가장 크게 바꾸어 놓은 20세기 최고의 발명품의 하나이자, 단순히 '그 약the pill'이라고도 불리는 인류 최초의 경구피임약 에노비드Enovid가 바로 그것이다. 바로 그 약 하나 덕분에, 여성들은 출산과 양육이라는 진화적 사슬에서 해방되어 주도권을 가지고 스스로 자신의 삶을 계획할 수 있게 되었다. 여성들의 사회 진출과 대학 진학률 등은 가파르게 상승한 한편 고등학교 중퇴율은 급격히 떨어졌다. 그로부터 70여 년이 흐른 오늘날, 문명사회에서 피임에 대해 자연의 섭리나 죄를 운운하는 사람은 더 이상 찾아보기 힘들게 되었다. 여기에 이르는 데 필요했던 투쟁의 역사는, 제약

나가며

회사 스퀴브Squibb 등에서 활동한 신약 개발자 도널드 커시Donald Kirsch의 『인류의 운명을 바꾼 약의 탐험가들The Drug Hunters』에서 엿볼 수 있다.[389]

때는 바야흐로 도금 시대. 일자리를 찾아 미국으로 이민해 온, 동유럽의 가난한 유대인들이 맨해튼의 빈민가로 몰려들고 있었다. 유대인 자선가 모리스 드 허쉬Maurice de Hirsch는 유대인 이민자들을 빈민가로 보내는 대신 농업에 종사하도록 하자는 생각으로, 뉴저지주의 우드바인에 공동체를 만드는 일에 기금을 내놓았다. 성서를 들고 이곳으로 이주한 유대인들은 닭들이 어떻게 알을 낳는지를 관찰하고 어떻게 하면 더 많은 알을 낳게 할 수 있을지를 연구하는 등 자연을 탐구하고 개량하는 학구적인 농부들이 되고자 했다. 1903년, 이곳 우드바인에서 태어난 그레고리 핀커스Gregory Pincus는 이런 분위기 덕분에 어릴 때부터 과학적 가치관과 사고방식에 익숙했다. 하버드대학교에서 박사학위를 받고 교수로까지 임용되었던 핀커스는 어느 날 토끼의 난자를 시험관 안에서 수정시키는 데 성공하게 되었는데, 포유류의 난자를 체외수정시킨 최초의 사례인 이 연구로 그는 명성 대신 '프랑켄슈타인'이라는 악명을 얻게 되었다. 유대인 이민자로서 학계에서도 아웃사이더였던 데다가 보통의 미국인과는 너무나 달랐던 그의 독특한 외모 또한 그가 미치광이 과학자라는 낙인을 얻는 데 일조했다. "실험실에서 인간을 창조하려는 것이 아닙니다"라는 그의 말은 "실험실에서 인간을 창조하려고 합니다"로 바뀌어 언론에 보도되었다. 한번 찍힌 낙인은 되돌리기 어려웠고, 핀커스는 연구실을 유지하기 위해 청소부 일을 병행하는 등 힘든 시절을 보내야만 했다.

핀커스가 마거릿 생어Margaret Sanger를 만나게 된 것이 바로 그 시절이었다. 생어는 11명의 자식을 낳고 일곱 번의 유산을 겪은 어머니가 일찍 세상을 떠난 것이 많은 임신으로 몸이 쇠약해졌기 때문이라고 생각했고, 그런 이유로 아버지에 대한 깊은 원망을 갖고 있었다. 또한 맨해튼에서 간호사로 일하며, 아이를 더 이상 감당할 여력이 없어서 싸구려 낙태 시술을 필사적으로 찾아다니는 가난한 이민자 여성들을 보살피면서, 무분별한 임신에 대한 적개심과 함께 이런 여성들을 돕기 위한 산아제한 방법을 개발할 수 있기를 소망하게 되었다. 1916년에는 미국 최초의 피임 병원을 열기도 했는데, 고작 열흘을 넘기지 못하고 문을 닫아야 했다. 외설법을 어긴 혐의로 수감된 30일 동안 생어는 여성 수감자들에게 피임법을 가르치기도 했다. 평생 여성의 안전한 산아제한을 꿈꾸던 생어는 여러 제약 회사를 찾아다니며 아스피린처럼 먹기만 해도 스스로 임신을 조절할 수 있는 경구용 피임약 개발이라는 아이디어를 소개했다. 그러나 그때나 지금이나 사회 정의의 실현과 진보보다는 시장의 논리에 충실한 것이 자본주의 사회의 기업들이다. 피임약에 대한 가톨릭 교회의 불매 운동과 사회적 인식에 대한 우려로 생어의 제안은 퇴짜를 맞기 일쑤였다. 결국 제약 회사 대신 학계의 과학자를 물색하기로 한 생어가 70대의 나이가 되어서야 찾은 사람이 바로 그레고리 핀커스였다.

핀커스와 합심한 생어는 대규모의 연구비를 확보하기 위해 그녀의 친구인 캐서린 매코믹Katharine McCormick을 찾았다. 시카고의 부유한 가문에서 태어난 매코믹은 MIT를 졸업한 두 번째 여성, 자연과학을 전공하고 MIT를 졸업한 첫 번째 여성이었다. 그 시절 MIT는 표면상 남녀공학이었지만 입학 전 수강 요건이나 여러 추가적인 요구 사항으로 여성의 입학을 적극적으로 방해했다. 모든 요건을 충족하고 생물학과에 입학한 후에도 매코믹은 교수와 동료들로부터 환영받지 못했다. 당시 대학 규정에서는 모든 여성에게 깃털 장식이 달린 모자를 착용하도록 했기에 그녀는 심지어 화학 실험실에서도 모자를 쓰고 있어야 했다. 하지만 매코믹은 화재 위험 등의 안전 문제를 제기하며 학교 측과 싸웠고 결국 이 규정을 폐지시켰다. 한편 결혼한 지 2년여 만에 남편이 조현병 진단을 받자 매코믹은 병이 유전될 것을 염려해 아이를 갖지 않기로 하고, 대신 모든 열정을 여성 참정권 운동에 쏟기 시작했다. 그러다 생어의 경구피임약이라는 꿈을 듣고는 곧바로 거기에 동참하기로 한다. 남편이 죽고 그 유언에 따라 오늘날 3억 5,000만 달러에 달하는 거금을 유산으로 손에 넣은 매코믹은 생어의 열정과 핀커스의 확신에 설득당했고, 핀커스의 연구실에 당시 미국 최고 수준의 연구소들보다도 더 많은 연구비를 투자하기로 결정했다.

사회에서 낙인찍힌 불경스러운 미치광이 과학자와 두 노년의 페미니스트 여성이라는 기묘한 동맹으로 시작된 피임약 개발 여정의 마지막 퍼즐 역시 의외의 인물이었다. 신약 개발 과정에서 핀커스에게 닥친 마지막 난관이 있었으니, 바로 임상시험이었다. 오직 임상의만이 인간을 대상으로 하는 임상시험을 지휘할 수 있었기에, 세간의 눈총과 반대를 무릅쓰고 그 일을 해낼 수 있는 의사를 찾아야 했던 것이다. 그 역할을 떠맡은 주인공은 매일 아침 7시마다 미사에 참석할 정도로 독실한 가톨릭 교도이자 완고한 보수주의자였던 산부인과 의사, 존 록 John Rock이었다. 종교적 배경과 보수적인 사고방식에도 불구하고 록은 원치 않는 임신으로 고통받는 환자들을 30년 넘게 몸소 경험하면서 산아제한에 대해서만큼은 진보적인 입장을 취하게 되었다. 교회의 결사적인 반대에도 불구하고, 신도 산아제한만은 지지하리라는 신념을 가지게 된 것이다.

에노비드는 그레고리 핀커스가 캐서린 매코믹으로부터 첫 연구비를 수령한 지 7년 만에, 임상시험과 승인에 이르는 갖가지 난관을 지나, 마침내 세상에 태어났다. 85세의 매코믹은 처방전을 들고 약국에 가서 이 약을 구입한 세계 최초의 여성이 되었다. 에노비드 출시 후 고작 2년 만에 120만 명의 미국 여성이 '그 약'을 복용했고, 1960년대 말에 이르렀을 때는 이 약을 복용한 여성이 전 세계적으로 1,200만 명을 넘어섰다. 예수가 바란 대로 수많은 여성이 자연의 족쇄에서 해방되고 자유를 찾았지만, 교회의 생각은 달랐다. 1968년 교황 바오로 6세가 반포한 회칙 '인간 생명Humanae Vitae'에는 이 약에 대한 확실한 금지 조항이 새겨졌다. 평생을 매일같이 미사에 참석하던 존 록은 자신의 신념을 끝까지 지키며 결국 교회에 발길을 끊었고, 전 세계의 수백만 가톨릭 여성들은 그 약을 먹고 '죄'를 저지르는 것을 선택했다. 오늘날 여성용 경구피임약은 매년 1억 5,000만 건이 넘는 처방이 이루어지고 있다.

하지만 여성용 피임약은 지속적으로 복용해야 하며 호르몬을 강제로 조정함으로써 유쾌하지 않은 여러 신체 증상을 유발한다. 그 뒤로도 인간 사회는 피임에 대한 대부분의 부담을 출산이라는 역할을 담당하는 여성에게 떠넘기고 있었던 것이다. 그러나 과학은 더욱 발전하고 있고, 그에 따라 사회의 인식도 진보하고 있다. 2023년《네이처 커뮤니케이션스》에는 여성용과는 달리 필요할 때만 복용하면 정자를 일시적으로 불활성화하는 남성용 피임약 개발이 발표되었다.[390]

주

1. Mayr, E. *What Evolution Is.* (Basic Books, 2002).

2. Darwin, C. *On the Origin of Species by Means of Natural Selection, or the Preservation of Favoured Races in the Struggle for Life.* (John Murray, 1859).

3. Hamilton, W. D. The genetical evolution of social behaviour. I. *J Theor Biol* **7**, 1–16 (1964).

4. Hamilton, W. D. The genetical evolution of social behaviour. II. *J Theor Biol* **7**, 17–52 (1964).

5. Smith, J. M. Group Selection and Kin Selection. *Nature* **201**, 1145–1147 (1964).

6. Williams, G. C. *Adaptation and Natural Selection.* (1966).

7. Gorrell, J. C., McAdam, A. G., Coltman, D. W., Humphries, M. M. & Boutin, S. Adopting kin enhances inclusive fitness in asocial red squirrels. *Nat Commun* **1**, 22 (2010).

8. Dawkins, R. *The Selfish Gene.* (Oxford University Press, 1976).

9. Keller, L. & Ross, K. G. Selfish genes: a green beard in the red fire ant. *Nature* **394**, 573–575 (1998).

10. Krieger, M. J. B. & Ross, K. G. Identification of a Major Gene Regulating Complex Social Behavior. *Science* **295**, 328–332 (2002).

11. Cartwright, J. *Evolution and Human Behavior: Darwinian Perspectives on Human Nature.* (MIT Press, 2000).

12. Bereczkei, T. Kinship Network, Direct Childcare, and Fertility Among Hungarians and Gypsies. *Evolution and Human Behavior* **19**, 283–298 (1998).

13. Ziker, J. & Schnegg, M. Food sharing at meals. *Human Nature* **16**, 178–210 (2005).

14. Davis, J. N. & Daly, M. Evolutionary Theory and the Human Family. *Q Rev Biol* **72**, 407–435 (1997).

15. Smith, M. S., Kish, B. J. & Crawford, C. B. Inheritance of wealth as human kin investment. *Ethol Sociobiol* **8**, 171–182 (1987).

16. Betzig, L. L. & Turke, P. W. Food Sharing on Ifaluk. *Curr Anthropol* **27**, 397–400 (1986).

17. Madsen, E. A. et al. Kinship and altruism: A cross-cultural experimental study. *British Journal of Psychology* **98**, 339–359 (2007).

18. Barber, N. Machiavellianism and Altruism: Effect of Relatedness of Target Person on Machiavellian and Helping Attitudes. *Psychol Rep* **75**, 403–422 (1994).

19. Essock-Vitale, S. M. & McGuire, M. T. Women's lives viewed from an evolutionary perspective. II. patterns of helping. *Ethol Sociobiol* **6**, 155–173 (1985).

20. Anderson, K. G. Relatedness and investment in children in South Africa. *Human Nature* **16**, 1–31 (2005).

21. Trivers, R. L. Parent-Offspring Conflict. *Am Zool* **14**, 249–264 (1974).

22. Lopez-Tello, J. et al. Fetal manipulation of maternal metabolism is a critical function of the imprinted Igf2 gene. *Cell Metab* **35**, 1195–1208 (2023).

23. Bruce, H. M. An Exteroceptive Block to Pregnancy in the Mouse. *Nature* **184**, 105 (1959).

24. Roberts, E. K., Lu, A., Bergman, T. J. & Beehner, J. C. A Bruce Effect in Wild Geladas. *Science* **335**, 1222–1225 (2012).

25. Gat, A. *War in Human Civilization*. (Oxford University Press, 2008).

26. Divale, W. T. & Harris, M. Population, Warfare, and the Male Supremacist Complex. *Am Anthropol* **78**, 521–538 (1976).

27. Divale, W. T. Systemic population control in the middle and upper palaeolithic: Inferences based on contemporary hunter-gatherers. *World Archaeol* **4**, 222–243 (1972).

28. Daly, M. & Wilson, M. *Homicide: Foundations of Human Behavior*. (1988).

29. Lorenz, K. & Martin, R. Studies in Animal and Human Behaviour. *British Journal for the Philosophy of Science* **22**, 81–82 (1971).

30. Hrdy, S. B. *Mothers and Others: The Evolutionary Origins of Mutual Understanding*. (Harvard University Press, 2009). doi:10.2307/j.ctt1c84czb.

31. Trivers, R. L. & Willard, D. E. Natural Selection of Parental Ability to Vary the Sex

Ratio of Offspring. *Science* **179**, 90–92 (1973).

32. Smith, M. S., Kish, B. J. & Crawford, C. B. Inheritance of wealth as human kin investment. *Ethol Sociobiol* **8**, 171–182 (1987).

33. Song, S. Spending patterns of Chinese parents on children's backpacks support the Trivers-Willard hypothesis. *Evolution and Human Behavior* **39**, 336–342 (2018).

34. Fujita, M. et al. In poor families, mothers' milk is richer for daughters than sons: A test of Trivers-Willard hypothesis in agropastoral settlements in Northern Kenya. *Am J Phys Anthropol* **149**, 52–59 (2012).

35. Almond, D. & Edlund, L. Trivers–Willard at birth and one year: evidence from US natality data 1983–2001. *Proceedings of the Royal Society B: Biological Sciences* **274**, 2491–2496 (2007).

36. Potts, W. K., Manning, C. J. & Wakeland, E. K. Mating patterns in seminatural populations of mice influenced by MHC genotype. *Nature* **352**, 619–621 (1991).

37. Isles, A. R., Baum, M. J., Ma, D., Keverne, E. B. & Allen, N. D. Urinary odour preferences in mice. *Nature* **409**, 783–784 (2001).

38. Wedekind, C., Seebeck, T., Bettens, F. & Paepke, A. J. MHC-dependent mate preferences in humans. *Proceedings of the Royal Society B: Biological Sciences* **260**, 245–249 (1995).

39. Ober, C. et al. HLA and mate choice in humans. *Am J Hum Genet* **61**, 497–504 (1997).

40. Potts, W. Wisdom through immunogenetics. *Nat Genet* **30**, 130–131 (2002).

41. Westermarck, E. *The History of Human Marriage*. (1891).

42. Jacob, S., McClintock, M. K., Zelano, B. & Ober, C. Paternally inherited HLA alleles are associated with women's choice of male odor. *Nat Genet* **30**, 175–179 (2002).

43. Diamond, J. *Why Is Sex Fun?: The Evolution of Human Sexuality*. (1997).

44. Buss, D. *The Evolution of Desire: Strategies of Human Mating*. (2003).

45. Diamond, J. M. *The Third Chimpanzee: The Evolution and Future of the Human Animal*. (Hutchinson Radius, 1991).

46. Silventoinen, K., Kaprio, J., Lahelma, E., Viken, R. J. & Rose, R. J. Assortative mating by body height and BMI: Finnish Twins and their spouses. *American Journal of Human Biology* **15**, 620–627 (2003).

47. Courtiol, A., Raymond, M., Godelle, B. & Ferdy, J.-B. Mate choice and human stature: homogamy as a unified framework for understanding mating preferences.

Evolution (N Y) **64**, 2189–2203 (2010).

48. Robinson, M. R. et al. Genetic evidence of assortative mating in humans. *Nat Hum Behav* **1**, 0016 (2017).

49. Burley, N. The meaning of assortative mating. *Ethol Sociobiol* **4**, 191–203 (1983).

50. Gimelfarb, A. Processes of Pair Formation Leading to Assortative Mating in Biological Populations: Encounter-Mating Model. *Am Nat* **131**, 865–884 (1988).

51. Dryer, D. C. & Horowitz, L. M. When Do Opposites Attract? Interpersonal Complementarity Versus Similarity. *J Pers Soc Psychol* **72**, 592–603 (1997).

52. Bowen, M. *The Origins of Family Psychotherapy: The NIMH Family Study Project.* (2013).

53. LAURENT, R., TOUPANCE, B. & CHAIX, R. Non-random mate choice in humans: insights from a genome scan. *Mol Ecol* **21**, 587–596 (2012).

54. Alatalo, R. V., Carlson, A., Lundberg, A. & Ulfstrand, S. The Conflict Between Male Polygamy and Female Monogamy: The Case of the Pied Flycatcher Ficedula hypoleuca. *Am Nat* **117**, 738–753 (1981).

55. Alatalo, R. V, Lundberg, A. & Ståhlbrandt, K. Why do pied flycatcher females mate with already-mated males? *Anim Behav* **30**, 585–593 (1982).

56. Prum, R. O. *The Evolution of Beauty: How Darwin's Forgotten Theory of Mate Choice Shapes the Animal World - and Us.* (Doubleday, 2017).

57. Michalski, R. L. & Shackelford, T. K. Grandparental investment as a function of relational uncertainty and emotional closeness with parents. *Human Nature* **16**, 293–305 (2005).

58. Gaulin, S. J. C., McBurney, D. H. & Brakeman-Wartell, S. L. Matrilateral biases in the investment of aunts and uncles. *Human Nature* **8**, 139–151 (1997).

59. Judge, D. S. & Hrdy, S. B. Allocation of accumulated resources among close kin: Inheritance in Sacramento, California, 1890–1984. *Ethol Sociobiol* **13**, 495–522 (1992).

60. Rietveld, C. A. et al. GWAS of 126,559 individuals identifies genetic variants associated with educational attainment. *Science* **340**, 1467–1471 (2013).

61. Okbay, A. et al. Genome-wide association study identifies 74 loci associated with educational attainment. *Nature* **533**, 539–542 (2016).

62. Lee, J. J. et al. Gene discovery and polygenic prediction from a genome-wide association study of educational attainment in 1.1 million individuals. *Nat Genet* **50**,

1112–1121 (2018).

63. Okbay, A. et al. Polygenic prediction of educational attainment within and between families from genome-wide association analyses in 3 million individuals. *Nat Genet* **54**, 437–449 (2022).

64. Harden, K. P. *The Genetic Lottery: Why DNA Matters for Social Equality.* (2021).

65. Young, M. *The Rise of the Meritocracy.* (1958).

66. Sandel, M. *The Tyranny of Merit: What's Become of the Common Good?* (2020).

67. Markovits, D. *The Meritocracy Trap: How America's Foundational Myth Feeds Inequality, Dismantles the Middle Class, and Devours the Elite.* (2019).

68. Goffman, E. *Stigma: Notes on the Management of Spoiled Identity.* (1963).

69. Grinker, R. R. *Nobody's Normal: How Culture Created the Stigma of Mental Illness.* (2021).

70. Grue, J. *I Live a Life Like Yours: A Memoir.* (FSG Originals, 2021).

71. Puhl, R. M. & Heuer, C. A. Obesity stigma: Important considerations for public health. *Am J Public Health* **100**, 1019–28 (2010).

72. Tomiyama, A. J. et al. How and why weight stigma drives the obesity 'epidemic' and harms health. *BMC Med* **16**, 123 (2018).

73. Rubino, F. et al. Joint international consensus statement for ending stigma of obesity. *Nat Med* **26**, 485–497 (2020).

74. Maes, H. H. M., Neale, M. C. & Eaves, L. J. Genetic and Environmental Factors in Relative Body Weight and Human Adiposity. *Behav Genet* **27**, 325–351 (1997).

75. Visscher, P. M., Brown, M. A., McCarthy, M. I. & Yang, J. Five Years of GWAS Discovery. *Am J Hum Genet* **90**, 7–24 (2012).

76. Zaitlen, N. et al. Using Extended Genealogy to Estimate Components of Heritability for 23 Quantitative and Dichotomous Traits. *PLoS Genet* **9**, e1003520 (2013).

77. Locke, A. E. et al. Genetic studies of body mass index yield new insights for obesity biology. *Nature* **518**, 197–206 (2015).

78. Claussnitzer, M. et al. FTO Obesity Variant Circuitry and Adipocyte Browning in Humans. *New England Journal of Medicine* **373**, 895–907 (2015).

79. van Leeuwen, F., Hunt, D. F. & Park, J. H. Is Obesity Stigma Based on Perceptions of Appearance or Character? Theory, Evidence, and Directions for Further Study. *Evolutionary Psychology* **13**, 1474704915600565 (2015).

80. Park, J. H., Van Leeuwen, F. & Chochorelou, Y. Disease-Avoidance Processes and Stigmatization: Cues of Substandard Health Arouse Heightened Discomfort With Physical Contact. *J Soc Psychol* **153**, 212–228 (2013).

81. Park, J. H., Schaller, M. & Crandall, C. S. Pathogen-avoidance mechanisms and the stigmatization of obese people. *Evolution and Human Behavior* **28**, 410–414 (2007).

82. Workman, C. I. et al. Morality is in the eye of the beholder: the neurocognitive basis of the "anomalous-is-bad" stereotype. *Ann N Y Acad Sci* **1494**, 3–17 (2021).

83. Leavitt, J. W. *Typhoid Mary: Captive to the Public's Health.* (1997).

84. DeSalle, R. & Perkins, S. L. *Welcome to the Microbiome: Getting to Know the Trillions of Bacteria and Other Microbes In, On, and Around You.* (Yale University Press, 2015).

85. Wortelboer, K., Nieuwdorp, M. & Herrema, H. Fecal microbiota transplantation beyond Clostridioides difficile infections. *EBioMedicine* **44**, 716–729 (2019).

86. Slomski, A. Fecal Transplant for Clostridioides difficile Effective in Practice. *JAMA* **324**, 2020 (2020).

87. Kaiser, J. Fecal transplants could help patients on cancer immunotherapy drugs. *Science* (2019) doi:10.1126/science.aax5960.

88. Faulkner, J., Schaller, M., Park, J. H. & Duncan, L. A. Evolved Disease-Avoidance Mechanisms and Contemporary Xenophobic Attitudes. *Group Processes & Intergroup Relations* **7**, 333–353 (2004).

89. Schaller, M. & Park, J. H. The Behavioral Immune System (and Why It Matters). *Curr Dir Psychol Sci* **20**, 99–103 (2011).

90. Haidt, J., Rozin, P., Mccauley, C. & Imada, S. Body, Psyche, and Culture: The Relationship between Disgust and Morality. *Psychol Dev Soc J* **9**, 107–131 (1997).

91. Amodio, D. M. The social neuroscience of intergroup relations. *Eur Rev Soc Psychol* **19**, 1–54 (2008).

92. Kelly, D. R. *Yuck! The Nature and Moral Significance of Disgust.* (2011).

93. Harris, L. T. & Fiske, S. T. Dehumanizing the lowest of the low: neuroimaging responses to extreme out-groups. *Psychol Sci* **17**, 847–853 (2006).

94. O'Brien, G. V. Indigestible Food, Conquering Hordes, and Waste Materials: Metaphors of Immigrants and the Early Immigration Restriction Debate in the United States. *Metaphor Symb* **18**, 33–47 (2003).

95. Macrae, C. N. & Bodenhausen, G. V. Social Cognition: Thinking Categorically about

Others. *Annu Rev Psychol* **51**, 93–120 (2000).

96. Moffett, M. *The Human Swarm: How Our Societies Arise, Thrive, and Fall.* (2018).

97. Schaller, M., Park, J. H. & Mueller, A. Fear of the Dark: Interactive Effects of Beliefs about Danger and Ambient Darkness on Ethnic Stereotypes. *Pers Soc Psychol Bull* **29**, 637–649 (2003).

98. Banaji, M. R. & Greenwald, A. G. *Blindspot: Hidden Biases of Good People.* (2013).

99. Lewontin, R. C. The Apportionment of Human Diversity. in *Evolutionary Biology* (eds. Dobzhansky, T., Hecht, M. K. & Steere, W. C.) vol. 6 381–398 (Springer US, New York, NY, 1972).

100. Edwards, A. W. F. Human genetic diversity: Lewontin's fallacy. *BioEssays* **25**, 798–801 (2003).

101. Witherspoon, D. J. et al. Genetic Similarities Within and Between Human Populations. *Genetics* **176**, 351–359 (2007).

102. Krainc, T. & Fuentes, A. Genetic ancestry in precision medicine is reshaping the race debate. *Proc Natl Acad Sci U S A* **119**, e2203033119 (2022).

103. Reich, D. How Genetics Is Changing Our Understanding of 'Race'. *New York Times* (2018).

104. Reich, D. How to Talk About 'Race' and Genetics. *New York Times* (2018).

105. Hrdy, S. B. *The Woman That Never Evolved.* (Harvard University Press, Cambridge, 1981).

106. Hoekzema, E. et al. Pregnancy leads to long-lasting changes in human brain structure. *Nat Neurosci* **20**, 287–296 (2017).

107. Castano, E. & Giner-Sorolla, R. Not quite human: Infrahumanization in response to collective responsibility for intergroup killing. *J Pers Soc Psychol* **90**, 804–818 (2006).

108. Wrangham, R. W. *The Goodness Paradox: The Strange Relationship between Virtue and Violence in Human Evolution.* (2019).

109. Wilson, M. L. et al. Lethal aggression in Pan is better explained by adaptive strategies than human impacts. *Nature* **513**, 414–417 (2014).

110. Gómez, J. M., Verdú, M., González-Megías, A. & Méndez, M. The phylogenetic roots of human lethal violence. *Nature* **538**, 233–237 (2016).

111. Lee, K. S. et al. Selection on the regulation of sympathetic nervous activity in humans and chimpanzees. *PLoS Genet* **14**, (2018).

112. Stetka, B. *A History of the Human Brain: From the Sea Sponge to CRISPR, How Our Brain Evolved*. (2021).

113. Cannon, W. *Bodily Changes in Pain, Hunger, Fear, and Rage*. (1915).

114. Cannon, W. *Wisdom of the Body*. (1932).

115. Koh, J.-B. & Wong, J. S. Survival of the Fittest and the Sexiest: Evolutionary Origins of Adolescent Bullying. *J Interpers Violence* **32**, 2668–2690 (2017).

116. Volk, A. A., Dane, A. V., Marini, Z. A. & Vaillancourt, T. Adolescent Bullying, Dating, and Mating. *Evolutionary Psychology* **13**, 147470491561390 (2015).

117. Volk, A. A., Camilleri, J. A., Dane, A. V. & Marini, Z. A. Is Adolescent Bullying an Evolutionary Adaptation? *Aggress Behav* **38**, 222–238 (2012).

118. Kretschmer, T., la Roi, C., van der Ploeg, R. & Veenstra, R. Benefits of Bullying? A Test of the Evolutionary Hypothesis in Three Cohorts. *Journal of Research on Adolescence* **32**, 1178–1193 (2022).

119. Russell, S. T., Sinclair, K. O., Poteat, V. P. & Koenig, B. W. Adolescent Health and Harassment Based on Discriminatory Bias. *Am J Public Health* **102**, 493–495 (2012).

120. Earnshaw, V. A. et al. Stigma-based bullying interventions: A systematic review. *Developmental Review* **48**, 178–200 (2018).

121. Mulvey, K. L., Hoffman, A. J., Gönültaş, S., Hope, E. C. & Cooper, S. M. Understanding experiences with bullying and bias-based bullying: What matters and for whom? *Psychol Violence* **8**, 702–711 (2018).

122. Szymkow, A., Frankowska, N. & Galasinska, K. Testing the Disgust-Based Mechanism of Homonegative Attitudes in the Context of the COVID-19 Pandemic. *Front Psychol* **12**, (2021).

123. van Leeuwen, F. et al. Disgust sensitivity relates to attitudes toward gay men and lesbian women across 31 nations. *Group Processes & Intergroup Relations* **26**, 629–651 (2023).

124. Bettinsoli, M. L., Suppes, A. & Napier, J. L. Predictors of Attitudes Toward Gay Men and Lesbian Women in 23 Countries. *Soc Psychol Personal Sci* **11**, 697–708 (2020).

125. Kiss, M. J., Morrison, M. A. & Morrison, T. G. A Meta-Analytic Review of the Association Between Disgust and Prejudice Toward Gay Men. *J Homosex* **67**, 674–696 (2020).

126. Crandall, C. S., Glor, J. & Britt, T. W. AIDS-Related Stigmatization: Instrumental

and Symbolic Attitudes. *J Appl Soc Psychol* **27**, 95–123 (1997).

127. Pachankis, J. E. et al. Hidden from health: structural stigma, sexual orientation concealment, and HIV across 38 countries in the European MSM Internet Survey. *AIDS* **29**, 1239–1246 (2015).

128. Is the end of AIDS in sight? *The Economist* (2023).

129. Bagemihl, B. *Biological Exuberance: Animal Homosexuality and Natural Diversity.* (1999).

130. Gómez, J. M., Gónzalez-Megías, A. & Verdú, M. The evolution of same-sex sexual behaviour in mammals. *Nat Commun* **14**, 5719 (2023).

131. Linden, D. J. *The Accidental Mind: How Brain Evolution Has Given Us Love, Memory, Dreams, and God.* (2007).

132. Moalem, S. *How Sex Works: Why We Look, Smell, Taste, Feel, and Act the Way We Do.* (2009).

133. Roughgarden, J. *Evolution's Rainbow: Diversity, Gender, and Sexuality in Nature and People.* (2004).

134. Drescher, J. Out of DSM: Depathologizing Homosexuality. *Behavioral Sciences* 5, 565–575 (2015).

135. Ukraine's gay soldiers fight Russia—and for their rights. *The Economist* (2023).

136. Levins, R. & Lewontin, R. *The Dialectical Biologist.* (Harvard University Press, 1985).

137. Lewontin, R. & Levins, R. *Biology Under the Influence: Dialectical Essays on the Coevolution of Nature and Society.* (NYU Press, 2007).

138. Dietrich, M. R. Richard C. Lewontin (1929–2021): Pioneer of molecular evolution who campaigned against biological racism. *Nature* **595**, 489–489 (2021).

139. Smith, A. *An Inquiry into the Nature and Causes of the Wealth of Nations.* (1776).

140. Ricardo, D. *On the Principles of Political Economy and Taxation.* (1817).

141. Marx, K. *Capital: A Critique of Political Economy.* (1867).

142. Mazzucato, M. *The Value of Everything: Making and Taking in the Global Economy.* (2018).

143. Marshall, A. *Principles of Economics.* (1890).

144. Frank, R. H. *Choosing the Right Pond: Human Behavior and the Quest for Status.* (Oxford University Press, 1985).

145. J. Solnick, S. & Hemenway, D. Is more always better?: A survey on positional concerns.

J Econ Behav Organ **37**, 373–383 (1998).

146. Medvec, V. H., Madey, S. F. & Gilovich, T. When less is more: Counterfactual thinking and satisfaction among Olympic medalists. *J Pers Soc Psychol* **69**, 603–610 (1995).

147. Hrdy, S. B. *The Langurs of Abu: Female and Male Strategies of Reproduction.* (1977).

148. Le Boeuf, B. J. Male-Male Competition and Reproductive Success in Elephant Seals. *Am Zool* **14**, 163–176 (1974).

149. Chagnon, N. *Yanomamö: The Last Days of Eden.* (1992).

150. Chagnon, N. A. Life Histories, Blood Revenge, and Warfare in a Tribal Population. *Science* **239**, 985–992 (1988).

151. Zahavi, A. Mate selection—A selection for a handicap. *J Theor Biol* **53**, 205–214 (1975).

152. Zahavi, A. The cost of honesty (further remarks on the handicap principle). *J Theor Biol* **67**, 603–605 (1977).

153. Grafen, A. Biological signals as handicaps. *J Theor Biol* **144**, 517–546 (1990).

154. Zahavi, A. & Zahavi, A. *The Handicap Principle: A Missing Piece of Darwin's Puzzle.* (1997).

155. Johnstone, R. A. The Evolution of Animal Signals. in *Behavioural Ecology: An Evolutionary Approach, 4th Edition* (eds. Krebs, J. R. & Davies, N. B.) 155–178 (1997).

156. Darwin, C. *The Descent of Man, and Selection in Relation to Sex.* (1871).

157. Hawkes, K. & Bliege Bird, R. Showing off, handicap signaling, and the evolution of men's work. *Evol Anthropol* **11**, 58–67 (2002).

158. Kaplan, H. & Hill, K. Hunting Ability and Reproductive Success Among Male Ache Foragers: Preliminary Results. *Curr Anthropol* **26**, 131–133 (1985).

159. Hurtado, A. M. & Hill, K. *Ache Life History: The Ecology and Demography of a Foraging People.* (1996).

160. Blurton Jones, N. G., Hawkes, K. & O'Connell, J. F. Why do Hadza children forage? in *Uniting psychology and biology: integrative perspectives on human development* (eds. Segal, N., Weisfeld, G. E. & Weisfeld, C. C.) 279–313 (1997).

161. Hawkes, K., O'Connell, J. F. & Blurton Jones, N. G. Hunting and Nuclear Families: Some Lessons from the Hadza about Men's Work. *Curr Anthropol* **42**, 681 (2001).

162. Smith, E. A., Bliege Bird, R. & Bird, D. W. The benefits of costly signaling: Meriam turtle hunters. *Behavioral Ecology* **14**, 116–126 (2003).

163. Murdock, G. P. & White, D. R. Standard Cross-Cultural Sample. *Ethnology* **8**, 329–369 (1969).

164. White, D. R. et al. Rethinking Polygyny: Co-Wives, Codes, and Cultural Systems [and Comments and Reply]. *Curr Anthropol* **29**, 529–572 (1988).

165. Hammer, M. F., Mendez, F. L., Cox, M. P., Woerner, A. E. & Wall, J. D. Sex-biased evolutionary forces shape genomic patterns of human diversity. *PLoS Genet* **4**, e1000202 (2008).

166. Zerjal, T. et al. The genetic legacy of the Mongols. *Am J Hum Genet* **72**, 717–721 (2003).

167. Xue, Y. et al. Recent spread of a Y-chromosomal lineage in northern China and Mongolia. *Am J Hum Genet* **77**, 1112–1116 (2005).

168. Moore, L. T., McEvoy, B., Cape, E., Simms, K. & Bradley, D. G. A Y-chromosome signature of hegemony in Gaelic Ireland. *Am J Hum Genet* **78**, 334–338 (2006).

169. Balaresque, P. et al. Y-chromosome descent clusters and male differential reproductive success: young lineage expansions dominate Asian pastoral nomadic populations. *European Journal of Human Genetics 2015 23:10* **23**, 1413–1422 (2015).

170. Veblen, T. *The Theory of the Leisure Class: An Economic Study in the Evolution of Institutions.* (1899).

171. Huizinga, J. *Homo Ludens: A Study of the Play-Element of Culture.* (Routledge & Kegan Paul, London, 1949).

172. Frank, R. H. *The Darwin Economy: Liberty, Competition, and the Common Good.* (2011).

173. Hirsch, F. *Social Limits to Growth.* (1976).

174. Weaver, R. J., Koch, R. E. & Hill, G. E. What maintains signal honesty in animal colour displays used in mate choice? *Philosophical Transactions of the Royal Society B: Biological Sciences* **372**, 20160343 (2017).

175. Loyau, A., Saint Jalme, M., Cagniant, C. & Sorci, G. Multiple sexual advertisements honestly reflect health status in peacocks (Pavo cristatus). *Behav Ecol Sociobiol* **58**, 552–557 (2005).

176. Buchholz, R. Female choice, parasite load and male ornamentation in wild turkeys. *Anim Behav* **50**, 929–943 (1995).

177. Buchholz, R., Jones Dukes, M. D., Hecht, S. & Findley, A. M. Investigating the turkey's 'snood' as a morphological marker of heritable disease resistance. *Journal of*

Animal Breeding and Genetics **121**, 176–185 (2004).

178. Lang, J. M. & Benbow, M. E. Species Interactions and Competition. *Nature Education Knowledge* vol. 4 8 (2013).

179. Rubenstein, D. I. & Wrangham, R. W. *Ecological Aspects of Social Evolution: Birds and Mammals.* (1987).

180. Benson, J. F., Mills, K. J., Loveless, K. M. & Patterson, B. R. Genetic and environmental influences on pup mortality risk for wolves and coyotes within a Canis hybrid zone. *Biol Conserv* **166**, 133–141 (2013).

181. Benson, J. F., Mills, K. J. & Patterson, B. R. Resource selection by wolves at dens and rendezvous sites in Algonquin park, Canada. *Biol Conserv* **182**, 223–232 (2015).

182. George, H. *Progress and Poverty: An Inquiry into the Cause of Industrial Depressions and of Increase of Want with Increase of Wealth: The Remedy.* (1879).

183. George, H. *Social Problems.* (1883).

184. Chang, H.-J. *23 Things They Don't Tell You About Capitalism.* (Penguin Group, 2010).

185. Tucker-Drob, E. M., Briley, D. A., Engelhardt, L. E., Mann, F. D. & Harden, K. P. Genetically-mediated associations between measures of childhood character and academic achievement. *J Pers Soc Psychol* **111**, 790–815 (2016).

186. Demange, P. A. et al. Investigating the genetic architecture of noncognitive skills using GWAS-by-subtraction. *Nat Genet* **53**, 35–44 (2021).

187. Proudhon, P. J. *What Is Property?* (1890).

188. Wynne-Edwards, V. C. *Animal Dispersion in Relation to Social Behaviour.* (1962).

189. Chitty, D. *Do Lemmings Commit Suicide?: Beautiful Hypotheses and Ugly Facts.* (1996).

190. Pennisi, E. Once considered outlandish, the idea that plants help their relatives is taking root. *Science* (2019).

191. Bais, H. P. Shedding light on kin recognition response in plants. *New Phytologist* **205**, 4–6 (2015).

192. Dudley, S. A. & File, A. L. Kin recognition in an annual plant. *Biol Lett* **3**, 435–438 (2007).

193. Crepy, M. A. & Casal, J. J. Photoreceptor-mediated kin recognition in plants. *New Phytologist* **205**, 329–338 (2015).

194. López Pereira, M., Sadras, V. O., Batista, W., Casal, J. J. & Hall, A. J. Light-mediated self-organization of sunflower stands increases oil yield in the field. *Proceedings of the*

National Academy of Sciences **114**, 7975–7980 (2017).

195. Torices, R., Gómez, J. M. & Pannell, J. R. Kin discrimination allows plants to modify investment towards pollinator attraction. *Nat Commun* **9**, 2018 (2018).

196. Putnam, R. D. Bowling Alone: America's Declining Social Capital. *Journal of Democracy* **6**, 65–78 (1995).

197. Putnam, R. D. *Bowling Alone: The Collapse and Revival of American Community.* (2000).

198. Putnam, R. D. *The Upswing: How America Came Together a Century Ago and How We Can Do It Again.* (2020).

199. Spencer, H. *The Principles of Biology.* (1864).

200. Keynes, J. M. *The General Theory of Employment, Interest and Money.* (1936).

201. Klamer, A. As if Economists and Their Subjects are Rational. in *The Rhetoric of the Human Sciences* (eds. Nelson, J. S., Megill, A. & McCloskey, D. N.) 163–183 (1987).

202. Kim, K.-M. The Sociology of Economics: A Sociology of Knowledge Explanation of the Emergence and Institutionalization of the Neoclassical Economics. *Society and Theory* **10**, 177 (2007).

203. Chang, H.-J. *Bad Samaritans: The Guilty Secrets of Rich Nations and the Threat to Global Prosperity.* (Random House, 2008).

204. Sidik, S. M. How to tackle political polarization — the researchers trying to bridge divides. *Nature* **615**, 26–28 (2023).

205. Amodio, D. M., Jost, J. T., Master, S. L. & Yee, C. M. Neurocognitive correlates of liberalism and conservatism. *Nat Neurosci* **10**, 1246–1247 (2007).

206. Oxley, D. R. et al. Political attitudes vary with physiological traits. *Science* **321**, 1667–1670 (2008).

207. Kanai, R., Feilden, T., Firth, C. & Rees, G. Political orientations are correlated with brain structure in young adults. *Current Biology* **21**, 677–680 (2011).

208. Schreiber, D. et al. Red Brain, Blue Brain: Evaluative Processes Differ in Democrats and Republicans. *PLoS One* **8**, e52970 (2013).

209. Yang, S. E., Wilson, J. D., Lu, Z.-L. & Cranmer, S. Functional connectivity signatures of political ideology. *PNAS Nexus* **1**, 1–11 (2022).

210. Inbar, Y., Pizarro, D., Iyer, R. & Haidt, J. Disgust Sensitivity, Political Conservatism, and Voting. *Soc Psychol Personal Sci* **3**, 537–544 (2012).

211. Hannah Nam, H., Jost, J. T., Kaggen, L., Campbell-Meiklejohn, D. & Van Bavel, J.

J. Amygdala structure and the tendency to regard the social system as legitimate and desirable. *Nat Hum Behav* **2**, 133–138 (2018).

212. Jost, J. T. & Banaji, M. R. The role of stereotyping in system-justification and the production of false consciousness. *British Journal of Social Psychology* **33**, 1–27 (1994).

213. Jost, J. T., Banaji, M. R. & Nosek, B. A. A Decade of System Justification Theory: Accumulated Evidence of Conscious and Unconscious Bolstering of the Status Quo. *Polit Psychol* **25**, 881–919 (2004).

214. Leyens, J. P. et al. Emotional prejudice, essentialism, and nationalism: The 2002 Tajfel lecture. *Eur J Soc Psychol* **33**, 703–717 (2003).

215. Blank, T. & Schmidt, P. National Identity in a United Germany: Nationalism or Patriotism? An Empirical Test with Representative Data. *Polit Psychol* **24**, 289–312 (2003).

216. Mooney, C. *The Republican Brain: The Science of Why They Deny Science--and Reality.* (2012).

217. Garrett, R. K. & Bond, R. M. Conservatives' susceptibility to political misperceptions. *Sci Adv* **7**, eabf1234 (2021).

218. Hariri, A. R. et al. Serotonin Transporter Genetic Variation and the Response of the Human Amygdala. *Science* **297**, 400–403 (2002).

219. Stjepanović, D., Lorenzetti, V., Yücel, M., Hawi, Z. & Bellgrove, M. A. Human amygdala volume is predicted by common DNA variation in the stathmin and serotonin transporter genes. *Transl Psychiatry* **3**, e283 (2013).

220. Pezawas, L. et al. 5-HTTLPR polymorphism impacts human cingulate-amygdala interactions: a genetic susceptibility mechanism for depression. *Nat Neurosci* **8**, 828–834 (2005).

221. Marcinkiewcz, C. A. et al. Serotonin engages an anxiety and fear-promoting circuit in the extended amygdala. *Nature* **537**, 97–101 (2016).

222. Fisher, H. E., Island, H. D., Rich, J., Marchalik, D. & Brown, L. L. Four broad temperament dimensions: description, convergent validation correlations, and comparison with the Big Five. *Front Psychol* **6**, 1098 (2015).

223. Raleigh, M. J., McGuire, M. T., Brammer, G. L. & Yuwiler, A. Social and Environmental Influences on Blood Serotonin Concentrations in Monkeys. *Arch Gen Psychiatry* **41**, 405–410 (1984).

224. Raleigh, M. J., McGuire, M. T., Brammer, G. L., Pollack, D. B. & Yuwiler, A. Serotonergic mechanisms promote dominance acquisition in adult male vervet monkeys. *Brain Res* **559**, 181–190 (1991).

225. Moskowitz, D. S., Pinard, G., Zuroff, D. C., Annable, L. & Young, S. N. The Effect of Tryptophan on Social Interaction in Everyday Life: A Placebo-Controlled Study. *Neuropsychopharmacology* **25**, 277–289 (2001).

226. Noonan, M. P. et al. A Neural Circuit Covarying with Social Hierarchy in Macaques. *PLoS Biol* **12**, e1001940 (2014).

227. Kousta, S. Social neuroscience: Know your place. *Nat Hum Behav* **1**, 0045 (2017).

228. Kumaran, D., Banino, A., Blundell, C., Hassabis, D. & Dayan, P. Computations Underlying Social Hierarchy Learning: Distinct Neural Mechanisms for Updating and Representing Self-Relevant Information. *Neuron* **92**, 1135–1147 (2016).

229. Zink, C. F. et al. Know Your Place: Neural Processing of Social Hierarchy in Humans. *Neuron* **58**, 273–283 (2008).

230. Sung, M. K., Jang, J., Lee, K. S., Ghim, C. M. & Choi, J. K. Selected heterozygosity at cis-regulatory sequences increases the expression homogeneity of a cell population in humans. *Genome Biol* **17**, 164 (2016).

231. Taub, D. R. & Page, J. Molecular Signatures of Natural Selection for Polymorphic Genes of the Human Dopaminergic and Serotonergic Systems: A Review. *Front Psychol* **7**, 857 (2016).

232. Ebstein, R. P. et al. Dopamine D4 receptor (D4DR) exon III polymorphism associated with the human personality trait of Novelty Seeking. *Nat Genet* **12**, 78–80 (1996).

233. Benjamin, J. et al. Population and familial association between the D4 dopamine receptor gene and measures of Novelty Seeking. *Nat Genet* **12**, 81–84 (1996).

234. Ding, Y.-C. et al. Evidence of positive selection acting at the human dopamine receptor D4 gene locus. *Proc Natl Acad Sci U S A* **99**, 309–314 (2002).

235. Wang, E. et al. The Genetic Architecture of Selection at the Human Dopamine Receptor D4 (DRD4) Gene Locus. *Am J Hum Genet* **74**, 931–944 (2004).

236. Settle, J. E., Dawes, C. T., Christakis, N. A. & Fowler, J. H. Friendships Moderate an Association between a Dopamine Gene Variant and Political Ideology. *J Polit* **72**, 1189–1198 (2010).

237. Hatemi, P. K. et al. A Genome-Wide Analysis of Liberal and Conservative Political

Attitudes. *Journal of Politics* **73**, 271–285 (2011).

238. Dulac, C. & Torello, A. T. Molecular detection of pheromone signals in mammals: from genes to behaviour. *Nat Rev Neurosci* **4**, 551–562 (2003).

239. Stowers, L., Holy, T. E., Meister, M., Dulac, C. & Koentges, G. Loss of Sex Discrimination and Male-Male Aggression in Mice Deficient for TRP2. *Science* **295**, 1493–1500 (2002).

240. Kimchi, T., Xu, J. & Dulac, C. A functional circuit underlying male sexual behaviour in the female mouse brain. *Nature* **448**, 1009–1014 (2007).

241. Chamero, P. et al. Identification of protein pheromones that promote aggressive behaviour. *Nature* **450**, 899–902 (2007).

242. Clutton-Brock, T. H. *Reproductive Success: Studies of Individual Variation in Contrasting Breeding Systems.* (Princeton University Press, Princeton, 1988).

243. Stearns, S. C., Byars, S. G., Govindaraju, D. R. & Ewbank, D. Measuring selection in contemporary human populations. *Nat Rev Genet* **11**, 611–622 (2010).

244. Zietsch, B. P., Kuja-Halkola, R., Walum, H. & Verweij, K. J. H. Perfect genetic correlation between number of offspring and grandoffspring in an industrialized human population. *Proc Natl Acad Sci U S A* **111**, 1032–1036 (2014).

245. Fieder, M. & Huber, S. Political attitude and fertility: Is there a selection for the political extreme? *Front Psychol* **9**, (2018).

246. Hamilton, L. *Conservative and Liberal Views of Science, Does Trust Depend on Topic?* (2015) doi:10.34051/p/2020.242.

247. Tollefson, J. How Trump damaged science — and why it could take decades to recover. *Nature* **586**, 190–194 (2020).

248. Malakoff, D. A Biden presidency could have a 'remarkable' impact on science policy — but also face hurdles. *Science* (2020).

249. Kanazawa, S. *The Intelligence Paradox: Why the Intelligent Choice Isn't Always the Smart One.* (2012).

250. Shtulman, A. *Scienceblind: Why Our Intuitive Theories about the World Are So Often Wrong.* (2017).

251. Wilson, E. O. *Consilience: The Unity of Knowledge.* (1998).

252. Boyer, P. *Religion Explained: The Evolutionary Origins of Religious Thought.* (2001).

253. Faraone, S. V., Doyle, A. E., Mick, E. & Biederman, J. Meta-Analysis of the

Association Between the 7-Repeat Allele of the Dopamine D4 Receptor Gene and Attention Deficit Hyperactivity Disorder. *American Journal of Psychiatry* **158**, 1052–1057 (2001).

254. Li, D., Sham, P. C., Owen, M. J. & He, L. Meta-analysis shows significant association between dopamine system genes and attention deficit hyperactivity disorder (ADHD). *Hum Mol Genet* **15**, 2276–2284 (2006).

255. Evans, G. W. & English, K. The Environment of Poverty: Multiple Stressor Exposure, Psychophysiological Stress, and Socioemotional Adjustment. *Child Dev* **73**, 1238–1248 (2002).

256. Raver, C. C. et al. CSRP's Impact on Low-Income Preschoolers' Preacademic Skills: Self-Regulation as a Mediating Mechanism. *Child Dev* **82**, 362–378 (2011).

257. Suess, P. E., Porges, S. W. & Plude, D. J. Cardiac vagal tone and sustained attention in school-age children. *Psychophysiology* **31**, 17–22 (1994).

258. Taylor, Z. E., Eisenberg, N. & Spinrad, T. L. Respiratory sinus arrhythmia, effortful control, and parenting as predictors of children's sympathy across early childhood. *Dev Psychol* **51**, 17–25 (2015).

259. Marcovitch, S. et al. Moderate vagal withdrawal in 3.5-year-old children is associated with optimal performance on executive function tasks. *Dev Psychobiol* **52**, 603–608 (2010).

260. Calkins, S. D. Regulatory Competence and Early Disruptive Behavior Problems: The Role of Physiological Regulation. in *Biopsychosocial Regulatory Processes in the Development of Childhood Behavioral Problems* (eds. Olson, S. L. & Sameroff, A. J.) 86–115 (Cambridge University Press, New York, 2009).

261. Beauchaine, T. Vagal tone, development, and Gray's motivational theory: Toward an integrated model of autonomic nervous system functioning in psychopathology. *Dev Psychopathol* **13**, 183–214 (2001).

262. Sturge-Apple, M. L. et al. Vagal Tone and Children's Delay of Gratification: Differential Sensitivity in Resource-Poor and Resource-Rich Environments. *Psychol Sci* **27**, 885–893 (2016).

263. Zipp, J. F. & Fenwick, R. Is the Academy a Liberal Hegemony? The Political Orientations and Educational Values of Professors. *The Public Opinion Quarterly* **70**, 304–326 (2006).

264. Warraich, H. J., Kumar, P., Nasir, K., Joynt Maddox, K. E. & Wadhera, R. K. Political environment and mortality rates in the United States, 2001-19: population based cross sectional analysis. *BMJ* **377**, e069308 (2022).

265. The National Health Service faces a terrible winter. *The Economist* (2022).

266. Fixing Britain's health service means fixing its family doctors. *The Economist* (2023).

267. How many excess deaths in England are associated with A&E delays? *The Economist* (2023).

268. Beauchamp, J. P. Genetic evidence for natural selection in humans in the contemporary United States. *Proc Natl Acad Sci U S A* **113**, 7774–7779 (2016).

269. Conrad, D. F. et al. Variation in genome-wide mutation rates within and between human families. *Nat Genet* **43**, 712–714 (2011).

270. Alberts, B. et al. *Molecular Biology of the Cell*. (W. W. Norton & Company, New York, 2022).

271. LeClerc, J. E., Li, B., Payne, W. L. & Cebula, T. A. High Mutation Frequencies Among Escherichia coli and Salmonella Pathogens. *Science* **274**, 1208–1211 (1996).

272. Taddei, F. et al. Role of mutator alleles in adaptive evolution. *Nature* **387**, 700–702 (1997).

273. Healey, K. R. et al. Prevalent mutator genotype identified in fungal pathogen Candida glabrata promotes multi-drug resistance. *Nat Commun* **7**, 11128 (2016).

274. Long, H. et al. Antibiotic treatment enhances the genome-wide mutation rate of target cells. *Proc Natl Acad Sci U S A* **113**, (2016).

275. Dulanto Chiang, A. et al. Hypermutator strains of Pseudomonas aeruginosa reveal novel pathways of resistance to combinations of cephalosporin antibiotics and beta-lactamase inhibitors. *PLoS Biol* **20**, e3001878 (2022).

276. Murray, G. G. R. et al. Natural selection shaped the rise and fall of passenger pigeon genomic diversity. *Science* **358**, 951–954 (2017).

277. Haendel, M. et al. How many rare diseases are there? *Nat Rev Drug Discov* **19**, 77–78 (2020).

278. Amberger, J. S., Bocchini, C. A., Schiettecatte, F., Scott, A. F. & Hamosh, A. OMIM. org: Online Mendelian Inheritance in Man (OMIM®), an online catalog of human genes and genetic disorders. *Nucleic Acids Res* **43**, D789–D798 (2015).

279. Groza, T. et al. The Human Phenotype Ontology: Semantic Unification of Common

and Rare Disease. *Am J Hum Genet* **97**, 111–124 (2015).

280. Sollis, E. et al. The NHGRI-EBI GWAS Catalog: knowledgebase and deposition resource. *Nucleic Acids Res* **51**, D977–D985 (2023).

281. Moyle, J. B. *The Institutes of Justinian. Translated, with an Index, by J.B. Moyle.* (Clarendon Press, Oxford, 1913).

282. Agius, E. Germ-line Cells: Our Responsibilities to Future Generations. in *Ethics in the Natural Sciences* (Concilium, Vol 203) (eds. Mieth, D. & Pohier, J.) 105–115 (T & T Clark, 1989).

283. Kirkwood, T. B. L. & Austad, S. N. Why do we age? *Nature* **408**, 233–238 (2000).

284. Witt, E., Langer, C. B., Svetec, N. & Zhao, L. Transcriptional and mutational signatures of the Drosophila ageing germline. *Nat Ecol Evol* (2023) doi:10.1038/s41559-022-01958-x.

285. Kim, I. Bin et al. Non-coding de novo mutations in chromatin interactions are implicated in autism spectrum disorder. *Mol Psychiatry* **27**, 4680–4694 (2022).

286. Kirkwood, T. B. L. Evolution of ageing. *Nature* **270**, 301–304 (1977).

287. Abascal, F. et al. Somatic mutation landscapes at single-molecule resolution. *Nature* **593**, 405–410 (2021).

288. Moore, L. et al. The mutational landscape of human somatic and germline cells. *Nature* **597**, 381–386 (2021).

289. Cagan, A. et al. Somatic mutation rates scale with lifespan across mammals. *Nature* **604**, 517–524 (2022).

290. Campbell, P. J. et al. Pan-cancer analysis of whole genomes. *Nature* **578**, 82–93 (2020).

291. Kim, K. et al. Chromatin structure–based prediction of recurrent noncoding mutations in cancer. *Nat Genet* **48**, 1321–1326 (2016).

292. Kim, J. Y. et al. MHC II immunogenicity shapes the neoepitope landscape in human tumors. *Nat Genet* **55**, 221–231 (2023).

293. Sekar, A. & Ebert, B. L. Blood's life history traced through genomic scars. *Nature* **606**, 255–256 (2022).

294. Mitchell, E. et al. Clonal dynamics of haematopoiesis across the human lifespan. *Nature* **606**, 343–350 (2022).

295. Sharma, A., Verma, H. K., Joshi, S., Panwar, M. S. & Mandal, C. C. A link between cold environment and cancer. *Tumor Biology* **36**, 5953–5964 (2015).

296. Voskarides, K. The double face of cold in cancer. *Transl Oncol* **28**, 101606 (2023).

297. Seki, T. et al. Brown-fat-mediated tumour suppression by cold-altered global metabolism. *Nature* **608**, 421–428 (2022).

298. Sinclair, D. A. *Lifespan: Why We Age-and Why We Don't Have To.* (2019).

299. Voskarides, K. Combination of 247 Genome-Wide Association Studies Reveals High Cancer Risk as a Result of Evolutionary Adaptation. *Mol Biol Evol* **35**, 473–485 (2018).

300. Williams, G. C. Pleiotropy, Natural Selection, and the Evolution of Senescence. *Evolution (N Y)* **11**, 398–411 (1957).

301. Austad, S. N. & Hoffman, J. M. Is antagonistic pleiotropy ubiquitous in aging biology? *Evol Med Public Health* 2018, 287–294 (2018).

302. Ahlgren, M., Melbye, M., Wohlfahrt, J. & Sørensen, T. I. A. Growth Patterns and the Risk of Breast Cancer in Women. *New England Journal of Medicine* **351**, 1619–1626 (2004).

303. Giles, G. G. et al. Early growth, adult body size and prostate cancer risk. *Int J Cancer* **103**, 241–245 (2003).

304. Smith, K. R., Hanson, H. A., Mineau, G. P. & Buys, S. S. Effects of BRCA1 and BRCA2 mutations on female fertility. *Proceedings of the Royal Society B: Biological Sciences* **279**, 1389–1395 (2012).

305. Kwiatkowski, F. et al. BRCA Mutations Increase Fertility in Families at Hereditary Breast/Ovarian Cancer Risk. *PLoS One* **10**, e0127363 (2015).

306. Levine, A. J., Tomasini, R., McKeon, F. D., Mak, T. W. & Melino, G. The p53 family: guardians of maternal reproduction. *Nat Rev Mol Cell Biol* **12**, 259–265 (2011).

307. Kang, H.-J. et al. Single-nucleotide polymorphisms in the p53 pathway regulate fertility in humans. *Proc Natl Acad Sci U S A* **106**, 9761–9766 (2009).

308. Boddy, A. M., Kokko, H., Breden, F., Wilkinson, G. S. & Aktipis, C. A. Cancer susceptibility and reproductive trade-offs: a model of the evolution of cancer defences. *Philosophical Transactions of the Royal Society B: Biological Sciences* **370**, 20140220 (2015).

309. Jostins, L. et al. Host–microbe interactions have shaped the genetic architecture of inflammatory bowel disease. *Nature* **491**, 119–124 (2012).

310. Klunk, J. et al. Evolution of immune genes is associated with the Black Death. *Nature* **611**, 312–319 (2022).

311. Bettcher, B. M., Tansey, M. G., Dorothée, G. & Heneka, M. T. Peripheral and central immune system crosstalk in Alzheimer disease — a research prospectus. *Nat Rev Neurol* **17**, 689–701 (2021).

312. Raj, T. et al. Polarization of the Effects of Autoimmune and Neurodegenerative Risk Alleles in Leukocytes. *Science* **344**, 519–523 (2014).

313. Gjoneska, E. et al. Conserved epigenomic signals in mice and humans reveal immune basis of Alzheimer's disease. *Nature* **518**, 365–369 (2015).

314. Jansen, I. E. et al. Genome-wide meta-analysis identifies new loci and functional pathways influencing Alzheimer's disease risk. *Nat Genet* **51**, 404–413 (2019).

315. Kunkle, B. W. et al. Genetic meta-analysis of diagnosed Alzheimer's disease identifies new risk loci and implicates Aβ, tau, immunity and lipid processing. *Nat Genet* **51**, 414–430 (2019).

316. Chen, H., Li, C., Zhou, Z. & Liang, H. Fast-Evolving Human-Specific Neural Enhancers Are Associated with Aging-Related Diseases. *Cell Syst* **6**, 604–611 (2018).

317. Shi, Y. & Holtzman, D. M. Interplay between innate immunity and Alzheimer disease: APOE and TREM2 in the spotlight. *Nat Rev Immunol* **18**, 759–772 (2018).

318. Finch, C. E. Evolution of the human lifespan and diseases of aging: Roles of infection, inflammation, and nutrition. *Proc Natl Acad Sci U S A* **107**, 1718–1724 (2010).

319. Leng, F. & Edison, P. Neuroinflammation and microglial activation in Alzheimer disease: where do we go from here? *Nat Rev Neurol* **17**, 157–172 (2021).

320. Chen, Z. et al. Human-lineage-specific genomic elements are associated with neurodegenerative disease and APOE transcript usage. *Nat Commun* **12**, 2076 (2021).

321. Nitsche, A. et al. Alzheimer-related genes show accelerated evolution. *Mol Psychiatry* **26**, 5790–5796 (2021).

322. Trumble, B. C. et al. Apolipoprotein- ε 4 is associated with higher fecundity in a natural fertility population. *Sci Adv* **9**, eade979 (2023).

323. Tomasetti, C. & Vogelstein, B. Variation in cancer risk among tissues can be explained by the number of stem cell divisions. *Science* **347**, 78–81 (2015).

324. Supek, F. & Lehner, B. Differential DNA mismatch repair underlies mutation rate variation across the human genome. *Nature* **521**, 81–84 (2015).

325. Tomasetti, C., Li, L. & Vogelstein, B. Stem cell divisions, somatic mutations, cancer etiology, and cancer prevention. *Science* **355**, 1330–1334 (2017).

326. Cancer Facts & Figures 2022. *American Cancer Society* https://www.cancer.org/research/cancer-facts-statistics/all-cancer-facts-figures/cancer-facts-figures-2022.html (2022).

327. Hill, W. et al. Lung adenocarcinoma promotion by air pollutants. *Nature* **616**, 159–167 (2023).

328. Chen, F. et al. Multi-ancestry transcriptome-wide association analyses yield insights into tobacco use biology and drug repurposing. *Nat Genet* (2023) doi:10.1038/s41588-022-01282-x.

329. Saunders, G. R. B. et al. Genetic diversity fuels gene discovery for tobacco and alcohol use. *Nature* **612**, 720–724 (2022).

330. Shang, Y., Hu, X., DiRenzo, J., Lazar, M. A. & Brown, M. Cofactor Dynamics and Sufficiency in Estrogen Receptor–Regulated Transcription. *Cell* **103**, 843–852 (2000).

331. Harari, Y. N. *Sapiens: A Brief History of Humankind.* (2011).

332. Clarkson, C. et al. Human occupation of northern Australia by 65,000 years ago. *Nature* **547**, 306–310 (2017).

333. Brannen, P. *The Ends of the World: Volcanic Apocalypses, Lethal Oceans, and Our Quest to Understand Earth's Past Mass Extinctions.* (2017).

334. Green, R. E. et al. A Draft Sequence of the Neandertal Genome. *Science* **328**, 710–722 (2010).

335. Prüfer, K. et al. The complete genome sequence of a Neanderthal from the Altai Mountains. *Nature* **505**, 43–49 (2014).

336. Slimak, L. et al. Modern human incursion into Neanderthal territories 54,000 years ago at Mandrin, France. *Sci Adv* **8**, eabj9496 (2022).

337. Heyer, É. *L'ODYSSÉE DES GÈNES.* (2020).

338. Ward, P. D. & Brownlee, D. *The Life and Death of Planet Earth: How the New Science of Astrobiology Charts the Ultimate Fate of Our World.* (2003).

339. Ozaki, K. & Reinhard, C. T. The future lifespan of Earth's oxygenated atmosphere. *Nat Geosci* **14**, 138–142 (2021).

340. Greene, B. *Until the End of Time.* (2020).

341. Kimsey, I. J. et al. Dynamic basis for dG•dT misincorporation via tautomerization and ionization. *Nature* **554**, 195–201 (2018).

342. Kimsey, I. J., Petzold, K., Sathyamoorthy, B., Stein, Z. W. & Al-Hashimi, H. M.

Visualizing transient Watson–Crick-like mispairs in DNA and RNA duplexes. *Nature* **519**, 315–320 (2015).

343. Barrangou, R. et al. CRISPR Provides Acquired Resistance Against Viruses in Prokaryotes. *Science* **315**, 1709–1712 (2007).

344. Brouns, S. J. J. et al. Small CRISPR RNAs Guide Antiviral Defense in Prokaryotes. *Science* **321**, 960–964 (2008).

345. Jinek, M. et al. A Programmable Dual-RNA–Guided DNA Endonuclease in Adaptive Bacterial Immunity. *Science* **337**, 816–821 (2012).

346. WATSON, J. D. & CRICK, F. H. C. Molecular Structure of Nucleic Acids: A Structure for Deoxyribose Nucleic Acid. *Nature* **171**, 737–738 (1953).

347. Wang, J. Y. & Doudna, J. A. CRISPR technology: A decade of genome editing is only the beginning. *Science* **379**, eadd8643 (2023).

348. Musunuru, K. et al. In vivo CRISPR base editing of PCSK9 durably lowers cholesterol in primates. *Nature* **593**, 429–434 (2021).

349. Verve takes base editors into humans. *Nat Biotechnol* **40**, 1159 (2022).

350. Blanchard, J. W. et al. APOE4 impairs myelination via cholesterol dysregulation in oligodendrocytes. *Nature* **611**, 769–779 (2022).

351. Hinney, A., Körner, A. & Fischer-Posovszky, P. The promise of new anti-obesity therapies arising from knowledge of genetic obesity traits. *Nat Rev Endocrinol* **18**, 623–637 (2022).

352. Kwon, J. et al. Single-cell mapping of combinatorial target antigens for CAR switches using logic gates. *Nat Biotechnol* (2023) doi:10.1038/s41587-023-01686-y.

353. Waltz, E. GABA-enriched tomato is first CRISPR-edited food to enter market. *Nat Biotechnol* **40**, 9–11 (2022).

354. Japan embraces CRISPR-edited fish. *Nat Biotechnol* **40**, 10 (2022).

355. Servick, K. CRISPR slices virus genes out of pigs, but will it make organ transplants to humans safer? *Science* (2017) doi:10.1126/science.aan7227.

356. Bier, E. Gene drives gaining speed. *Nat Rev Genet* **23**, 5–22 (2022).

357. Gibson, D. G. et al. Creation of a Bacterial Cell Controlled by a Chemically Synthesized Genome. *Science* **329**, 52–56 (2010).

358. Hutchison, C. A. et al. Design and synthesis of a minimal bacterial genome. *Science* **351**, aad6253 (2016).

359. Venter, J. C., Glass, J. I., Hutchison, C. A. & Vashee, S. Synthetic chromosomes, genomes, viruses, and cells. *Cell* **185**, 2708–2724 (2022).

360. Coley, P. D., Bryant, J. P. & Chapin, F. S. Resource Availability and Plant Antiherbivore Defense. *Science* **230**, 895–899 (1985).

361. Bryant, J. P., Kuropat, P. J., Cooper, S. M., Frisby, K. & Owen-Smith, N. Resource availability hypothesis of plant antiherbivore defence tested in a South African savanna ecosystem. *Nature* **340**, 227–229 (1989).

362. Appel, H. M. & Cocroft, R. B. Plants respond to leaf vibrations caused by insect herbivore chewing. *Oecologia* **175**, 1257–1266 (2014).

363. Body, M. J. A. et al. Caterpillar Chewing Vibrations Cause Changes in Plant Hormones and Volatile Emissions in Arabidopsis thaliana. *Front Plant Sci* **10**, 810 (2019).

364. Kollasch, A. M. et al. Leaf vibrations produced by chewing provide a consistent acoustic target for plant recognition of herbivores. *Oecologia* **194**, 1–13 (2020).

365. Casassus, B. Study linking GM maize to rat tumours is retracted. *Nature* (2013) doi:10.1038/nature.2013.14268.

366. Regis, E. *Golden Rice: The Imperiled Birth of a GMO Superfood.* (Johns Hopkins University Press, 2019).

367. Carson, R. *Silent Spring.* (1962).

368. Winegard, T. *The Mosquito: A Human History of Our Deadliest Predator.* (Dutton, 2019).

369. Trewavas, T. Carson no 'beacon of reason' on DDT. *Nature* **486**, 473–473 (2012).

370. Daston, L. *Against Nature.* (The MIT Press, 2019).

371. Collins, F. S. *The Language of God: A Scientist Presents Evidence for Belief.* (Free Press, 2006).

372. Wilson, E. O. *Sociobiology: The New Synthesis.* (1975).

373. Nowak, M. A., Tarnita, C. E. & Wilson, E. O. The evolution of eusociality. *Nature* **466**, 1057–1062 (2010).

374. Abbot, P. et al. Inclusive fitness theory and eusociality. *Nature* **471**, E1–E4 (2011).

375. Boomsma, J. J. et al. Only full-sibling families evolved eusociality. *Nature* **471**, E4–E5 (2011).

376. Strassmann, J. E., Page, R. E., Robinson, G. E. & Seeley, T. D. Kin selection and

eusociality. *Nature* **471**, E5–E6 (2011).

377. Ferriere, R. & Michod, R. E. Inclusive fitness in evolution. *Nature* **471**, E6–E8 (2011).

378. Herre, E. A. & Wcislo, W. T. In defence of inclusive fitness theory. *Nature* **471**, E8–E9 (2011).

379. Wilson, E. O. *The Social Conquest of Earth*. (2012).

380. Moore, G. E. *Principia Ethica*. (1903).

381. Hume, D. *A Treatise of Human Nature: Being an Attempt to Introduce the Experimental Method of Reasoning into Moral Subjects*. (1739).

382. Huxley, T. H. *Evolution and Ethics, and Other Essays*. (1894).

383. Ivanski, C., Lo, R. F. & Mar, R. A. Pets and Politics: Do Liberals and Conservatives Differ in Their Preferences for Cats Versus Dogs? *Collabra Psychol* **7**, 28391 (2021).

384. Cox, H. *The Market as God*. (Harvard University Press, 2016).

385. Smith, A. *The Theory of Moral Sentiments*. (1759).

386. Poulain, A. Mystical Stigmata. in *The Catholic Encyclopedia* (eds. Herbermann, C. G., Pace, E. A., Pallen, C. B., Shahan, T. J. & Wynne, J. J.) vol. 14 (Robert Appleton Company, New York, 1912).

387. Claude Lévi-Strauss. *The Elementary Structures of Kinship*. (1969).

388. Shermer, M. *The Moral Arc: How Science and Reason Lead Humanity toward Truth, Justice, and Freedom*. (Henry Holt and Company, 2015).

389. Kirsch, D. R. & Ogas, O. *The Drug Hunters: The Improbable Quest to Discover New Medicines*. (2017).

390. Balbach, M. et al. On-demand male contraception via acute inhibition of soluble adenylyl cyclase. *Nat Commun* **14**, 637 (2023).

유전자 지배 사회

정치·경제·문화를 움직이는 이기적 유전자, 그에 반항하는 인간

ⓒ최정균, 2024. Printed in Seoul, Korea

초판 1쇄 펴낸날	2024년 4월 30일
초판 8쇄 펴낸날	2024년 11월 5일
지은이	최정균
펴낸이	한성봉
편집	최창문·이종석·오시경·권지연·이동현·김선형
콘텐츠제작	안상준
디자인	최세정
마케팅	박신용·오주형·박민지·이예지
경영지원	국지연·송인경
펴낸곳	도서출판 동아시아
등록	1998년 3월 5일 제1998-000243호
주소	서울시 중구 필동로8길 73 [예장동 1-42] 동아시아빌딩
페이스북	www.facebook.com/dongasiabooks
전자우편	dongasiabook@naver.com
블로그	blog.naver.com/dongasiabook
인스타그램	www.instargram.com/dongasiabook
전화	02) 757-9724, 5
팩스	02) 757-9726
ISBN	978-89-6262-270-6　03300

※ 잘못된 책은 구입하신 서점에서 바꿔드립니다.

만든 사람들

책임편집	이종석
디자인	pado
크로스교열	안상준